COMENTÁRIOS AO
CÓDIGO CIVIL
DE 2002

Vol. I

Parte Geral

Arts. 1º a 232

Caio Mário da Silva Pereira

COMENTÁRIOS AO CÓDIGO CIVIL DE 2002

Vol. I

Parte Geral

Arts. 1º a 232

Atualização legislativa:

Cristiano de Sousa Zanetti
Leonardo de Campos Melo

G|Z
EDITORA
Rio de Janeiro
2017

1ª edição - 2017

CIP – Brasil. Catalogação-na-fonte.
Sindicato Nacional dos Editores de Livros, RJ.

P49c

Pereira, Caio Mário da Silva, 1913-2004

Comentários ao código civil de 2002: parte geral arts. 1º a 232 / Caio Mário da Silva Pereira; atualização legislativa Cristiano de Sousa Zanetti, Leonardo de Campos Melo. - 1. ed. - Rio de Janeiro: LMJ Mundo Jurídico, 2017.

260 p.; 24 cm.

Inclui índice

ISBN 9788595240209

1. Direito processual civil - Brasil. I. Zanetti, Cristiano de Sousa. II. Melo, Leonardo de Campos. III. Título.

17-43537

CDU: 347.91/.954(81)

GZ EDITORA

e-mail: contato@editoragz.com.br
www.editoragz.com.br
Av. Erasmo Braga, 299 - sala 202 – 2º andar – Centro – Rio de Janeiro – RJ – CEP 20010-170
Tels.: (0XX21) 2240-1406 / 2240-1416 – Fax: (0XX21) 2240-1511

Impresso no Brasil
Printed in Brazil

AGRADECIMENTOS

O ilustre advogado e árbitro Jose Emilio Nunes Pinto foi um dos grandes incentivadores deste projeto. Ao tomar conhecimento da existência destes *Comentários* de Caio Mário, exortou-nos a trazê-los a público, e com urgência, para proveito da comunidade jurídica brasileira.

Gabriela Vieira Leonardos e Pedro Ferro procederam à minuciosa revisão do trabalho de digitação do manuscrito, base segura sobre a qual pudemos desenvolver a atualização.

Beatriz Uchôas Chagas, promissora acadêmica de Direito, contribuiu com a revisão acurada da versão atualizada do texto, com o propósito de assegurar tanto sua fidelidade aos *Comentários* de Caio Mário, como sua aderência à legislação em vigor.

A Editora GZ entusiasmou-se pelo projeto desde o início, apoiando-nos incondicionalmente.

Finalmente, e não menos importante, a família do Professor Caio Mário, além de confiar-nos o honroso trabalho de trazer a público estes *Comentários*, concedeu-nos irrestrita autonomia para a sua realização.

Este livro jamais teria sido publicado se não fosse a ajuda e o incentivo das pessoas acima indicadas, a quem manifestamos nossos mais sinceros agradecimentos.

NOTA DOS ATUALIZADORES

O MANUSCRITO DO PROFESSOR

O Código Civil de 2002 é fruto de Anteprojeto de Comissão de Juristas presidida por Miguel Reale e integrada por José Carlos Moreira Alves, Agostinho de Arruda Alvim, Sylvio Marcondes, Ebert Chamoun, Clovis do Couto e Silva e Torquato Castro, apresentado à Câmara dos Deputados, pelo Poder Executivo, em 1975. O Projeto de Lei foi aprovado em 1984, com envio imediato ao Senado Federal, onde permaneceu por quase quinze anos. Após tramitação em segundo turno, foi sancionado, em 10 de janeiro de 2002, pelo Presidente da República.

Durante a sua longa tramitação no Senado Federal, Caio Mário debruçou-se sobre o Projeto de Lei então aprovado na Câmara e comentou à mão, um a um, todos os seus mais de dois mil artigos, fundado na seguinte orientação:

> *"Para tudo existe motivação. Estes* Comentários *têm as suas.*
> *A primeira reside no fato de estar eu engajado no movimento de reforma do Código Civil, desde a primeira hora, como projetista e como participante doutrinário – colaborador direto na qualidade de autor do Projeto de Código de Obrigações e membro da Comissão Revisora do Projeto de Código Civil, ambos de 1965 –, participante indireto por ter, durante mais de uma dezena de anos de sua lenta elaboração, contribuído com a minha palavra, posto que desautorizada, e com meus modestos ensinamentos para um possível aprimoramento que recebeu, vindo a desaguar no diploma aprovado.*
> *A segunda situa-se em que escrevi e publiquei, sempre atualizadas, as minhas Instituições de Direito Civil, às quais jamais faltou a informação histórica (Professor Titular que fui de Direito Civil e Romano) e a invocação comparatista (Catedrático que fui de Direito Civil Comparado).*
> *Vindo à luz o esperado Código, entendi de meu dever comentar e esclarecer seus dispositivos.*
> *Duas rotas se me ofereciam: a dos comentários aprofundados, como na França os de Huc e no Brasil os de Carvalho Santos; e a dos comentários mais sintéticos, como os de João Luís Alves e Clóvis Beviláqua.*

> *Si parva licet componere magnis,*[1] *optei por estes últimos. A mim me pareceu mais útil trazer desde logo minha visão global de professor sobre o novo diploma, aliada à minha experiência profissional de advogado militante, oferecendo hermenêutica singela para as normas que entram em vigor. Desta sorte, proponho-me abrir caminho às obras doutrinárias – sistemáticas ou monográficas – e, mesmo, permitir aos que se abalancem a tecer comentários em profundidade, buscar na minha opinião subsídio, ou material para crítica."*

O Manuscrito do Professor foi inicialmente entregue aos atualizadores de sua principal obra, as *Instituições de Direito Civil*, para assegurar que a sua adequação às regras do Código Civil de 2002 se desse à luz dos ensinamentos de seu próprio autor.

Idealizou-se, à época, a publicação destes *Comentários*, separadamente às *Instituições*. Parte do Manuscrito, todavia, extraviou-se, impedindo que a iniciativa fosse levada adiante. Passados mais de dez anos, os trechos faltantes foram encontrados, e o Manuscrito, novamente completo, pôde, finalmente, ser trazido ao conhecimento do público.

Acolhido com entusiasmo pela Editora GZ, o projeto deu-se em três partes: digitação do Manuscrito, conferência do conteúdo digitado e atualização legislativa. À equipe da Editora GZ somaram-se os atualizadores, cujo trabalho, em essência, consistiu em identificar as diferenças entre o Projeto de Lei comentado por Caio Mário e o Código hoje em vigor. Em adição, os atualizadores colaboraram na revisão pontual do Manuscrito, com o propósito de assegurar a fidelidade da publicação ao pensamento do autor, realizaram imprescindíveis ajustes de forma e, excepcionalmente, recorreram às *Instituições de Direito Civil*, para complementar as raras lacunas encontradas.

Cada comentário é precedido pelo dispositivo do Código Civil de 2002, seguido da indicação de seu equivalente no Projeto de Lei aprovado pela Câmara dos Deputados em 1984, comentado por Caio Mário. Constatada a correspondência entre os textos – e isso ocorreu na maioria absoluta das vezes –, inseriu-se, em seguida, a expressão "*texto idêntico ao do Código Civil*". Igual procedimento foi observado diante de meras alterações de forma, sem repercussão para os respectivos comentários. Verificadas mudanças de conteúdo, transcreveram-se, em seguida aos artigos do Código Civil, os respectivos dispositivos do Projeto de Lei comentados. Quando pertinente, acrescentaram-se "*notas dos atualizadores*", para ressaltar a diferença entre o texto legislativo em vigor e aquele comentado por Caio Mário.

---

1 Em tradução livre: "Se é lícito comparar as pequenas coisas às grandes".

Cientes da relevância destes *Comentários* ao estudo e à aplicação do Direito Privado, cumprimos o honroso dever de torná-los públicos, para proveito de todos aqueles que, como nós, são alunos de Caio Mário e admiradores de sua grande obra, que, agora, também inclui o Manuscrito do Professor.

São Paulo e Rio de Janeiro, julho de 2017.

Cristiano de Sousa Zanetti
Leonardo de Campos Melo

SOBRE OS ATUALIZADORES

CRISTIANO DE SOUSA ZANETTI

Professor Associado da Faculdade de Direito da USP. Mestre, doutor e livre-docente pela Faculdade de Direito da USP. Mestre em Sistema Jurídico Romanístico, Unificação do Direito e Direito da Integração pela Università degli Studi di Roma Tor Vergata. Vice-Presidente do Instituto de Direito Privado – IDiP. Foi Vice-Reitor Executivo Adjunto de Administração da USP. Autor de livros, capítulos de livros e artigos em periódicos nacionais e internacionais sobre Direito Civil, designadamente no âmbito do Direito das Obrigações.

LEONARDO DE CAMPOS MELO

Advogado. Sócio do Escritório Sergio Bermudes. Professor de Arbitragem no Programa de Pós-Graduação em Direito Privado da Pontifícia Universidade Católica do Rio de Janeiro (PUC-Rio). Mestre em Direito Civil pela Universidade do Estado do Rio de Janeiro (UERJ). Mestre (LL.M.) pelo Centro de Arbitragem Comercial Internacional da American University (Washington, D.C., EUA). Autor de livros no Brasil e no exterior, e de artigos em periódicos nacionais e internacionais, sobre Arbitragem e sobre Direito Civil.

ÍNDICE SISTEMÁTICO

Título III

DO DOMICÍLIO

LIVRO II

DOS BENS

Título Único

DAS DIFERENTES CLASSES DE BENS

LIVRO III

DOS FATOS JURÍDICOS

Título 1

DO NEGÓCIO JURÍDICO

Título II

DOS ATOS JURÍDICOS LÍCITOS

Título III

DOS ATOS ILÍCITOS

Título IV

DA PRESCRIÇÃO E DA DECADÊNCIA

Título V

DA PROVA

INTRODUÇÃO

1. A elaboração do novo Código

1.1. Em minha obra doutrinária, venho defendendo, há décadas, a necessidade de ser atualizado o Código Civil. Não que fosse ele mau. Promulgado, entretanto, em 01.01.1916, não absorveu as grandes inovações da ciência civilista neste século, uma vez que vem calcado no "Projeto Beviláqua", de 1899.

Em discurso que pronunciei em 1962, ao me ser conferida, pelo Instituto dos Advogados Brasileiros, a "Medalha Teixeira de Freitas", analisei o defasamento entre o direito legislado e o enorme desenvolvimento socioeconômico do Brasil. Recordando, então, que todo o movimento jurídico do século XIX girara em torno da concepção individualista e proprietarista da vida, apregoei a mutação ontológica que substituiu a pedra de base do alicerce social, cambiado do capital para o trabalho (ver meu livro *Reformulação da Ordem Jurídica e outros temas*, Editora Forense, p. 20).

1.2. Foi, portanto, com justo orgulho que recebi o convite para participar do movimento de reforma do Direito Civil. Incumbido de elaborar um "Anteprojeto de Código de Obrigações", nele me empenhei, concluindo-o em 1964, precedido de "Exposição de Motivos", que divulguei em Anexo ao vol. II de minhas *Instituições de Direito Civil*.

Ao assumir Milton Campos o Ministério da Justiça, confiou-me a chefia de seu gabinete, delegando-me o encargo de superintender os trabalhos de reforma dos Códigos, compreendendo o Direito Civil, o Direito Penal e o Direito do Trabalho.

Nestas condição, participei com Orozimbo Nonato e Orlando Gomes da revisão do Projeto de Código Civil (que compreendia o Direito de Família, o Direito das Coisas e o Direito das Sucessões), e da revisão do Projeto de Código de Obrigações com Orozimbo Nonato, Orlando Gomes, Theophilo de Azeredo Santos, Sylvio Marcondes e Nehemias Gueiros.

Concluídos os trabalhos, tive a honra de, com Orozimbo Nonato, entregar ao Presidente Castelo Branco os dois Projetos, que enfeixavam a reformulação dogmática de nosso Direito Privado.

1.3. Lamentavelmente, injunções de outra natureza induziram o Governo a retirar do Congresso os dois Projetos, perdendo o primeiro Presidente do Regime de 1964 a oportunidade de ser o fautor de toda uma reforma estrutural.

Em 1967, fui pessoalmente convidado pelo então Ministro da Justiça para assumir a elaboração de todo o Projeto de Código Civil, operando a junção dos trabalhos anteriores, que não haviam sido repudiados, mas deveriam ser aglutinados em um só diploma, atendendo a que se inclinavam as preferências pela volta de um Código único de Direito Privado, o qual seria precedido de uma Parte Geral.

1.4. Movido por outras razões, o Senhor Ministro da Justiça inclinou-se por uma Comissão, tendo como coordenador o Professor Miguel Reale, e integrada pelo Ministro José Carlos Moreira Alves, a quem foi entregue a redação da Parte Geral; Professor Agostinho Alvim, incumbido do Direito de Obrigações e Contratos; Professor Sylvio Marcondes, Direito de Empresa; Professor Ebert Chamoun, a quem coube o Direito das Coisas; Professor Clóvis do Couto e Silva, Direito de Família; e Torquato Castro, Direito das Sucessões.

1.5. A Comissão concluiu a primeira etapa de seus trabalhos em 1972, dando à publicidade um Anteprojeto.

A convite do Professor Theophilo de Azeredo Santos, então presidente do Instituto dos Advogados Brasileiros, pronunciei conferência, na qual discorri sobre todo o Anteprojeto, evidenciando numerosas falhas de que padecia, e salientando sobretudo ser um empreendimento retrógrado, em desconformidade com o grau da evolução jurídica do País. Foi o ponto de partida para os trabalhos críticos promovidos pelos Institutos de Advogados, Seções da Ordem dos Advogados, Faculdades de Direito, Associações Comerciais, Agremiações estudantis, além dos grandes jornais das Capitais. Neste propósito construtivo, pronunciei conferências, participei de simpósios, realizei estudos, não poupando esforços nem regateando contribuições (ver meu livro *Reformulação da Ordem Jurídica e outros temas*, Editora Forense, p. 138-241).

1.6. Posso dizer que não foi em vão o meu esforço. Republicado o Anteprojeto em 1974, a Comissão foi sensível às minhas observações, e acolheu em grande parte as minhas críticas, embora não lhes fizesse qualquer referência.

1.7. Concluído a final o trabalho, foi enviado ao Congresso Nacional o Projeto de Código Civil, que recebeu na Câmara dos Deputados o nº 634, de 1975.

Constituída Comissão para estudá-lo, recebi de seu presidente, o então Deputado Tancredo Neves, convite, a que atendi, fazendo longa exposição perante os membros da Douta Comissão da Câmara dos Deputados. Mostrei o que o Projeto apresentava de satisfatório, sem, contudo, omitir o que se me afigurava passível de emendas.

Largo tempo permaneceu na Câmara dos Deputados, alvejado por centenas de emendas, e sobretudo atingido pela renovação dos mandatos, em virtude de alguns membros da Comissão haverem sido substituídos.

Em 1º de setembro de 1983, o Deputado Ernani Satyro, na qualidade de relator geral, produziu extenso parecer, seguido de apreciação de todas as emendas.

Com base nesse exaustivo e competente trabalho, a Câmara dos Deputados, ao findar o ano legislativo de 1983, e pelo acordo das lideranças, aprovou o Projeto, que, após redação final, foi publicado no *Diário do Congresso Nacional*, aos 17 de maio de 1984.

1.8. Enviado ao Senado Federal.

NOTA DOS ATUALIZADORES:
Os *Comentários* de Caio Mário foram elaborados com base no Projeto de Código Civil aprovado pela Câmara dos Deputados em 1984, e não contemplaram, consequentemente, as etapas seguintes de sua tramitação no Congresso Nacional. Por essa razão, acrescente-se que, em seguida aos fatos acima narrados por Caio Mário, o Projeto de Código Civil tramitou no Senado Federal no período compreendido entre junho de 1984 e dezembro de 1997, depois foi remetido para a Câmara dos Deputados e novamente para o Senado Federal, no período compreendido entre fevereiro de 1998 e dezembro de 2001.

Ordinariamente, a tramitação do Projeto de Código Civil exigiria dos Senhores Deputados tão somente a análise das alterações realizadas pelo Senado Federal. Todavia, considerando-se que o Projeto havia retornado à Câmara trezes anos após sua aprovação em primeiro turno e vinte e três anos após o início de sua tramitação, inclusive após a entrada em vigor de nova Constituição Federal, mostraram-se necessárias profundas alterações de forma e conteúdo, o que reclamava, naturalmente, novos turnos de apreciação pelo Senado Federal e pela Câmara dos Deputados. Tais exigências, muito provavelmente, inviabilizariam a aprovação do Projeto naquele momento político.
Para superar o impasse, o Congresso Nacional fez publicar a Resolução nº 1, de 31 de janeiro de 2000, que estabeleceu trâmite especial para todo e qualquer projeto de Código em tramitação há mais de três legislaturas. Com a entrada em vigor da Resolução nº 1/2000, as novas alterações no Projeto de Código Civil, realizadas pela Câmara dos Deputados, foram submetidas à análise da Comissão de Constituição e Justiça do Senado Federal, cujo respectivo parecer foi aprovado em curtíssimo prazo pelo Plenário. Aprovadas as alterações pelo Senado Federal, o Projeto teve tramitação final na Câmara dos Deputados, tendo sido enviado, em dezembro de 2001, à sanção presidencial.
A tramitação pormenorizada do Projeto de Código Civil no Congresso Nacional é objeto de extensa publicação do Senado Federal denominada "*Memória Legislativa do Código Civil*", em quatro volumes, integralmente disponível para acesso no website <http://www.senado.leg.br/publicacoes/MLCC/>.

1.9. Devolvido à Câmara dos Deputados, foi finalmente aprovado, e, assim, promulgado o novo Código Civil brasileiro, cuja vigência foi estabelecida com o prazo de um ano.

1.10. Publicado, pois, o novo Código, e aberto o prazo de sua *vacatio* para que fosse estudado e mais bem compreendido, tomei a iniciativa de comentá-lo, artigo por artigo.

Antes, porém, de entrar nestas minúcias, cabe uma observação de cunho genérico.

O novo Código, como trabalho de equipe, composta de juristas de inequívoco valor intelectual, porém imbuídos de convicções próprias, ressente-se fundamentalmente da unidade de pensamento que foi a riqueza da "Consolidação das Leis Civis", de Teixeira de Freitas, e do "Projeto de Código Civil", de Clóvis Beviláqua, penhor, aliás, de sua sobrevivência.

Demais disso, dado o longo período de sua elaboração, a se computar de quando foi constituída a Comissão que o compôs até a sua conversão em lei, sofreu o Direito Privado brasileiro um processo altamente construtivo. Infelizmente, o novo diploma absorveu mal as mudanças operadas em nosso Direito Positivo, a que se deve aditar a votação de uma Constituição da República, desbordando do plano institucional, para percutir nas relações de cunho privado.

NOTA DOS ATUALIZADORES:
Neste parágrafo, Caio Mário se refere à votação da Constituição Federal de 1988.

1.11. Força é salientar que, devido às críticas que marcaram as diversas fases de sua lenta elaboração, com prazer observo que o Código acusa sensíveis melhoras, em comparação com o Anteprojeto de 1972, para o que, *si magna pars non fui*,[1] anima-me a alegria de consignar que não me faltou a mim, modesto obreiro do Direito Civil, ter contribuído de alguma forma para a complementação do edifício.

2. Visão topográfica do Código

2.1. Abandonada a ideia de dicotomizar o Direito Privado, o novo Código compreende, em um só diploma, a unificação do direito obrigacional, que veio preconizada por Teixeira de Freitas, à qual se apegaram Orozimbo Nonato, Filadelfo Azevedo, Hanemann Guimarães, Francisco Campos, e tantos outros, e que eu venho defendendo ativa e persistentemente.

Por força, entretanto, de circunstâncias várias, tiveram de se conservar à margem diversos institutos, aos quais, *opportuno tempore*, hei de me referir.

2.2. Abre-se o novo Código com uma Parte Geral, a exemplo do que ocorrera com o de 1916, que a seu turno seguia a trilha aberta pelo *Bürgerliches Gesetzbuch*. Por uma Parte Geral tem início o Código Civil português de 1966, que entrou a vigorar em 1967.

1 Em tradução livre: "*ainda que eu não tenha feito a parte mais importante*".

2.3. A Parte Geral desdobra-se em três Livros que correspondem aos elementos do direito subjetivo: das Pessoas, dos Bens, dos Fatos Jurídicos.

No Livro I, trata o Código das Pessoas Físicas (a que adita a moderna concepção dos direitos da personalidade) e das Pessoas Jurídicas (disposições gerais, associações e fundações), deixando a disciplina das sociedades para a Parte Especial.

No Livro II, cogita das diferentes classes de bens.

O Livro III inicia-se com a dogmática do negócio jurídico (*Rechtsgeschäft*), tal como fizera eu no meu Projeto de Código de Obrigações. Entre os defeitos do negócio jurídico, o novo Código inclui o "estado de perigo" e a "lesão", que figuravam igualmente no meu Projeto. Dele, também, aproveitou a ideia de destacar, em instituto autônomo, a "representação". Separa a prescrição e a decadência, e termina com a matéria referente à prova do fato jurídico, em que poderia ser mais rico no aproveitamento dos processos técnicos.

2.4. O Livro I da Parte Especial versa sobre o Direito das Obrigações, dominado pela ideia-força de sua unificação. Efetivamente, não tem mais cabida a distinção das obrigações civis separadas das obrigações mercantis.

Na teoria do contrato, o Código não foi feliz. O Projeto de 1975 havia aceito o ordenamento dos "contratos bancários", desenvolvidos no meu Projeto. A Câmara dos Deputados os eliminou, lamentavelmente. De se lastimar, também, não houvesse o novo Código regulamentado toda uma nova tipologia contratual, que tamanha importância adquiriu nas atividades modernas, com as figuras do "arrendamento mercantil" (*leasing*), "faturização" (*factoring*), "franquia" (*franchising*), "assistência técnica" (*know how*), "cartões de crédito", "cruzeiro turístico". Todos entregues às vacilações dos contratos atípicos, embora representem enorme propulsão dos negócios, no plano nacional como internacional, teriam lugar destacado no novo Código, com aproveitamento da experiência pragmática que os envolve.

2.5. O Livro II da Parte Especial é dedicado ao "Direito da Empresa", distribuído entre as atividades do empresário (Título I) e a disciplina das Sociedades (Título II), nos seus aspectos de "sociedades não personificadas" e "sociedades personificadas". Quanto a estas últimas, exclui a "anônima", que constava do Anteprojeto, mas que do Projeto enviado ao

Congresso foi extirpada, devido a ter sido promulgada a Lei nº 6.404, de 15 de dezembro de 1976, que dispõe sobre as "sociedades por ações".

2.6. O Livro III é dedicado ao Direito das Coisas, compreendendo a posse, a propriedade e os direitos reais limitados.

2.7. O Livro IV, do Direito de Família, consagra algumas modificações nos institutos vigentes. Altera a sistemática dos "impedimentos matrimoniais", desacompanhando a doutrina canônica que os distribuía em "dirimentes" e "impedientes" (no que acompanha o Projeto de Código Civil de 1965).

Ao tratar da dissolução da sociedade conjugal, absorve os princípios contidos na Lei de Divórcio (Lei nº 6.515, de 16 de dezembro de 1977), revelando-se, contudo, mais tímido do que esta.

No tocante ao "Direito Patrimonial", considerou a comunhão parcial como o regime legal de bens, orientação propugnada pela quase unanimidade dos civilistas. Suprimiu o "regime dotal", completamente em desuso. Mas, introduziu o "regime de participação final nos aquestos", sem tradição em nosso Direito, o qual não oferece melhoria no relacionamento dos cônjuges, uma vez que a separação, a comunhão parcial e a comunhão universal cobrem toda a gama de relações econômicas entre cônjuges.

> **Nota dos atualizadores:**
> Em adição às modificações registradas por Caio Mário, o livro dedicado ao Direito de Família, diferentemente do Código Civil de 1916, disciplinou a união estável.

2.8. O Livro V, do Direito das Sucessões, não traz novidades de monta. Mantém as linhas gerais da sucessão legítima e da testamentária. Quanto à primeira, é de se notar a inclusão do cônjuge supérstite na condição de herdeiro necessário, isoladamente na falta de descendente ou ascendente do finado, ou em concorrência com uns e outros.

Simplifica a facção testamentária, com a diminuição das formalidades impostas no Código de 1916.

> **Nota dos atualizadores:**
> Em adição às modificações registradas por Caio Mário, o livro dedicado ao Direito das Sucessões, diferentemente do

Código Civil de 1916, previu regras próprias para a sucessão do companheiro.

3. Natureza destes *Comentários*

3.1. Para tudo existe motivação. Estes *Comentários* têm as suas.

A primeira reside no fato de estar eu engajado no movimento de reforma do Código Civil, desde a primeira hora, como projetista e como participante doutrinário – colaborador direto na qualidade de autor do Projeto de Código de Obrigações e membro da Comissão Revisora do Projeto de Código Civil, ambos de 1965 –, participante indireto por ter, durante mais de uma dezena de anos de sua lenta elaboração, contribuído com a minha palavra, posto que desautorizada, e com meus modestos ensinamentos para um possível aprimoramento que recebeu, vindo a desaguar no diploma aprovado.

A segunda situa-se em que escrevi e publiquei, sempre atualizadas, as minhas *Instituições de Direito Civil*, às quais jamais faltou a informação histórica (Professor Titular que fui de Direito Civil e Romano) e a invocação comparatista (Catedrático que fui de Direito Civil Comparado).

Vindo à luz o esperado Código, entendi de meu dever comentar e esclarecer seus dispositivos.

3.2. Duas rotas se me ofereciam: a dos comentários aprofundados, como na França os de Huc e no Brasil os de Carvalho Santos; e a dos comentários mais sintéticos, como os de João Luís Alves e Clóvis Beviláqua.

Si parva licet componere magnis,[2] optei por estes últimos. A mim me pareceu mais útil trazer desde logo minha visão global de professor sobre o novo diploma, aliada à minha experiência profissional de advogado militante, oferecendo hermenêutica singela para as normas que entram em vigor. Desta sorte, proponho-me abrir caminho às obras doutrinárias – sistemáticas ou monográficas – e, mesmo, permitir aos que se abalancem a tecer comentários em profundidade, buscar na minha opinião subsídio, ou material para crítica.

3.3. As informações bibliográficas serão sucintas, compreendendo a essência dos princípios, que procurei ilustrar com referência nominal aos

2 Em tradução livre: "se é lícito comparar as pequenas coisas às grandes."

mestres, nacionais e estrangeiros. Assim, terão elementos com relativo sobejo, aqueles que se proponham a pesquisas mais detidas.

3.4. Os *Comentários* são precedidos da indicação das fontes imediatas, já que as mais remotas, com alusão ao Direito pré-codificado, foram absorvidas no Código Civil de 1916.

3.5. No desenvolvimento dogmático dos preceitos, acompanhei de perto as minhas *Instituições de Direito Civil*, que, cobrindo toda a matéria, completarão o esforço interpretativo dos preceitos. Fi-lo, não por vaidade ou comodismo, mas pela razão de que a sua divulgação em repetidas edições revela que os Mestres do Direito Civil, os Magistrados e os Advogados lhes deram constante acolheita. Assim amparado, pareceu-me de bom alvitre utilizá-las, e bem assim a elas reportar-me.

3.6. Acredito que este despretensioso livro será de boa ajuda aos que se defrontarem com o novo Código, os quais nele encontrarão a suma dos conceitos básicos; aos estudantes, que, velho professor, tenho sempre à vista, prestará auxílio no entendimento dos princípios fundamentais.

A uns e a outros dedicando-o, espero que o aperfeiçoem com as suas observações e com os seus ensinamentos.

Rio de Janeiro,

Caio Mário da Silva Pereira

Lei nº 10.406, DE 10 DE JANEIRO DE 2002

Institui o Código Civil

O PRESIDENTE DA REPÚBLICA. Faço saber que o Congresso Nacional decreta e eu sanciono a seguinte Lei:

PARTE GERAL

LIVRO I
DAS PESSOAS

Título I
DAS PESSOAS FÍSICAS

Capítulo I
DA PERSONALIDADE E DA CAPACIDADE

Texto do Código Civil de 2002:

Art. 1º Toda pessoa é capaz de direitos e deveres na ordem civil.

Texto comentado por Caio Mário:
"Todo homem é capaz de direitos e obrigações na ordem civil."
Fontes: Código Civil de 1916, art. 2º; Projeto de Código Civil de 1965, art. 1º; Projeto de 1975, art. 1º.

Nota dos atualizadores:
O Código Civil de 2002 empregou a designação "pessoa" em substituição à designação "homem", que figurava no texto comentado por Caio Mário. Mais adiante, no art. 6º, o Código Civil optou pela designação "pessoa natural" para qualificar o ser humano juridicamente considerado, em substituição à designação "pessoa física", constante do texto comentado pelo autor.

COMENTÁRIO

1. A ideia de personalidade está intimamente ligada à de pessoa. O homem, fundamentalmente, é dotado de personalidade, no sentido genérico de que é apto a adquirir direitos e contrair obrigações. O vocábulo "homem" é usado em acepção ampla, abrangendo todo ser pertencente ao gênero humano – *humanum genus* –, o que pode ser representado ainda pela palavra "pessoa". Este respeito pela pessoa humana como centro da vida jurídica já vem assinalado no Direito Romano, por meio da sentença de Hermogeniano, ao dizer que "todo direito é criado por causa do homem" – *omne ius hominum causa constitutum est.* E adquire maior expressão na vida moderna, em que todos os sistemas jurídicos, bem como os organismos nacionais e internacionais, colocam o respeito pela pessoa humana e sua proteção como conteúdo fundamental da ordem jurídica.

O Código adotou para o ser humano juridicamente considerado a designação "pessoa física". Foi uma opção, dentre as diversas denominações utilizadas. Teixeira de Freitas preferia "pessoa de existência visível", em contraposição à pessoa jurídica, por ele apelidada "pessoa de existência ideal". O Código Civil de 1916, inspirado no alemão (*Bürgerliches Gesetzbuch* – BGB), à sua vez amparado na terminologia "*Natürliche Personen*", preferiu "pessoa natural", o que Beviláqua explica, por ter parecido ao legislador de 1916 que o homem é o agente "primário e comum do Direito". A denominação "pessoa física", adotada no Código, não desamparada na doutrina, já ganhara foros de aceitação na legislação tributária, bem como em outros provimentos legislativos, e fora perfilhada no Projeto de Código Civil de 1965.

Todo homem é sujeito de relações jurídicas e, portanto, dotado de personalidade. Não se diz, porém, que somente o homem, individualmente considerado, tem essa aptidão. O Direito reconhece igualmente personalidade a entes morais, com a denominação genérica "pessoas jurídicas", objeto de considerações no art. 40.

2. Capacidade. Em doutrina, distingue-se a "capacidade de direito" da "capacidade de fato". No art. 1º, o vocábulo está empregado para significar "capacidade de direito", isto é, a aptidão para adquirir direitos e contrair obrigações. Independentemente da idade e do discernimento, o atributo da personalidade, a que corresponde a capacidade de direito, investe a pessoa do poder abstrato de ser sujeito ativo ou passivo de qualquer relação jurídica. Por isso se diz, muito adequadamente, que todo homem é capaz.

"Capacidade de fato" é a aptidão específica para exercer, por si mesmo, aqueles direitos e obrigações, sem qualquer restrição decorrente da idade ou de deficiência física ou psíquica. O art. 1º alude à "capacidade de direito" e os arts. 3º e 4º dedicam-se à "capacidade de fato".

3. Ordem civil. O Código de 1916 declarava no art. 1º que se destinava a regular "os direitos e obrigações de ordem privada". O atual, como já procedeu o Projeto de 1965, considerou ociosa essa explicação. O homem procede, na vida de relação, atuando como sujeito de direitos e de obrigações, de natureza privada, de natureza política, de natureza fiscal, etc. O Código Civil, pelas suas próprias características e por sua destinação, somente cogita dos primeiros. Ao mencionar, pois, a titularidade jurídica na ordem civil, tem em vista os direitos concernentes às pessoas, aos bens e às suas relações, deixando para outras províncias do Direito a disciplina da atuação no campo político, trabalhista, tributário etc.

Texto do Código Civil de 2002:

Art. 2º A personalidade civil da pessoa começa do nascimento com vida; mas a lei põe a salvo, desde a concepção, os direitos do nascituro.

Texto comentado por Caio Mário:

"A personalidade civil do homem começa do nascimento com vida; mas a lei põe a salvo os direitos do nascituro."

Fontes: Código de 1916, art. 4º; Projeto de Código Civil de 1965, art. 2º; Projeto de 1975, art. 2º.

Nota dos atualizadores:

O Código Civil de 2002 empregou a designação "pessoa" em substituição à designação "homem", constante do texto comentado por Caio Mário. Adicionalmente, o Código Civil de 2002, seguindo a orientação de seu antecessor, faz referência à proteção dos direitos do nascituro "desde a concepção", expressão suprimida pelo texto comentado pelo autor.

COMENTÁRIO

1. O texto pouco difere do Código Civil de 1916, em que foi eliminado o termo inicial do resguardo dos direitos do nascituro, consignado nos vocábulos "desde a concepção". A supressão, entretanto, não prejudica o entendimento.

Velha é a controvérsia se a personalidade humana se inicia a partir do nascimento com vida, ou se retroage ao momento da concepção. Os que defendem a segunda tese (Teixeira de Freitas, Felício dos Santos, Nabuco) sustentam que a proteção dos direitos do nascituro é um reconhecimento implícito de uma personalidade, e, desta sorte, consideram-na iniciada desde a concepção. Seria, desta sorte, uma personalidade condicionada ao nascimento. A primeira tese, sustentada por Beviláqua, encontra amparo na tradição de nosso Direito, segundo a qual é com o nascimento que tem início a personalidade. Desde que nasce, com vida, tem começo a personalidade. Não cogita o Direito pátrio do requisito da "viabilidade", ou o da "forma humana" que outros sistemas jurídicos erigem em *conditiones legis* da capacidade jurídica. São, na verdade, critérios etiológicos geradores de instabilidade e insegurança nas relações jurídicas, e cada vez mais encontrados desmentidos no desenvolvimento científico que, dia-a-dia, cria processos técnicos de recuperação, contrariando prognósticos de sobrevivência em casos de prognósticos desfavoráveis.

2. Antes do nascimento o feto ainda não é uma pessoa. Não passa de uma parte da mãe (*portio mulieris*). Configura-se o nascimento quando ocorre a separação do ventre materno, seja naturalmente, seja por via cirúrgica ou mecânica. Não importa se se tratar de gestação a termo ou parto prematuro. Não tem relevância, igualmente, se se tratar de concepção natural ou provocada por técnicas científicas. A indagação se nasceu com vida é respondida pela ciência, e assente basicamente na primeira troca oxicarbônica, advinda da inalação de ar atmosférico.

Nascendo viva, é pessoa e é capaz, ainda que sobreviva por tempo limitado. E assume a titularidade jurídica.

Antes do nascimento, os direitos não se integravam no feto, existindo apenas um caráter potencial. Entretanto, os seus interesses e direitos eram postos a salvo desde a concepção. O Direito Romano enunciava-o: *nasciturus pro iam nato habetur quotiens de commodis eius agitur.* Embora a personalidade comece do nascimento com vida, a ordem jurídica assegura ao nascituro os direitos que a ele correspondam.

Desde o instante do nascimento, passa a ser sujeito das relações jurídicas que lhe são pertinentes, como se já o fosse desde a concepção.

3. Subordinando a personalidade ao nascimento com vida, não cabe indagar de que maneira se processou a concepção: se por via de relações sexuais normais, se devido à inseminação artificial, ou se mediante processos técnicos de concepção extrauterina (concepção *in vitro*).

Texto do Código Civil de 2002:

Art. 3º São absolutamente incapazes de exercer pessoalmente os atos da vida civil os menores de 16 (dezesseis) anos. (Redação dada pela Lei nº 13.146, de 2015)

Texto comentado por Caio Mário:

"São absolutamente incapazes de exercer pessoalmente os atos da vida civil:
I – os menores de dezesseis anos;
II – os que, por enfermidade ou retardamento mental, não tiverem o necessário discernimento para a prática desses atos;
III – os que, ainda por causa transitória, não puderem exprimir a sua vontade;
IV – os silvícolas, nos termos da legislação especial."

Fontes: Código de 1916, art. 5º; Projeto de Código Civil de 1965, art. 6º; Projeto de 1975, art. 3º.

Nota dos atualizadores:

Os incisos originalmente dedicados às pessoas privadas de discernimento "por enfermidade ou retardamento mental", bem como aqueles que não pudessem exprimir a sua vontade, "ainda que por causa transitória", foram revogados pelo Estatuto da Pessoa com Deficiência, instituído pela Lei nº 13.146/2015. A situação das pessoas com deficiência passou, então, a ser regida pela legislação especial. No que toca às pessoas transitoriamente impedidas de exprimir a respectiva vontade, o Estatuto da Pessoa com Deficiência modificou a disciplina legal, para qualificá-las como relativamente incapazes, mediante alteração promovida no art. 4º, III, do Código Civil.

Também por força de modificação promovida pelo Estatuto da Pessoa com Deficiência, o art. 1.767 do Código Civil passou a sujeitar à curatela todas as pessoas que, "por causa transitória ou permanente, não puderem exprimir sua vontade". Nesse particular, o texto difere do comentado pelo autor, que apenas previa a curatela para a hipótese em que a impossibilidade de exprimir a vontade decorresse de "causa duradoura". No art. 4º, parágrafo único, o Código Civil dispõe que a capacidade dos índios é disciplinada por lei especial, denominada Estatuto do Índio, instituído pela Lei nº 6.001/1973.

COMENTÁRIO

1. Depois de ter o Código, no art. 1º, aludido à "capacidade de direito", menciona no art. 3º as pessoas que sofrem restrição total à aptidão para exercer por si direitos e contrair obrigações, e no art. 4º menciona os casos de restrição limitada. Os portadores das incapacidades mencionadas no art. 3º (*captis deminutio maxima*) não podem exercer, por si mesmos, os atos da vida civil, sendo "representados" por quem de direito. A consequência da infração é a "nulidade" do ato praticado (art. 166, I). Mencionando a lei casos de incapacidade, quer significar que a regra é a capacidade, e sua ausência, a exceção contida nas hipóteses que enuncia.

2. O Código alterou a sistemática do direito anterior, imprimindo ao art. 3º redação diversa do art. 5º do de 1916, e deixando de acompanhar a forma sucinta do art. 6º do Projeto de 1965.

3. Menores de 16 anos. O fundamento desta incapacidade reside em que a inexperiência e insuficiente desenvolvimento aconselham não se permitir que o menor de 16 anos realize qualquer ato da vida civil. Esta incapacidade está presente em todos os sistemas, variando apenas os limites de idade. O Direito Romano, tendo em vista que a puberdade nas mulheres se antecipava à do sexo masculino, considerava que a incapacidade correspondia a este fenômeno biológico, e dizia impúberes os varões até os 14 anos e as mulheres até os 12 anos. Nosso direito pré-codificado o acompanhava, e, assim, os civilistas do tempo designavam abertamente os incapazes como menores impúberes.

O Código, desprezando a ideia de recuar a incapacidade absoluta aos 14 anos, mantém-na aos 16 para ambos os sexos, política defendida pelo Relator Geral na Câmara dos Deputados, Deputado Ernani Satyro, que sustenta não ser razoável que, "num mundo mais complexo e infelizmente mais agressivo, se pretenda diminuir o limite que se estabeleceu em época de condições melhores do que as presentes".

4. Enfermidade mental e retardamento. O Código de 1916 aludia aos "loucos de todo gênero". A expressão foi objeto de numerosas polêmicas, acabando por se fixar num consenso quase unânime: essa incapacidade atingia a quantos fossem portadores de qualquer caso de insanidade mental, que os inabilitasse a se conduzirem conscientemente na vida social. A expressão "enfermidade mental", contida neste artigo, vem do Projeto de Código Civil de 1965, a que se aditou a hipótese de retardamento. A menção a este último não parece necessária, pois que, se o retardamento é devido a uma enfermidade mental, já está abrangido por esta, e, em caso contrário, dificilmente pode orçar por uma incapacidade absoluta. O que se compreende no inciso II é a deficiência mental congênita ou adquirida, qualquer que seja a causa – moléstia no encéfalo, lesão somática, traumatismo, desenvolvimento insuficiente – atingindo os centros cerebrais e retirando do paciente a perfeita avaliação dos atos que pratique. O que se determina na etiologia desta incapacidade é a ausência de discernimento em caráter permanente. Com relação ao Código de 1916, já observava Beviláqua, não há considerar os "lúcidos intervalos". Quem padece de enfermidade ou retardamento mental, que o priva de discernimento, é incapaz. Abrir a discussão para saber se o ato foi praticado em um momento de remissão temporária da insensatez é inserir a instabilidade nas relações jurídicas. Uma vez positivada a enfermidade mental, a pessoa é incapaz, e estará sujeita às medidas de proteção que lhe são devidas, considerando-se nulos os atos praticados. Recuperando a sanidade, e com esta o discernimento, torna-se capaz.[1]

5. Ausência temporária de discernimento. O Código de 1916 considerava incapaz o surdo-mudo que não pudesse manifestar a sua vontade. O novo Código não contempla a surdo-mudez, substituindo-a por esta hipótese algo imprecisa dos que não possam exprimir a sua vontade, ainda que por causa temporária. O que informa a hipótese é a "inaptidão" para manifestar a vontade, independentemente da causa orgânica. A aplicação deste inciso exige maior cautela e bom senso, para não abrir porta à inse-

1 Cf. nota dos atualizadores, acima.

gurança nas relações jurídicas. E os cuidados serão tanto maiores que a incapacidade sugere a "interdição", e esta pressupõe a existência de causa duradoura na incapacidade para exprimir a vontade, em contradição com o enunciado no art. 3º, III, que compreende a inaptidão transitória.

6. Os silvícolas. Dentro da doutrina legal do Código de 1916, os silvícolas eram relativamente incapazes, atendendo à possibilidade de adaptação ao meio civilizado. O novo Código os inscreve entre os absolutamente incapazes. Tendo em vista que o vocábulo "silvícolas", segundo Beviláqua, designa os que habitam as florestas, a incapacidade absoluta não alcança os que se integram na população civilizada. Embora o inciso se reporte à legislação especial, fica aberto um hiato, de difícil preenchimento, entre os que estão no estado de completa barbárie e os já adaptados, a ser coberto por um estatuto de proteção que atente para o grau de desenvolvimento, caso por caso.[2]

7. Senectude. A senilidade, por si só, não é causa de restrição da capacidade.[3] Somente na hipótese de gerar um estado patológico, implicando a ausência de discernimento, pode importar em incapacidade.

8. Ausência. O Código de 1916 incluía o ausente entre os incapazes. Era uma proposição inadequada. Desaparecendo de seu domicílio, nomeia-se curador, para defender os interesses do desaparecido, que nem por isso deve ser tratado como incapaz (cf. minhas *Instituições de Direito Civil*, vol. I, nº 50). O novo Código andou bem ao repelir esta figura de incapacidade. Sobre a ausência e seus efeitos, ver o Comentário aos arts. 22 e seguintes.

9. Suprimentos. Quando a lei estabelece o regime das incapacidades absoluta ou relativa, tem em vista a proteção do incapaz. Não se coloca contra ele, nem visa a puni-lo, obviamente. Pode ocorrer que haja mister ponderar em que determinado ato deve ser praticado no interesse do incapaz, e, por qualquer motivo, seja necessário suprir a incapacidade. Em tais casos, prevê o Código os meios de supri-la, mediante os instrumentos adequados do pátrio poder, da tutela, da curatela. E, em casos especiais,

2 Cf. nota dos atualizadores, acima.

3 Cf. nota dos atualizadores, acima.

por via judiciária, apresentando a espécie ao juiz, que decidirá pelo suprimento, se aí vir o interesse do incapaz, absoluta ou relativamente.

Texto do Código Civil de 2002:

Art. 4º São incapazes, relativamente a certos atos ou à maneira de os exercer:

I – os maiores de dezesseis e menores de dezoito anos;

II – os ébrios habituais e os viciados em tóxico;

III – aqueles que, por causa transitória ou permanente, não puderem exprimir sua vontade;

IV – os pródigos.

Parágrafo único. A capacidade dos indígenas será regulada por legislação especial.

Texto comentado por Caio Mário:

"São incapazes, relativamente a certos atos, ou à maneira de os exercer:

I – Os maiores de dezesseis e menores de vinte e um anos.

II – Os fracos da mente, os ébrios habituais e os viciados em tóxicos.

III – Os excepcionais, sem desenvolvimento completo.

IV – Os pródigos."

Fontes: Código de 1916, art. 6º; Projeto de Código Civil de 1965, art. 7º; Projeto de 1975, art. 4º.

Nota dos atualizadores:

O Código Civil põe termo à incapacidade relativa aos 18 anos, diversamente do texto comentado pelo autor, que, na esteira do Código Civil de 1916, somente reconhecia a plena capacidade a partir dos 21 anos. A redação atual do art. 4º do Código Civil se deve às modificações promovidas pela Lei nº 13.146/15, que instituiu o Estatuto da Pessoa com Deficiência. De acordo com a legislação em vigor, a situação das pessoas qualificadas no texto comentado pelo autor como "fracos da mente" ou "excepcionais, sem o desenvolvimento completo" é, atualmente, disciplinada pelo Estatuto da Pessoa com Deficiência. No art. 4º, parágrafo único, o Código Civil dispõe que a capacidade dos índios é disciplinada por lei especial, denominada Estatuto do Índio, instituído pela Lei nº 6.001/73.

COMENTÁRIO

1. Maiores de 16 anos e menores de 21.[4] Na mesma linha de orientação do Código de 1916, este artigo causava a incapacidade relativa, em função da idade, nos limites entre 16 e 21[5] anos. Eram os menores púberes do Direito pré-codificado. O legislador considera que, a partir dos 16 anos, os menores, posto não tenham desenvolvimento pleno, já adquirem conhecimento bastante para participarem da vida de relação, porém com a assistência dos pais ou tutores. É válida a declaração de vontade do menor relativamente incapaz, sempre que enunciada com a de seu assistente. Caso contrário, poderá o ato estar sujeito à anulação. Nem sempre isto acontece, pois, em dadas circunstâncias, a paz social prefere seu aproveitamento. Certos atos, pela sua natureza especial, dispensam a assistência. Está nesse caso o matrimônio, que é personalíssimo e assenta na plena liberdade e autonomia da vontade. Apenas a lei o quer precedido da autorização da pessoa em cuja dependência estiver o nubente (art. 1.550, II) ou suprimento judicial do consentimento. Independem, também, de assistência a facção testamentária, o exercício de mandato, o depoimento como testemunha.

2. Os fracos da mente e os excepcionais. O Código adotou critério analítico para designar as pessoas que não têm a mente íntegra, embora não entrem na classe dos enfermos e retardados. A multiplicação de hipóteses, ao invés de evitar incertezas, somente concorre para estabelecê-las. As situações, muito próximas, de separação tênue, poderão provocar vacilação jurisprudencial, até que o tempo logre determinar cada caso. Caberá à ciência médica definir e distinguir em que consiste a fraqueza mental e o desenvolvimento incompleto, e extremar estes estados em relação aos excepcionais. Somente com tal subsídio, o portador de fraqueza da mente e o incompletamente desenvolvido são incapazes relativamente aos atos que pratiquem ou ao modo de exercê-los.

3. Embriaguez habitual e toxiconomia. O novo Código introduziu na sistemática das incapacidades esta nova espécie. Mais do que qualquer outra, é sujeita a incertezas, porque não existe um parâmetro preciso para distinguir o dipsômano habitual e o toxicômano de pessoas que fazem uso de bebida e do tóxico sem perderem a consciência dos atos que

---

4 Cf. nota dos atualizadores, acima.

5 Cf. nota dos atualizadores, acima.

praticam. É uma inovação que não encontra paralelo em Códigos modernos, como o grego de 1946 e o português de 1966, embora o alemão de 1896 se refira à embriaguez ao lado da debilidade mental (Enneccerus, Oertmann). Os vícios do tóxico e da bebida, se atingirem o estado da fraqueza mental, estão abrangidos nesta hipótese, mas, se não ultrapassarem aquele limiar, não devem macular a declaração de vontade. Trata-se de incapacidade que tem de ser aferida na Justiça com o máximo de cautela, a fim de evitar distorções, e resguardar a incolumidade das relações jurídicas, máxime se não atingirem proporções de toxemia crônica, geradora de estado permanente de ausência ou deficiência de discernimento.

4. Prodigalidade. Já no regime do Código de 1916 discutia-se a inclusão dos pródigos entre os incapazes. Reportando-se à definição de nosso Direito anterior (Ordenação do Livro IV, Tít.. 103, § 6º), define-se o pródigo como aquele que desordenadamente gasta e destrói a fazenda. Em minhas *Instituições de Direito Civil*, discuti o assunto, mostrando que a prodigalidade não deve constituir causa de incapacidade. Os gastos desordenados somente devem justificar a incapacitação para os atos de disposição de bens (e somente neste caso) quando raia pela debilidade mental. Acredito mesmo que no futuro venha a ser eliminado. Enquanto persistir, o texto legal tem de ser interpretado restritivamente, nos casos em que comprometa a fortuna.

Texto do Código Civil de 2002:

Art. 5º A menoridade cessa aos dezoito anos completos, quando a pessoa fica habilitada à prática de todos os atos da vida civil.

Parágrafo único. Cessará, para os menores, a incapacidade:

I – pela concessão dos pais, ou de um deles na falta do outro, mediante instrumento público, independentemente de homologação judicial, ou por sentença do juiz, ouvido o tutor, se o menor tiver dezesseis anos completos;

II – pelo casamento;

III – pelo exercício de emprego público efetivo;

IV – pela colação de grau em curso de ensino superior;

V – pelo estabelecimento civil ou comercial, ou pela existência de relação de emprego, desde que, em função deles, o menor com dezesseis anos completos tenha economia própria.

Texto comentado por Caio Mário:

"Aos vinte e um anos completos acaba a menoridade, ficando habilitado o indivíduo para todos os atos da vida civil

Parágrafo único. Cessará, para os menores, a incapacidade:

a) Por concessão dos pais, ou de um deles na falta de outro, mediante instrumento público independentemente de homologação judicial, e por sentença de juiz, ouvido o tutor, se o menor tiver dezoito anos cumpridos.

b) Pelo casamento.

c) Pelo exercício de emprego público efetivo.

d) Pela colação de grau em curso de ensino superior.

e) Pelo estabelecimento civil ou comercial, com economia própria, tendo o menor dezoito anos completos."

Fontes: Código de 1916, art. 9º; Projeto de Código Civil de 1965, art. 11; Projeto de 1975, art. 5º.

Nota dos atualizadores:

O Código Civil põe termo à incapacidade relativa aos 18 anos, diversamente do texto comentado pelo autor, que, na esteira do Código Civil de 1916, somente reconhecia a plena capacidade a partir dos 21 anos. Para a hipótese de emancipação legal pela constituição de estabelecimento comercial com economia própria, o Código Civil exige que a pessoa natural conte 16 anos, ao passo que o texto comentado pelo autor somente reconhecia tal efeito depois de completados 18 anos. Conforme evidencia a leitura dos arts. 1.630 e seguintes, o Código Civil preferiu a designação "poder familiar" à expressão "pátrio poder", adotada pelo Código Civil de 1916 e no comentário de Caio Mário, abaixo.

COMENTÁRIO

1. *Maioridade.* O Código manteve o limite da maioridade aos 21 anos.[6] Não acolheu as críticas, inclusive minhas, no sentido de que a vida moderna proporciona aos jovens um volume de conhecimentos muito maior do que no passado, justificando a cessação da menoridade aos 18 anos. Trata-se de matéria em que domina exclusivamente o arbítrio legislativo. Com bons argumentos, e exemplos em outros Códigos, pode-se defender a fixação de uma ou de outra cifra.

6 Cf. nota dos atualizadores, acima.

A tendência do Direito brasileiro é colocar nos 18 anos o limite: nessa idade[7] o cidadão inscreve-se eleitor; adquire a maioridade trabalhista; assume a imputabilidade criminal; torna-se maior para prestação de serviço militar. Posto se trate de orientação de política legislativa, não é de se desprezar que a ordem jurídica, em vários aspectos, enxerga no indivíduo, aos 18 anos, discernimento amplo e aptidões positivas. Aos 18 anos caberia, portanto, estabelecer a maioridade civil. O novo Código, todavia, preferiu manter-se fiel ao modelo de 1916.

Segundo a tradição de nosso Direito, a emancipação legal independe de qualquer ato, providência ou manifestação alheia. É uma consequência direta do tempo. Atingindo os 21 anos,[8] o indivíduo torna-se apto para todos os atos da vida civil.

2. Emancipação voluntária. É a concessão em virtude da qual atribui-se ao filho a condição de maioridade, antes de atingir os 21 anos.[9] Este instituto tem passado por orientações diversas em nosso Direito. O Código estabeleceu os seus extremos: a) é uma concessão, e, portanto, não cabe ser exigida ou reivindicada. Somente os genitores são os juízes da sua conveniência, razão pela qual a emancipação, como ato de vontade, é insuprível judicialmente; b) é ato dos pais, conjuntamente, mas pode ser outorgada por um só, na falta do outro; c) o emancipado há de ter 18 anos[10] completos; d) a emancipação exige instrumento público, *ad substantiam*. A forma pública integra a própria declaração de vontade, e não pode ser substituída ou completada por qualquer outra; e) manifestação de vontade espontânea, vale por si mesma, independentemente de homologação judicial; f) trasladada a escritura, tem de ser averbada à margem do assento de nascimento (art. 9º, II) para conhecimento de quantos tratem com o emancipado.

3. Emancipação judicial. Somente os menores sob pátrio poder podem ser emancipados por simples declaração de vontade. Ao tutor não confere a lei o poder de emancipar o pupilo. Nesse caso, a emancipação resulta de procedimento judicial, de iniciativa do emancipado. Depois de ouvido o tutor, e em seguida o Ministério Público, o juiz decidirá por

7 Cf. nota dos atualizadores, acima.

8 Cf. nota dos atualizadores, acima.

9 Cf. nota dos atualizadores, acima.

10 Cf. nota dos atualizadores, acima.

sentença que, após passar em julgado, será igualmente levada ao registro civil (art. 9º, II). O requisito da idade é também exigido.

4. Emancipação legal. Afora os casos de emancipação voluntária e judicial, o Código, na mesma linha dogmática de 1916, considera emancipado o menor, independentemente da idade, em qualquer dos seguintes casos:

a) pelo casamento, como ato da maior importância da vida civil. Se o indivíduo passa a constituir família, não deve permanecer na dependência de outrem. O casamento produz o efeito da maioridade, e é definitivo, não retornando o emancipado à menoridade, mesmo que ocorra a morte do outro cônjuge, ou se dê a separação, o divórcio ou anulação do matrimônio;

b) pelo emprego público efetivo, no pressuposto de que a investidura na função faz presumir a plena habilitação para a vida civil. O emprego público temporário, como o particular, não tem o mesmo efeito, não comportando a espécie interpretação analógica;

c) pela colação de grau em um curso de ensino superior. A definição do que seja estabelecimento de ensino superior é objeto de legislação especial. Não tem o mesmo efeito a conclusão de curso de outra natureza, em grau médio ou profissionalizante;

d) pelo estabelecimento civil ou comercial com economia própria, independentemente de qualquer outra providência. A lei presume aptidão para a vida civil naquele que já está exercendo atividade autônoma, desde que haja completado 18 anos.[11]

TEXTO DO CÓDIGO CIVIL DE 2002:

Art. 6º A existência da pessoa natural termina com a morte; presume-se esta, quanto aos ausentes, nos casos em que a lei autoriza a abertura de sucessão definitiva.

TEXTO COMENTADO POR CAIO MÁRIO:

"A existência da pessoa física termina com a morte. Presume-se esta, quanto aos ausentes, nos casos em que a lei autoriza a sucessão definitiva."

Fontes: Código de 1916, art. 10; Projeto de Código Civil de 1965, art. 13; Projeto de 1975, art. 6º.

11 Cf. nota dos atualizadores, acima.

Nota dos atualizadores:
O Código Civil optou pela designação "pessoa natural" para qualificar o ser humano juridicamente considerado, em substituição à designação "pessoa física", constante do texto comentado pelo autor.

COMENTÁRIO

1. Fim da personalidade. A personalidade tem início pelo nascimento com vida e termina com a morte. Esta faz cessar a existência da pessoa física, e sua comprovação é feita pela certidão do óbito, ou, em sua falta ou impossibilidade, recorre-se a qualquer meio supletivo. O Direito moderno suprimiu o instituto da morte civil. Não se confunde a forma indireta da morte com a presunção desta.

2. Presunção de morte. Para efeitos sucessórios, presume-se a morte quando ocorre a abertura da sucessão definitiva do ausente. O Código aboliu a incapacidade do ausente. Desaparecendo a pessoa de seu domicílio (art. 22), é mister que se cuide de seus haveres abrindo-se a sucessão provisória, que não gera presunção de morte. Somente no caso de sucessão definitiva ocorre a sua presunção, que pode ser ilidida por prova em contrário (*praesumptio iuris tantum*). A presunção de morte com abertura da sucessão definitiva vigora tão somente para efeitos patrimoniais (art. 26). Não implica o fim da personalidade, pois que o regresso do ausente ao seu domicílio é reconhecido e produz os efeitos previstos (art. 39).

Texto do Código Civil de 2002:

Art. 7º Pode ser declarada morte presumida, sem decretação da ausência:
I – se for extremamente provável a morte de quem estava em perigo de vida;
II – se alguém, desaparecido em campanha ou feito prisioneiro, não for encontrado até dois anos após o término da guerra.
Parágrafo único. A declaração da morte presumida, nesses casos, somente poderá ser requerida depois de esgotadas as buscas e averiguações, devendo a sentença fixar a data provável do falecimento.

Texto comentado por Caio Mário:
Idêntico ao do Código Civil.
Fontes: Projeto de Código Civil de 1965, arts. 55 e 56; Projeto de 1975, art. 7º.

COMENTÁRIO

A aplicação prática demonstrou que o instituto da ausência, consagrado no Código de 1916, revelou-se insuficiente para atender a numerosas ocorrências e solucionar problemas de difícil solução. Exigindo sua decretação requisitos específicos, e gerando consequências exclusivamente sucessórias, desatende a outras necessidades. Os conflitos mundiais ocorridos neste século, e a multiplicidade de riscos a que se expõem os indivíduos, suscitaram questões que o jurista teve de resolver, e que somente com o Código encontram suporte legal. Achando-se uma pessoa em perigo de vida, como no caso de um acidente ou de moléstia de reconhecida gravidade, e não havendo posteriormente notícias dela, nem sendo apurado se veio a falecer, será presumida a sua morte. A mesma presunção pode ser reconhecida se uma pessoa desapareceu em campanha ou foi aprisionada pelo inimigo, e, terminada a guerra, não retorne nem seja encontrada. Pode tratar-se de um militar servindo sob as trincheiras, ou um civil, já que a guerra moderna atinge também as populações civis, com bombardeios, campos de concentração, aprisionamentos, deslocamentos para trabalhos forçados. Em qualquer desses casos, dar-se-á presunção de morte, se não for encontrado até dois anos após o término da guerra.

Uma interpretação lógica e racional permitirá que se não restrinja o princípio em conflitos internacionais, estendendo-se também a levantes internos, resoluções ou comoções intestinas. Pela mesma *ratio legis* deverá compreender os acidentes, em que passageiros e tripulantes desaparecem na selva ou lugar ermo, não sendo localizado ou identificado o corpo.

A presunção de morte resultará de provimento judicial, da iniciativa dos interessados (esposa, parente sucessível ou quem demonstre *legitimatio ad causam*). Realizadas buscas e averiguações e colhidas provas satisfatórias, o juiz declarará a presunção de morte, por sentença que será inscrita no registro público (art. 9º, IV).

O Código revelou-se incompleto, deixando de esclarecer os efeitos da declaração de morte. Neste sentido foi mais preciso o Projeto de Código Civil de 1965, no art. 59, que levantava o impedimento matrimonial, previa a nulidade do segundo matrimônio se reaparecesse o declarado morto. A certidão extraída do registro civil poderá ser equiparada à de óbito, como documento a instruir o processo de habilitação matrimonial (art. 1.525, V).

Texto do Código Civil de 2002:

Art. 8º Se dois ou mais indivíduos falecerem na mesma ocasião, não se podendo averiguar se algum dos comorientes precedeu aos outros, presumir-se-ão simultaneamente mortos.

Texto comentado por Caio Mário:

"Se dois ou mais indivíduos falecerem na mesma ocasião, não se podendo averiguar se algum deles precedeu aos outros, presumir-se-ão simultaneamente mortos."

Fontes: Código de 1916, art. 11; Projeto de Código Civil de 1965, art. 14; Projeto de 1975, art. 8º.

COMENTÁRIO

O problema da comoriência já desafiava os jurisconsultos romanos, que criaram um complexo sistema de presunções, tomando em consideração o parentesco, o sexo e a idade dos falecidos. Nosso Direito segue linha de orientação mais simples e mais prática, como ocorre com o Direito alemão, o italiano, o português. Ocorrendo o falecimento de dois ou mais indivíduos em um incêndio, um naufrágio, um acidente ferroviário ou aeroviário, ter-se-á de apurar qual deles precede o outro na morte, valendo-se de todos os meios de prova, tais como laudo pericial, testemunhas, levantamento do local, indícios resultantes de fatos certos. Resultando infrutíferas as averiguações, vigora a presunção de que morreram ao mesmo tempo, o que tem muita importância para todos os efeitos, especialmente sucessórios.

Texto do Código Civil de 2002:

Art. 9º Serão registrados em registro público:

I – os nascimentos, casamentos e óbitos;

II – a emancipação por outorga dos pais ou por sentença do juiz;
III – a interdição por incapacidade absoluta ou relativa;
IV – a sentença declaratória de ausência e de morte presumida.

TEXTO COMENTADO POR CAIO MÁRIO:
Idêntico ao do Código Civil.

COMENTÁRIO

Ver comentário ao art. 10.

TEXTO DO CÓDIGO CIVIL DE 2002:

Art. 10. Far-se-á averbação em registro público:
I – das sentenças que decretarem a nulidade ou anulação do casamento, a separação e o restabelecimento da sociedade conjugal;
II – dos atos judiciais ou extrajudiciais que declararem ou reconhecerem a filiação.

TEXTO COMENTADO POR CAIO MÁRIO:
"Far-se-á averbação em registro público:
I - Das sentenças que decretarem a nulidade ou a anulação do casamento, a separação e o restabelecimento da sociedade conjugal e o divórcio;
II - Das sentenças que julgarem ilegítimos os filhos concebidos na constância do casamento, e as que declararem a filiação legítima;
III - Dos atos judiciais ou extrajudiciais que declararem ou reconhecerem a filiação ilegítima;
IV - Dos atos judiciais ou extrajudiciais de adoção, e dos que a dissolverem."

Fontes: Código de 1916, art. 12; Projeto de Código Civil de 1965, arts. 15 a 27; Projeto de 1975, arts. 9º e 10.

NOTA DOS ATUALIZADORES:
Na esteira do previsto no art. 227, § 6º, da Constituição, o art. 1.596 do Código Civil pôs termo à diferenciação entre filhos, constante do texto comentado pelo autor. A adoção de crianças e adolescentes é regida pela Lei nº 8.069/1990, que institui o Estatuto da Criança e do Adolescente. De acordo com o seu

art. 39, § 1º, a adoção não comporta revogação. Para a adoção de maiores de 18 anos, as regras do Estatuto da Criança e do Adolescente são aplicáveis por analogia, conforme disposto no art. 1.619 do Código Civil.

COMENTÁRIO

O Código enuncia as linhas gerais do registro civil das pessoas naturais, de modo a especificar os atos sujeitos à inscrição e à averbação. O procedimento a ser adotado deve constituir objeto de legislação especial. O registro contém os momentos e as transformações por que passa o estado das pessoas, com a dupla finalidade de consignar os acontecimentos e fixar o estado, tornando públicos e conhecidos de terceiros, e proporciona a prova respectiva, por meio das certidões exaradas pelos oficiais que as têm a seu cargo.

Capítulo II
DOS DIREITOS DA PERSONALIDADE

Texto do Código Civil de 2002:

Art. 11. Com exceção dos casos previstos em lei, os direitos da personalidade são intransmissíveis e irrenunciáveis, não podendo o seu exercício sofrer limitação voluntária.

Art. 12. Pode-se exigir que cesse a ameaça, ou a lesão, a direito da personalidade, e reclamar perdas e danos, sem prejuízo de outras sanções previstas em lei.

Parágrafo único. Em se tratando de morto, terá legitimação para requerer a medida prevista neste artigo o cônjuge sobrevivente, ou qualquer parente em linha reta, ou colateral até o quarto grau.

Texto comentado por Caio Mário:

Idêntico ao do Código Civil.

Fontes: Projeto de Código Civil de 1965, art. 28; Projeto de 1975, arts. 11 e 12.

COMENTÁRIO

Constitui inovação em nosso Direito positivo a disciplina sistemática dos direitos da personalidade. As exigências do mundo contemporâneo, e a diversidade de orientações por vários países, conclamaram os juristas a darem maior ênfase ao assunto, e os legisladores a regularem a matéria que, na órbita internacional, mereceu acolhida na Declaração Universal dos Direitos do Homem, proclamada no dia 10 de dezembro de 1948.

Para a satisfação de suas necessidades e a realização de seus interesses, o homem assume obrigações e adquire direitos, num conjunto de situações individuais apreciáveis economicamente. A par disto, é ainda sujeito de relações jurídicas que, despidas embora de expressão financeira intrínseca, representam valor induvidoso. Aí residem os direitos da personalidade, que atraem a atenção da ordem jurídica, e encontram proteção no Direito positivo. O Código Civil de 1916 não os sistematizou, mantendo a sua tutela esparsa pelos diversos institutos. É uma conquista recente o seu ordenamento, não sendo de se desprezar a iniciativa do Projeto de Código Civil de 1965.

Em linhas gerais, os direitos da personalidade envolvem o direito à vida, à liberdade, ao próprio corpo, à incolumidade física, à proteção da intimidade, à integridade moral, à preservação da própria imagem, ao nome, às obras de criação do indivíduo, e tudo mais que seja digno de proteção, amparo e defesa, na ordem constitucional, penal, administrativa, processual e civil. Aqui tem lugar tão somente este último aspecto.

De regra, os direitos da personalidade, por serem vinculados intimamente ao indivíduo, não podem ser transmitidos nem renunciados, pena de se desfigurarem nas suas características essenciais. Igualmente, não pode o indivíduo autolimitar os direitos inerentes à sua personalidade. Não há, entretanto, confundi-los com os efeitos patrimoniais que deles emanem, os quais podem, até onde não ofendam os direitos em si mesmos, ser objeto de renúncia, transação, transferência ou limitações.

A ordem jurídica, no interesse do próprio indivíduo ou da coletividade, estabelece às vezes exceções a esses atributos, ou ao seu exercício.

A contrariedade aos princípios mencionados pelo artigo está sujeita a sanções que variarão conforme provenha do próprio indivíduo ou de terceiros. No primeiro caso será a cominação da nulidade. Ocorrendo lesão ou ameaça, contra qualquer direito da personalidade, o titular é investido de *legitimatio* ativa para obter medida cautelar ou preventiva contra o terceiro. E, se lhe advier prejuízo, serão devidas perdas e danos, a serem avaliadas com obediência aos critérios genéricos destinados à sua estimativa, independentemente de não ser dotado de patrimonialidade o direito lesado ou ameaçado. Independentemente dos procedimentos cautelares, defensivos ou ressarcitórios, poderá ser intentada ação penal contra o transgressor.

Não obstante seu caráter personalíssimo, os direitos da personalidade projetam-se na família do titular. Em vida, somente este tem o direito de ação contra o transgressor. Morto ele, tal direito pode ser exercido por quem ao mesmo esteja ligado pelos laços matrimoniais ou de parentesco. Ao cônjuge supérstite, descendentes, ascendentes e colaterais até o quarto grau, transmite-se a *legitimatio* para as medidas de preservação e defesa da personalidade do defunto. Há, contudo, distinguir. As medidas de defesa podem ser intentadas por qualquer deles, sem observância da ordem de sua colocação. No caso, entretanto, de indenização por perdas e danos, há que respeitar a ordem de vocação hereditária.

Texto do Código Civil de 2002:

Art. 13. Salvo por exigência médica, é defeso o ato de disposição do próprio corpo, quando importar diminuição permanente da integridade física, ou contrariar os bons costumes.
Parágrafo único. O ato previsto neste artigo será admitido para fins de transplante, na forma estabelecida em lei especial.

Art. 14. É válida, com objetivo científico, ou altruístico, a disposição gratuita do próprio corpo, no todo ou em parte, para depois da morte.
Parágrafo único. O ato de disposição pode ser livremente revogado a qualquer tempo.

Texto comentado por Caio Mário:

Idêntico ao do Código Civil.

Fontes: Projeto de Código Civil de 1965, arts. 29 e 30; Projeto de 1975, arts. 13 e 14.

Nota dos atualizadores:

O ato de disposição do corpo, em vida ou *post mortem*, para fins de transplante, é disciplinado pela Lei nº 9.434/1997, com a redação parcialmente alterada pelas Leis nº 10.211/2001, nº 11.521/2007 e nº 11.633/2007.

COMENTÁRIO

O artigo peca de uma incorreção técnica. O médico jamais impõe ou exige a disposição do corpo. O que se pretende enunciar é que pode ser necessária, por indicação médica, a extração ou retirada de uma parte do corpo. Nada impede a disposição das partes sujeitas à regeneração natural, como, por exemplo, os cabelos. Aquelas outras, sem capacidade de reprodução orgânica, poderão ser removidas se a sua falta não prejudicar a saúde, precedendo parecer médico. A lei não pode placitar a automutilação. Dentro da liceidade da disposição de parte do corpo está a retirada do sangue no limite da inocuidade à saúde, ou a ablação de órgãos para fins de transplante, com as cautelas técnicas e a observância das exigências de lei especial. O que se discute é se os atos de disposição devem ser sempre gratuitos ou se comportam remuneração, admitida esta naquelas hipóteses em que a lei o permita.

Embora o cadáver não seja pessoa, uma vez que a personalidade cessa com a morte, a lei impõe restrições à disposição total ou parcial do corpo para depois da morte, subordinando-a ao objetivo que há de ser científico ou altruístico. Desprimora dos bons costumes a disponibilidade inspirada em capricho ou motivo pouco generoso. A gratuidade é também essencial para evitar a comercialização do próprio corpo, a qual ofende ao senso ético.

No mesmo princípio da liberdade de disposição *post mortem* do corpo estará a cremação do cadáver, que constitui determinação lícita.

A disposição a respeito do destino do corpo ou de parte dele pode revestir a forma testamentária ou de ato entre vivos. Em qualquer caso, pode ser revogada. Se por testamento, participa a natureza ambulatória deste. Ao estabelecer a revogabilidade a qualquer tempo, teve o art. 14 em vista o ato *inter vivos*, e independentemente de audiência ou assentimento de outrem.

A revogação, após a morte do disponente, é admissível por pessoa de sua família: cônjuge supérstite, descendente, ascendente. São duas ordens de direito que estão em jogo: de um lado, o ato de disposição; de outro, os sentimentos afetivos dos membros da família. Se a pessoa, em vida, é senhora de seu corpo, não será menos respeitável a vontade dos parentes, no tocante às providências relacionadas com o cadáver, salvo naquilo em que é envolvido um interesse de ordem pública.

Texto do Código Civil de 2002:

Art. 15. Ninguém pode ser constrangido a submeter-se, com risco de vida, a tratamento médico ou a intervenção cirúrgica.

Texto comentado por Caio Mário:
Idêntico ao do Código Civil.
Fontes: Projeto de Código Civil de 1965, art. 32; Projeto de 1975, art. 15.

COMENTÁRIO

Na linha de proteção à integridade física, inscreve-se o direito de recusar tratamento médico ou intervenção cirúrgica. A justificativa reside na existência de risco de vida. Não cabe opor-se a certa terapêutica por capricho, ou propósito de autoextermínio, ou motivos ideológicos. É, contudo, muito relativo o conceito de risco de vida, o que pode levar a que se desrespeite a vontade do paciente, quando a negativa não tem base científica. Reversamente, ainda que o médico entenda inócuo o tratamento, é de se acatar a vontade do paciente, fundada em razões plausíveis. No caso de não ter o doente condições de deliberar validamente, transfere-se para os seus familiares o poder de decisão.

O artigo não cogita da hipótese de perícia médica, a ser realizada no próprio corpo, para fins de prova em juízo. O mesmo princípio deve, contudo, vigorar: o indivíduo tem o direito de se opor à sua realização, mas não se pode aproveitar da recusa. Insurgindo-se, deve ser tratado como se o resultado fosse contrário à sua pretensão, e ponderado no conjunto das provas (arts. 231 e 232).

Texto do Código Civil de 2002:

Art. 16. Toda pessoa tem direito ao nome, nele compreendidos o prenome e o sobrenome.

Texto comentado por Caio Mário:
Idêntico ao do Código Civil.
Fontes: Projeto de Código Civil de 1965, art. 37; Projeto de 1975, art. 16.

Nota dos atualizadores:

O Código Civil empregou a designação "sobrenome" em substituição à designação "nome patronímico", que figurava no texto comentado por Caio Mário.

COMENTÁRIO

No campo puramente teórico, muito se tem discutido se existe um "direito ao nome". Arrimado em Von Jhering, Beviláqua negava-o. Planiol o considerava mera instituição de "polícia civil". Mesmo concentrado como "direito", controverte a doutrina a sua natureza, ora qualificando como um "direito de propriedade", ora negando-lhe o caráter dominial sob fundamento de que a propriedade é alienável e prescritível e o nome não o é. Sem descer ao debate abstrato, o nosso Direito, não obstante o silêncio do Código Civil de 1916, sempre pendeu para definir o nome como um direito, designativo do indivíduo, e fator de identificação. Com tais finalidades, destacam-se no nome civil dois aspectos: público e privado, e, neste sentido, diz-se que é um direito e um dever. Envolve simultaneamente um direito subjetivo e um interesse social. Sob o aspecto público, a lei estabelece, na obrigatoriedade do assento de nascimento, que ali se consignará o nome do registrado, além de estatuir a imutabilidade, salvo os casos especiais de emendas ou alterações, expressamente previstas, e sujeitos à autorização judicial (cf. minhas *Instituições de Direito Civil*, vol. I, nº 47). Sob o aspecto individual, a toda pessoa é assegurada a faculdade de se identificar pelo seu próprio nome.

Levando em conta os elementos componentes, o nome civil abrange o prenome, atribuído ao indivíduo, e o patronímico, que revela a sua vinculação familiar. Numa certa medida, a indicação onomástica assenta remotamente no Direito Romano, que conhecera o *prenomen* e o *nomen*, além de elementos complementares do *cognomen* e do *agnomen*.

O patronímico pode restringir-se ao da família paterna, ou associá-lo ao da materna. Neste caso, posto inexista norma a respeito, entre nós é costume colocar o nome paterno em último lugar, precedido do materno, ao contrário de outros países, notadamente de origem hispânica, que antecipam o paterno ao materno.

Reconhecendo o direito ao nome, o Código implicitamente assegura a sua transmissibilidade de geração a geração. Ao nome civil ligam-se os atributos da imprescritibilidade e oponibilidade *erga omnes*, como direito absoluto que é.

Os filhos adquirem o patronímico. A lei disciplina, também, o uso ou a perda do nome do cônjuge, por força do casamento ou da dissolução da sociedade conjugal.

Ao direito ao nome corresponde ação para assegurar o seu exercício, na eventualidade de alguma contestação. Igual garantia deve ser concedida ao indivíduo a quem se atribua nome diverso ou incompleto, mesmo que não seja intencional ou inspirado em finalidade pejorativa. Este direito de ação é oponível a qualquer pessoa, inclusive às autoridades públicas.

Texto do Código Civil de 2002:

Art. 17. O nome da pessoa não pode ser empregado por outrem em publicações ou representações que a exponham ao desprezo público, ainda quando não haja intenção difamatória.

Texto comentado por Caio Mário:
Idêntico ao do Código Civil.
Fontes: Projeto de Código Civil de 1965, art. 40; Projeto de 1975, art. 17.

COMENTÁRIO

Destaca-se aqui a hipótese da divulgação do nome da pessoa, por qualquer via publicitária, ainda que de boa-fé, como consequência lógica do direito de ação, a que já fiz referência no comentário ao artigo anterior. Esta disposição, pelo seu cunho protecionista, não pode receber interpretação estrita, para compreender qualquer finalidade. E a ela se ligará dupla sanção, civil e penal.

Cumpre, todavia, alertar que o artigo comporta a hermenêutica do bom senso. Se é certo que a divulgação de nome alheio é vedada, não se pode reprimir o simples fato de mencionar-se através da imprensa, em qualquer de suas modalidades. Entre o direito à privacidade e a divulgação inconveniente, há uma gama enorme de situações, a ser apreciada *cum arbitrio boni viri*. Esta cautela é tanto mais recomendável quanto mais certo que a riqueza onomástica não é tão grande que evite a homonímia. Não se pode confundir o emprego do nome de uma pessoa, com a publicação ou representação de nome idêntico, pertencente a pessoa diversa.

TEXTO DO CÓDIGO CIVIL DE 2002:

Art. 18. Sem autorização, não se pode usar o nome alheio em propaganda comercial.

TEXTO COMENTADO POR CAIO MÁRIO:
Idêntico ao do Código Civil.

Fontes: Projeto de Código Civil de 1965, art. 41, parágrafo único; Projeto de 1975, art. 18.

COMENTÁRIO

O Código destacou este princípio para imprimir-lhe maior ênfase. A inspiração ontológica é a mesma: proteger a pessoa contra a usurpação de seu nome. O vocábulo "propaganda" é aqui usado em acepção ampla. E a repressão abrange toda espécie de vantagem econômica. Embora o nome, em si mesmo, não contenha expressão pecuniária, nada impede que o titular autorize o seu uso mediante remuneração. Se alguém utilizá-lo sem anuência, poderá ser coagido a abster-se de fazê-lo, além de indenizar o titular pelo abuso, entrando na composição do valor a projeção social ou comercial do nome, o seu poder de aliciamento sobre o público, a natureza do produto ou do material anunciado, além de outros elementos subsidiários. Tudo isto sem embargo de repressão criminal que no caso couber.

Embora o artigo se refira apenas à propaganda comercial, deve abranger a de qualquer outra espécie, como a industrial, a artística, a eleitoral, sujeita esta a normas especiais e com efeitos ou consequências outras.

TEXTO DO CÓDIGO CIVIL DE 2002:

Art. 19. O pseudônimo adotado para atividades lícitas goza da proteção que se dá ao nome.

Texto comentado por Caio Mário:
Idêntico ao do Código Civil.
Fontes: Projeto de Código Civil de 1965, art. 42; Projeto de 1975, art. 19.

COMENTÁRIO

É frequente o emprego de pseudônimo por literatos e artistas, ao firmarem suas obras ou apresentarem-se publicamente. Pode consistir numa designação de fantasia ou anagrama do próprio nome, ou ainda ser produto de criação artificial por eufonia ou para melhor aceitação pública. Sua projeção social é às vezes maior do que o nome, e, por tal modo, se liga ao portador, que passar a integrar a sua personalidade, como Voltaire, ou Mark Twain, ou George Sand, ou El Greco.

Por se ligarem ao pseudônimo interesses valiosos, atrai ele a mesma proteção que se dá ao nome, no sentido de proibir sua usurpação, e assegurar-lhe efeitos pecuniários. De um certo modo, a proteção ao pseudônimo torna-se mais rigorosa do que a concedida ao nome, porque a sua criação e divulgação nos meios em que opera o portador resulta de lenta e esforçada elaboração. Sua usurpação dificilmente é isenta de má-fé, e tem de ser reprimida, cabendo contra o infrator a imposição de sanções tanto cíveis como criminais.

Texto do Código Civil de 2002:

Art. 20. Salvo se autorizadas, ou se necessárias à administração da justiça ou à manutenção da ordem pública, a divulgação de escritos, a transmissão da palavra, ou a publicação, a exposição ou a utilização da imagem de uma pessoa poderão ser proibidas, a seu requerimento e sem prejuízo da indenização que couber, se lhe atingirem a honra, a boa fama ou a respeitabilidade, ou se se destinarem a fins comerciais.
Parágrafo único. Em se tratando de morto ou de ausente, são partes legítimas para requerer essa proteção o cônjuge, os ascendentes ou os descendentes.

Texto comentado por Caio Mário:
Idêntico ao do Código Civil.
Fontes: Projeto do Código Civil de 1965, art. 35; Projeto de 1975, art. 20.

Nota dos atualizadores:
O Plenário do Supremo Tribunal Federal, na ação direta de inconstitucionalidade nº 4.815, de que foi Relatora a Ministra Cármen Lúcia, conferiu "*interpretação conforme a Constituição aos artigos 20 e 21 do Código Civil, sem redução de texto, para, em consonância com os direitos fundamentais à liberdade de pensamento e de sua expressão, de criação artística, produção científica, declarar inexigível o consentimento de pessoa biografada relativamente a obras biográficas literárias ou audiovisuais, sendo por igual desnecessária autorização de pessoas retratadas como coadjuvantes (ou de seus familiares, em caso de pessoas falecidas)*".

COMENTÁRIO

O artigo engloba o respeito pela produção intelectual e a proteção à imagem, matérias que merecem ser destacadas.

1. A divulgação de escritos e a transmissão da palavra são modos de expressão da personalidade, e se acham compreendidas na proteção desta. O indivíduo é senhor das criações de seu espírito, e tem o direito de reprimir a divulgação, a não ser quando autorizada. Na referência ao escrito, envolve a proteção aos direitos autorais, que, com as outras manifestações da criatividade (pintura, escultura, composição musical etc.), merecem igual tratamento, e neste sentido é de se entender o artigo. A menção à palavra proíbe toda transmissão em si mesma, ou mediante qualquer modalidade de gravação mecânica, eletrônica, ou conseguida de outra maneira.

2. A proteção da imagem é conquista do Direito moderno, consequência natural de progresso técnico. O Direito assegura ao indivíduo o direito à própria imagem. A lei proíbe a sua divulgação por qualquer meio – fotografia, cinema, gravação no vídeo – e reprime a infração como atentado à privacidade, da qual cada um é senhor exclusivo.

A regra, contida neste artigo, peca de sensível obscuridade. Ao se referir à proibição das divulgações, alude a requerimento. Não pode ser interpretada como requisito, pois que a lei, na defesa da privacidade, proíbe que sejam publicadas, salvo autorização. O requerimento somente pode ser entendido no sentido de conferir à pessoa a faculdade de, na via administrativa ou judicial, promover as medidas contra quem quer que atente contra o direito à intimidade. Não se subordina o direito à privacidade a prévio requerimento. Não se compreende, também, que a divulgação seja proibida somente quando atinja a honra, a boa fama ou a respeitabilidade do indivíduo, ou para fins comerciais. A divulgação é proibida sempre, salvo autorização, e o indivíduo tem o direito de coibi-la. No caso de atentar contra aqueles atributos, sujeita-se o infrator às sanções que no caso couberem. Haverá, pois, necessidade de demonstrar a lesão, no caso de postular o interessado uma indenização.

3. Independentemente de autorização do interessado, é permitida a divulgação de escritos, transmissão de palavra, exposição ou utilização da imagem, se necessárias à administração da Justiça ou à manutenção da ordem pública. Em tais situações, pode esboçar-se um conflito entre o interesse individual e o coletivo, que a lei resolve dando predominância a este último. A imagem, como as criações do espírito, pertence ao indivíduo, e sua preservação é garantida até o momento em que se divorcie das necessidades e conveniências sociais. O direito à privacidade subsiste enquanto não embaraçar o andamento da Justiça ou atentar contra a ordem pública.

4. Quem tem o direito de reprimir todo abuso, usurpação ou atentado é o próprio indivíduo. Morto ele, a *legitimatio* para requerer as medidas de proteção transfere-se de pleno direito para o cônjuge, os ascendentes e os descendentes. Essa menção não significa uma faculdade que somente se exerça sucessivamente. Ela é cumulativa, no sentido de que uns e outros têm igual direito, e poderão exercê-lo sem a condição de se positivar a falta ou omissão do precedentemente mencionado.

Texto do Código Civil de 2002:

Art. 21. A vida privada da pessoa natural é inviolável, e o juiz, a requerimento do interessado, adotará as providências necessárias para impedir ou fazer cessar ato contrário a esta norma.

Nota dos atualizadores:
Este artigo não integrou o Projeto, objeto dos comentários de Caio Mário.

O Plenário do Supremo Tribunal Federal, na ação direta de inconstitucionalidade nº 4.815, de que foi Relatora a Ministra Cármen Lúcia, conferiu "*interpretação conforme a Constituição aos artigos 20 e 21 do Código Civil, sem redução de texto, para, em consonância com os direitos fundamentais à liberdade de pensamento e de sua expressão, de criação artística, produção científica, declarar inexigível o consentimento de pessoa biografada relativamente a obras biográficas literárias ou audiovisuais, sendo por igual desnecessária autorização de pessoas retratadas como coadjuvantes (ou de seus familiares, em caso de pessoas falecidas)*".

Capítulo III
DA AUSÊNCIA

Seção I
Da Curadoria dos Bens do Ausente

TEXTO DO CÓDIGO CIVIL DE 2002:

Art. 22. Desaparecendo uma pessoa do seu domicílio sem dela haver notícia, se não houver deixado representante ou procurador a quem caiba administrar-lhe os bens, o juiz, a requerimento de qualquer interessado ou do Ministério Público, declarará a ausência, e nomear-lhe-á curador.

Art. 23. Também se declarará a ausência, e se nomeará curador, quando o ausente deixar mandatário que não queira ou não possa exercer ou continuar o mandato, ou se os seus poderes forem insuficientes.

Art. 24. O juiz, que nomear o curador, fixar-lhe-á os poderes e obrigações, conforme as circunstâncias, observando, no que for aplicável, o disposto a respeito dos tutores e curadores.

Texto comentado por Caio Mário:
Idêntico ao do Código Civil.

Fontes: Código de 1916, arts. 463, 464 e 465; Projeto de Código Civil de 1965, arts. 49, 50 e 51; Projeto de 1975, arts. 21, 22, 23.

COMENTÁRIO

O instituto da ausência, no Código de 1916, está localizado na Parte Especial, referente ao Direito de Família, em seguimento às várias espécies de curatelas: dos incapazes, dos pródigos, do nascituro. Foi o Projeto de Código Civil de 1965 que o disciplinou na Parte Geral, situando-o no Livro I, das Pessoas. O de 1975 seguiu esta orientação. Na dogmática prevalece o sistema do Código anterior, a que poucas alterações foram aditadas, nem todas, aliás, merecedoras de aplausos.

Abandonando a deformação conceitual de ser o ausente um incapaz, na verdade o que predomina é a proteção de seus interesses. A ideia central na caracterização da ausência é a circunstância material do desaparecimento, acompanhada da falta de notícias se não deixar representante ou procurador, a quem toque administrar-lhes os bens, ou, na hipótese contrária, o nomeado não possa exercer o mandato, ou não queira aceitá-lo, ou a ele renuncie, ou, finalmente, sejam insuficientes os poderes, como seria a hipótese do mandatário *ad iudicia* sem habilitação para administrar bens.

A ausência há de ser declarada pelo juiz, e o requerente tem de demonstrar o interesse jurídico. São legitimados para essa iniciativa o cônjuge do desaparecido, seus parentes sucessíveis, o representante do Ministério Público, e ainda os credores ou quaisquer pessoas com direito a seus bens, dependente de sua morte. Declarando a ausência, o juiz na mesma sentença nomeará curador e lhe fixará os poderes e obrigações. Em linhas gerais, serão observados os princípios a respeito dos tutores e curadores (arts. 1.774 e seguintes). Não está adstrito a repetir o que em relação a uns e outros dispõe o Código.

Atentando às circunstâncias de cada caso, estabelecerá o que melhor convém, imprimindo mais ou menos amplitude à curadoria, ou especificando os deveres do nomeado.

Cumpre não confundir esta nomeação com o "curador à lide", figura nimiamente processual, para o caso de se não encontrar a pessoa demandada. O *curator in litem* é um defensor em determinado processo, ao passo que o curador do ausente administra-lhe os bens, cuida de seus interesses em caráter permanente e o representa em qualquer processo, tanto ativa como passivamente.

TEXTO DO CÓDIGO CIVIL DE 2002:

Art. 25. O cônjuge do ausente, sempre que não esteja separado judicialmente, ou de fato por mais de dois anos antes da declaração da ausência, será o seu legítimo curador.

§ 1° Em falta do cônjuge, a curadoria dos bens do ausente incumbe aos pais ou aos descendentes, nesta ordem, não havendo impedimento que os iniba de exercer o cargo.

§ 2° Entre os descendentes, os mais próximos precedem os mais remotos.

§ 3° Na falta das pessoas mencionadas, compete ao juiz a escolha do curador.

TEXTO COMENTADO POR CAIO MÁRIO:

"O cônjuge do ausente, sempre que não esteja separado judicialmente, ou de fato há mais de cinco anos antes da declaração da ausência, será o seu legítimo curador.

§ 1º Em falta do cônjuge, a curadoria de bens do ausente incumbe aos pais ou aos descendentes, nesta ordem, não havendo impedimento que os iniba de exercer o cargo.

§ 2º Entre os descendentes, os mais vizinhos precedem aos mais remotos, e, entre os do mesmo grau, os varões preferem às mulheres.

§ 3º Na falta das pessoas mencionadas, compete ao juiz a escolha do curador."

Fontes: Código de 1916, arts. 466 e 467; Projeto de Código Civil de 1965, art. 50, § 2º; Projeto de 1975, art. 24.

NOTA DOS ATUALIZADORES:

O Código Civil de 2002 reduziu de cinco para dois anos o prazo previsto no *caput* do art. 25, quando comparado ao texto objeto dos comentários de Caio Mário. Ressalte-se, ainda, que o texto comentado apresenta resquícios da disciplina anterior à da Constituição de 1988, na qual se concedia precedência aos filhos varões.

COMENTÁRIO

Com o poder de nomear curador ao ausente, o juiz deverá observar a gradação estabelecida. As preferências fundam-se no critério da comunidade de interesses e no conhecimento presumido dos bens e suas peculiaridades. No primeiro plano, com estes dois requisitos está o cônjuge, no pressuposto da inexistência de separação judicial, ou de fato há mais de cinco anos.[12] Este último é indício de conflito conjugal, a desaconselhar a nomeação. Embora estabeleça o artigo o prazo de cinco anos,[13] não está o juiz adstrito a nomear o cônjuge separado há menos de um quinquênio,[14] desde que encontre motivos para afastá-lo. Da mesma forma a ordem estatuída - pai, mãe, filhos varões, netos e netas - subordina-se à verificação de impedimento, o que será objeto de apreciação cautelosa do juiz, sempre inspirado nos interesses do ausente, e na eventualidade de danos aos demais interessados.

Não caberá nomeação de curador, se não houver bens. O ausente não é um incapaz, e a função do curador é administrar o patrimônio.

Seção II
Da Sucessão Provisória

Texto do Código Civil de 2002:

Art. 26. Decorrido um ano da arrecadação dos bens do ausente, ou, se ele deixou representante ou procurador, em se passando três anos, poderão os interessados requerer que se declare a ausência e se abra provisoriamente a sucessão.

Art. 27. Para o efeito previsto no artigo anterior, somente se consideram interessados:

I – o cônjuge não separado judicialmente;

II – os herdeiros presumidos, legítimos ou testamentários;

III – os que tiverem sobre os bens do ausente direito dependente de sua morte;

IV – os credores de obrigações vencidas e não pagas.

---

12 Dois anos, de acordo com o CC/2002.

13 Dois anos, de acordo com o CC/2002.

14 Biênio, de acordo com o CC/2002.

TEXTO COMENTADO POR CAIO MÁRIO:

Idêntico ao do Código Civil.

Fontes: Código de 1916, art. 469; Projeto do Código Civil de 1965, art. 52; Projeto de 1975, art. 25.

COMENTÁRIO

O Código mantém o critério de 1916, compreendendo três fases na ausência: a primeira, de mera administração dos bens; a segunda, da sucessão provisória; a terceira, da sucessão definitiva. Decorrido um ou três anos da arrecadação de bens, os interessados mencionados no artigo podem requerer a abertura da sucessão provisória. A ordem estabelecida não importa em necessidade privativa, mesmo porque a omissão de qualquer delas pode ser intencional.

Observe-se que o Ministério Público pode requerer a declaração da ausência, mas a lei não o habilita para pedir a abertura da sucessão, salvo no caso do art. 28, § 1º. A primeira condiz com um interesse social, ao passo que a segunda visa à entrega dos bens aos sucessores presuntivos, ou à proteção dos credores por dívidas vencidas, ou à tutela de quem tiver sobre os bens direitos dependentes da morte do desaparecido.

TEXTO DO CÓDIGO CIVIL DE 2002:

Art. 28. A sentença que determinar a abertura da sucessão provisória só produzirá efeito cento e oitenta dias depois de publicada pela imprensa; mas, logo que passe em julgado, proceder-se-á à abertura do testamento, se houver, e ao inventário e partilha dos bens, como se o ausente fosse falecido.

§ 1° Findo o prazo a que se refere o art. 26, e não havendo interessados na sucessão provisória, cumpre ao Ministério Público requerê-la ao juízo competente.

§ 2° Não comparecendo herdeiro ou interessado para requerer o inventário até trinta dias depois de passar em julgado a sentença que mandar abrir a sucessão provisória, proceder-se-á à arrecadação dos bens do ausente pela forma estabelecida nos arts. 1.819 a 1.823.

Texto comentado por Caio Mário:
Idêntico ao do Código Civil.
Fontes: Código de 1916, art. 471; Projeto de 1975, art. 27.

COMENTÁRIO

A lei considera dois momentos distintos: trânsito em julgado da sentença, que determina a abertura da sucessão provisória; e decurso do prazo de cento e oitenta dias depois de sua publicação pela imprensa. Em se verificando a presunção da falta de interessados, efetua-se a arrecadação dos bens como regra.

Texto do Código Civil de 2002:

Art. 29. Antes da partilha, o juiz, quando julgar conveniente, ordenará a conversão dos bens móveis, sujeitos a deterioração ou a extravio, em imóveis ou em títulos garantidos pela União.

Texto comentado por Caio Mário:
Praticamente idêntico ao do Código Civil, salvo a possibilidade, contemplada no texto comentado por Caio Mário, de que os títulos também pudessem ser garantidos pela dívida pública dos Estados.

Nota dos atualizadores:
A redação final do Código em nada afetou o comentário a seguir apresentado.
Fontes: Código de 1916, art. 472; Projeto de 1975, art. 28.

COMENTÁRIO

O objetivo da sucessão provisória é a partilha dos bens do ausente. A conversão dos bens perecíveis em imóveis ou títulos da dívida pública tem finalidade conservadora, com o intuito de preservá-los para a eventualidade de retorno do ausente.

Texto do Código Civil de 2002:

Art. 30. Os herdeiros, para se imitirem na posse dos bens do ausente, darão garantias da restituição deles, mediante penhores ou hipotecas equivalentes aos quinhões respectivos.

§ 1° Aquele que tiver direito à posse provisória, mas não puder prestar a garantia exigida neste artigo, será excluído, mantendo-se os bens que lhe deviam caber sob a administração do curador, ou de outro herdeiro designado pelo juiz, e que preste essa garantia.

§ 2° Os ascendentes, os descendentes e o cônjuge, uma vez provada a sua qualidade de herdeiros, poderão, independentemente de garantia, entrar na posse dos bens do ausente.

Texto comentado por Caio Mário:

Idêntico ao do Código Civil.

Fontes: Código de 1916, art. 473; Projeto de Código Civil de 1965, art. 53; Projeto de 1975, art. 29.

COMENTÁRIO

O cônjuge, os ascendentes e os descendentes, qualificados herdeiros do ausente, são dispensados de oferecer garantia. Os demais somente terão direito a se imitirem na posse dos bens, dando garantia real. Rompeu o novo Código com o sistema do anterior, deixando a descoberto o ausente na eventualidade de seu retorno.

Texto do Código Civil de 2002:

Art. 31. Os imóveis do ausente só se poderão alienar, não sendo por desapropriação, ou hipotecar, quando o ordene o juiz, para lhes evitar a ruína.

Texto comentado por Caio Mário:

Idêntico ao do Código Civil.

Fontes: Código de 1916, art. 475; Projeto de Código Civil de 1965, art. 50, parágrafo único; Projeto de 1975, art. 30.

COMENTÁRIO

Provisória que é a sucessão, os herdeiros recebem os bens subordinados à condição de devolvê-los, retornando o ausente. Não têm, portanto, a disponibilidade deles. A alienação será ordenada pelo juiz. O artigo deve ser interpretado como admitindo a autorização para alienar ou hipotecar, para que se evite a ruína. A ressalva quanto à desapropriação é desnecessária, porque esta é uma decorrência de interesse público.

Texto do Código Civil de 2002:

Art. 32. Empossados nos bens, os sucessores provisórios ficarão representando ativa e passivamente o ausente, de modo que contra eles correrão as ações pendentes e as que de futuro àquele forem movidas.

Texto comentado por Caio Mário:
Idêntico ao do Código Civil.
Fontes: Código de 1916, art. 476; Projeto de 1975, art. 31.

COMENTÁRIO

Com a sucessão aberta, e a partilha efetuada, cessa a curadoria. As ações presentes e as futuras correrão com os sucessores, os quais receberão as citações, nas mesmas hipóteses e do mesmo modo que com a partilha em caso de morte.

Texto do Código Civil de 2002:

Art. 33. O descendente, ascendente ou cônjuge que for sucessor provisório do ausente, fará seus todos os frutos e rendimentos dos bens que a este couberem; os outros sucessores, porém, deverão capitalizar metade desses frutos e rendimentos, segundo o disposto no art. 29, de acordo com o representante do Ministério Público, e prestar anualmente contas ao juiz competente.

Parágrafo único. Se o ausente aparecer, e ficar provado que a ausência foi voluntária e injustificada, perderá ele, em favor do sucessor, sua parte nos frutos e rendimentos.

Texto comentado por Caio Mário:

Idêntico ao do Código Civil.

Fontes: Código de 1916, art. 477; Projeto de Código Civil de 1965, art. 53; Projeto de 1975, art. 32.

COMENTÁRIO

Distinguindo dos descendentes, dos ascendentes e do cônjuge, os demais sucessores provisórios, o artigo mantém nestes o dever de capitalizar, em benefício do ausente, os frutos e os rendimentos dos bens recebidos.

Introduz, no parágrafo único, inovação inútil e geradora de litígios, para o caso de se demonstrar que a ausência foi voluntária e injustificada. Seria melhor que abolisse de vez aquela capitalização, ou que simplesmente conservasse a redação do art. 477 do Código anterior.

Texto do Código Civil de 2002:

Art. 34. O excluído, segundo o art. 30, da posse provisória poderá, justificando falta de meios, requerer lhe seja entregue metade dos rendimentos do quinhão que lhe tocaria.

Texto comentado por Caio Mário:

Idêntico ao do Código Civil.

Fontes: Código de 1916, art. 478; Projeto de 1975, art. 33.

COMENTÁRIO

O dispositivo, que é reprodução do art. 478 do Código anterior, completa o princípio do art. 30.

Texto do Código Civil de 2002:

Art. 35. Se durante a posse provisória se provar a época exata do falecimento do ausente, considerar-se-á, nessa data, aberta a sucessão em favor dos herdeiros, que o eram àquele tempo.

Texto comentado por Caio Mário:
Idêntico ao do Código Civil.
Fontes: Código de 1916, art. 479, Projeto de 1975, art. 34.

COMENTÁRIO

O artigo prevê a abertura antecipada da sucessão definitiva na data em que se apurar que ocorreu a morte do ausente.

Texto do Código Civil de 2002:

Art. 36. Se o ausente aparecer, ou se lhe provar a existência, depois de estabelecida a posse provisória, cessarão para logo as vantagens dos sucessores nela imitidos, ficando, todavia, obrigados a tomar as medidas assecuratórias precisas, até a entrega dos bens a seu dono.

Texto comentado por Caio Mário:
Idêntico ao do Código Civil.
Fontes: Código de 1916, art. 480; Projeto de Código Civil de 1965, art. 54; Projeto de 1975, art. 35.

COMENTÁRIO

A sucessão provisória tem por pressuposto a presunção de morte do ausente. Retornando ele, ou provada a sua existência, readquire a posse dos bens. Mas, enquanto esta não se efetive, os sucessores provisórios são obrigados às medidas que lhe assegurem a entrega, ressalvadas as alienações efetuadas com as cautelas previstas.

Seção III
Da Sucessão Definitiva

Texto do Código Civil de 2002:

Art. 37. Dez anos depois de passada em julgado a sentença que concede a abertura da sucessão provisória, poderão os interessados requerer a sucessão definitiva e o levantamento das cauções prestadas.

Art. 38. Pode-se requerer a sucessão definitiva, também, provando-se que o ausente conta oitenta anos de idade, e que de cinco datam as últimas notícias dele.

TEXTO COMENTADO POR CAIO MÁRIO:

Idêntico ao do Código Civil.

Fontes: Código de 1916, arts. 481 e 482; Projeto de 1975, arts. 36 e 37.

COMENTÁRIO

Converte-se a sucessão provisória em definitiva em três casos: a) prova da morte do ausente (art. 35); b) automaticamente, pelo decurso de dez anos do trânsito em julgado da sentença que declara a abertura da provisória; c) provando-se que o ausente completa oitenta anos, conjugada com o fato de não se ter notícia dele nos últimos cinco.

A requerimento dos interessados levantam-se as cauções, adquirindo eles a liberdade de disposição dos bens.

TEXTO DO CÓDIGO CIVIL DE 2002:

Art. 39. Regressando o ausente nos dez anos seguintes à abertura da sucessão definitiva, ou algum de seus descendentes ou ascendentes, aquele ou estes haverão só os bens existentes no estado em que se acharem, os sub-rogados em seu lugar, ou o preço que os herdeiros e demais interessados houverem recebido pelos bens alienados depois daquele tempo.

Parágrafo único. Se, nos dez anos a que se refere este artigo, o ausente não regressar, e nenhum interessado promover a sucessão definitiva, os bens arrecadados passarão ao domínio do Município ou do Distrito Federal, se localizados nas respectivas circunscrições, incorporando-se ao domínio da União, quando situados em território federal.

Texto comentado por Caio Mário:

Praticamente idêntico ao do Código Civil, com alteração, contudo, quanto ao destino a ser dado aos bens, na hipótese prevista no parágrafo único, conforme exposto na nota dos atualizadores, abaixo.

Fontes: Código de 1916, art. 483; Projeto de Código Civil de 1965, art. 57; Projeto de 1975, art. 38.

Nota dos atualizadores:

O Código Civil, em comparação ao texto comentado por Caio Mário, e na esteira da maior autonomia concedida aos Municípios pela Constituição Federal de 1988, inseriu o Município, em detrimento do Estado, no rol dos destinatários dos bens do ausente, na hipótese prevista no parágrafo único.

Na esteira do Código Civil, o texto comentado faz referência a bens localizados em território federal. A disposição, por ora, é ociosa, pois a Constituição Federal de 1988 aboliu os territórios então existentes (cf. Ato das Disposições Constitucionais Transitórias, arts. 14 e 15), e, desde então, outros se não criaram.

O Projeto se referia ao *domicílio* do ausente para a definição do ente federativo que receberia a plena propriedade dos bens, enquanto o Código Civil adota o critério de sua *localização*.

COMENTÁRIO

Retornando o ausente nos dez anos seguintes à abertura da sucessão definitiva, recebe os bens no estado em que se encontram, sem direito aos frutos e rendimentos, e sem que possa responsabilizar os sucessores pelas perdas, deteriorações ou alienações. Se, no mesmo decênio, aparece alguém que prove ser herdeiro, assiste-lhe igual direito. Passados os dez anos, prescreve o direito do ausente ou de qualquer possível herdeiro.

Os bens passam ao Estado, ao Distrito Federal ou ao Território, onde fora domiciliado[15] o herdeiro, se nesses dez anos o ausente não regressar e ninguém promover a abertura da sucessão definitiva.

15 Cf. nota dos atualizadores, acima.

Título II
DAS PESSOAS JURÍDICAS

Capítulo I
DISPOSIÇÕES GERAIS

TEXTO DO CÓDIGO CIVIL DE 2002:

Art. 40. As pessoas jurídicas são de direito público, interno ou externo, e de direito privado.

TEXTO COMENTADO POR CAIO MÁRIO:
Idêntico ao do Código Civil.
Fontes: Código de 1916, art. 13; Projeto de 1975, art. 19.

COMENTÁRIO

Além da pessoa física, como sujeito de direito, cogita a ordem legal das pessoas jurídicas. A denominação é consagrada em nossa terminologia, para designar as associações de pessoas e a personificação de acervos patrimoniais. A propósito da sua natureza jurídica, constroem-se diversas teorias: da criação legal, da ficção, da propriedade coletiva, da realidade. Sem a existência antropomórfica das pessoas físicas, a pessoa jurídica exprime uma realidade técnica, procede na vida social da mesma forma como agem as pessoas naturais, adquire direitos, contrai obrigações, responde civilmente pela lesão ou pelos danos causados a outrem.

Dividem-se em dois grupos – as de direito público e as de direito privado. São de direito público externo as Nações soberanas, entre as quais se inscreve a Santa Sé, única entidade confessional que credencia embaixadores junto às outras Nações e abriga representações diplomáticas. As de direito público interno são mencionadas no artigo seguinte, em caráter meramente enunciativo, e seu ordenamento jurídico exorbita do Código Civil.

As de direito privado são submetidas ao regime do Código Civil, ou de leis especiais, e atuam no campo das relações jurídicas de ordem privada.

TEXTO DO CÓDIGO CIVIL DE 2002:

Art. 41. São pessoas jurídicas de direito público interno:

I – a União;

II – os Estados, o Distrito Federal e os Territórios;

III – os Municípios;

IV – as autarquias, inclusive as associações públicas; (Redação dada pela Lei nº 11.107, de 2005)

V – as demais entidades de caráter público criadas por lei.

Parágrafo único. Salvo disposição em contrário, as pessoas jurídicas de direito público, a que se tenha dado estrutura de direito privado, regem-se, no que couber, quanto ao seu funcionamento, pelas normas deste Código.

TEXTO COMENTADO POR CAIO MÁRIO:

Praticamente idêntico ao do Código Civil, salvo inclusão, pela Lei nº 11.107/2005, no inciso IV, ao lado das autarquias, das associações públicas.

Fontes: Código de 1916, art. 14; Projeto de 1975, art. 40.

NOTA DOS ATUALIZADORES:

A Lei nº 11.107/2005 alterou a redação do art. 41, IV, para incluir, ao lado das autarquias, as denominadas *associações públicas*. De acordo com essa lei, entes federativos podem instituir consórcio para a consecução de finalidades de interesse comum, com a consequente criação de associação pública, pessoa jurídica de direito público interno, que pertencerá à administração indireta dos entes federativos envolvidos.

COMENTÁRIO

O regime jurídico das pessoas de direito público compete à legislação especial. O Código limita-se a enumerá-las. Algumas considerações não podem, contudo, ser omitidas.

1. A União é pessoa jurídica de direito público externo e interno. Na órbita internacional, a Nação brasileira goza de plena soberania, em missões diplomáticas junto às demais e recebe os que são por ela credenciados. Participa de organismos internacionais, de natureza jurídica, política, econômica ou cultural. Internamente, e dentro de suas atribuições constitucionais, procede no exercício de sua soberania – *iure imperii* –, como ainda integra relações jurídicas de ordem privada, equiparando-se às de direito privado.

2. Os Estados, o Distrito Federal e os Territórios[16] são desmembramentos geográficos, políticos, administrativos e fiscais. Têm competência legislativa própria, dentro dos limites constitucionais. Não sendo dotados de personalidade jurídica internacional, podem contrair obrigações no exterior, nos casos em que lhes seja lícito fazer, e precedendo as formalidades prescritas. Suas Assembleias Legislativas votam as leis que lhes cabem.

3. Os Municípios são subdivisões dos Estados e Territórios, investidos da autonomia que a Constituição lhes assegura, podendo autogovernar-se no plano executivo e legislativo, salvo exceções expressas.

4 . As autarquias são órgãos da Administração Indireta, procedendo nos termos da legislação especial.

5. Com a necessidade de prover a todos os seus serviços, a lei cria outras entidades, por meio das quais a Administração Pública preenche as suas finalidades. Elas são dotadas de personalidade jurídica, e agem na conformidade das leis que as criam e organizam.

6. Por imposição do desenvolvimento econômico e da flexibilidade administrativa, torna-se às vezes necessário criar outras pessoas jurídicas de direito público interno. Pondo termo às dúvidas suscitadas a respeito do regime jurídico que lhes é próprio – se permanecem sujeitas às normas de direito público ou se atraem os princípios privatistas, o parágrafo único estatui tais pessoas jurídicas de direito público, que, sem perderem esta qualidade, são regidas pelas normas de direito privado quanto ao seu funcionamento, naquilo em que houver compatibilidade com os seus fins, em todos os casos em que a lei criadora lhes der estrutura de direito privado.

16 Cf. nota dos atualizadores ao art. 39, acima.

Texto do Código Civil de 2002:

Art. 42. São pessoas jurídicas de direito público externo os Estados estrangeiros e todas as pessoas que forem regidas pelo direito internacional público.

Nota dos atualizadores:
Este artigo não integrou o Projeto, objeto dos comentários de Caio Mário.

Texto do Código Civil de 2002:

Art. 43. As pessoas jurídicas de direito público interno são civilmente responsáveis por atos dos seus agentes que nessa qualidade causem danos a terceiros, ressalvado direito regressivo contra os causadores do dano, se houver, por parte destes, culpa ou dolo.

Texto comentado por Caio Mário:
Praticamente idêntico ao do Código Civil, restringindo-se a estabelecer a responsabilidade civil das "pessoas jurídicas de direito público", sem referência a "interno".
Fontes: Código de 1916, art. 15; Projeto de 1975, art. 41.

Nota dos atualizadores:
O texto comentado por Caio Mário não contemplava o atual art. 42, que se refere às pessoas jurídicas de direito público externo. A inserção do art. 42 levou à atual redação do art. 43, para deixar claro que o regime de responsabilidade civil nele previsto somente se aplica às pessoas jurídicas de direito público interno.

COMENTÁRIO

A responsabilidade civil das pessoas jurídicas de direito público percorreu curva evolutiva cheia de variações. Partiu da negativa frontal, por se considerar que o Estado não pode ser chamado a responder pelos atos de seus prepostos. Posteriormente, fez-se uma distinção, distribuindo-se o procedimento estatal em duas categorias: quando procede na administração de seu patrimônio (atos *iure gestionis*), responde pelo dano causado, da mesma forma e nos mesmos termos que um particular; em caso contrário, isto é, quando age em função de seu poder soberano (atos *iure imperii*), está imune à imputabilidade dos prejuízos causados. Mais tarde, estendeu-se ao Estado a teoria da culpa, estabelecendo-se que, comprovada a culpa do preposto, o Estado é obrigado, numa extensão de princípio da responsabilidade civil das pessoas de direito privado. Um passo a mais, e foi imaginada a teoria do acidente administrativo: o Estado é obrigado a indenizar, se o dano foi causado pelo mau funcionamento de seus serviços, independentemente da apuração do elemento culpa. Finalmente, ganhou foros de aceitação a teoria do risco integral, que melhor distribui por toda a comunidade os ônus e os encargos sociais. Segundo ela, o Estado responde sempre. Provado o dano, tem o lesado ação de ressarcimento, sem necessidade de provar a culpa do servidor, em que o serviço público funcionou mal.

A regra, consagrada neste artigo, e que tem assento na sistemática constitucional brasileira, é a da responsabilidade com fundamento na teoria do risco integral ou risco social.

Tal como redigido, compreende todas as pessoas jurídicas de direito público, e os extremos são estes: a) comprovação do dano; b) demonstração de que este foi causado por um agente da pessoa jurídica. Cumpre esclarecer que o vocábulo "agente" designa qualquer pessoa que, no momento, esteja cumprindo uma atividade a ela atribuída, sem distinção quanto à natureza da função exercida. Não se cogita de verificar se o procedimento do agente foi contra o direito. A apuração da culpa ou do dolo somente tem cabida nas relações entre a pessoa jurídica e seu agente, servidor ou preposto, e para fundamentar a ação regressiva contra este (cf. em minhas *Instituições de Direito Civil*, vol. I, nº 57, e em minha *Responsabilidade Civil*, cap. X).

TEXTO DO CÓDIGO CIVIL DE 2002:

Art. 44. São pessoas jurídicas de direito privado:

I – as associações;

II – as sociedades;

III – as fundações;

IV – as organizações religiosas; (inciso incluído pela Lei nº 10.825/2003)

V – os partidos políticos. (inciso incluído pela Lei nº 10.825/2003)
VI – as empresas individuais de responsabilidade limitada. (inciso incluído pela Lei nº 12.441/2011)
§ 1° São livres a criação, a organização, a estruturação interna e o funcionamento das organizações religiosas, sendo vedado ao poder público negar-lhes reconhecimento ou registro dos atos constitutivos e necessários ao seu funcionamento. (incluído pela Lei nº 10.825/2003)
§ 2° As disposições concernentes às associações aplicam-se subsidiariamente às sociedades que são objeto do Livro II da Parte Especial deste Código. (incluído pela Lei nº 10.825/2003)
§ 3° Os partidos políticos serão organizados e funcionarão conforme o disposto em lei específica. (incluído pela Lei nº 10.825/2003)

TEXTO COMENTADO POR CAIO MÁRIO:

"São pessoas jurídicas de direito privado:
I – As associações.
II – As sociedades.
III – As fundações.
Parágrafo único. As disposições concernentes às associações aplicam-se, subsidiariamente, às sociedades que são objeto do Livro II da Parte Especial deste Código."

Fontes: Código de 1916, art. 16; Projeto de Código Civil de 1975, art. 42.

NOTA DOS ATUALIZADORES:

O texto comentado por Caio Mário contemplava apenas três modalidades de pessoas jurídicas de direito privado: as associações, as sociedades e as fundações. Leis especiais, posteriores à entrada em vigor do Código Civil, criaram novas modalidades, assim listadas: (i) as organizações religiosas (inciso IV - Lei nº 10.825/2003); (ii) os partidos políticos (inciso V - Lei nº 10.825/2003); e (iii) as empresas individuais de responsabilidade limitada (inciso VI - Lei nº 12.441/2011).
O § 1º disciplina a liberdade de criação, organização, estruturação interna e funcionamento das organizações religiosas. O § 2º, por sua vez, contém redação idêntica à do parágrafo único do texto comentado por Caio Mário. Finalmente, o § 3º remete à lei especial a disciplina da organização e funcionamento dos partidos políticos.

COMENTÁRIO

Em simetria com o disposto no art. 41, que alude às pessoas jurídicas de direito público, o Código menciona neste as de direito privado. Trata-se de enunciado genérico, uma vez que, no desdobramento da matéria, cada tipo será oportunamente desenvolvido. Aqui se compreende toda a gama de entidades dotadas de personalidade jurídica, sem distinção se se trata das de fins lucrativos ou de finalidades não econômicas. Não há, também, qualquer restrição às de natureza espiritual ou temporal. Qualquer que seja, a pessoa jurídica de direito privado está sujeita às normas do Código, ou de alguma lei especial que lhe seja aplicável, uma vez que preencha, para sua constituição e funcionamento, as exigências dele ou das leis que a ela especialmente se refiram.

As associações e as fundações são tratadas na Parte Geral, e as sociedades são objeto do Livro II da Parte Especial, onde se cuida das atividades empresariais. Desapareceu no novo Código a distinção estabelecida no de 1916, a respeito das sociedades civis separadas das mercantis, o que especialmente é de se enfatizar, uma vez que teve ele em mira a unificação do direito obrigacional. O inciso II deste artigo, ao mencionar as sociedades, compreende tanto as civis quanto as comerciais.

Ressalvam-se, contudo, no parágrafo único,[17] que as disposições concernentes às associações se estendem às sociedades.

Dispensou-se o artigo de uma referência analítica tanto às sociedades civis, religiosas, pias, morais, científicas, literárias, como às associações de utilidade pública, por entender que a matéria já é suficientemente esclarecida e sedimentada em nossa doutrina. Aludindo às associações (alínea I) e às sociedades (alínea II), compreende-as todas, sem necessidade de as enumerar por menos.

Merece atenção que o Código reservou a denominação "associações" para a reunião de pessoas, sem fins econômicos.

TEXTO DO CÓDIGO CIVIL DE 2002:

Art. 45. Começa a existência legal das pessoas jurídicas de direito privado com a inscrição do ato constitutivo no respectivo registro,

17 Na redação atual do Código Civil de 2002, § 2º.

precedida, quando necessário, de autorização ou aprovação do Poder Executivo, averbando-se no registro todas as alterações por que passar o ato constitutivo.

Parágrafo único. Decai em três anos o direito de anular a constituição das pessoas jurídicas de direito privado, por defeito do ato respectivo, contado o prazo da publicação de sua inscrição no registro.

Art. 46. O registro declarará:

I – a denominação, os fins, a sede, o tempo de duração e o fundo social, quando houver;

II – o nome e a individualização dos fundadores ou instituidores, e dos diretores;

III – o modo por que se administra e representa, ativa e passivamente, judicial e extrajudicialmente;

IV – se o ato constitutivo é reformável no tocante à administração, e de que modo;

V – se os membros respondem, ou não, subsidiariamente, pelas obrigações sociais;

VI – as condições de extinção da pessoa jurídica e o destino do seu patrimônio, nesse caso.

Texto comentado por Caio Mário:

Idêntico ao do Código Civil.

Fontes: Código de 1916, arts. 16, § 1º, e 19; Projeto de Código Civil de 1965, arts. 62 e 63; Projeto de 1975, arts. 43 e 44.

COMENTÁRIO

Diversamente da pessoa física, cujo início da personalidade decorre *ex re ipsa* do seu nascimento com vida (art. 2º), as pessoas jurídicas têm a sua existência e capacidade dependentes da observância das exigências legais. Não basta que duas ou mais pessoas se reúnam e passem a agir em conjunto para que nasça a pessoa jurídica. A lei estabelece-lhe os requisitos: um ato constitutivo e sua inscrição no registro; autorização ou aprovação do Poder Executivo, quando necessário. Descendo ao conteúdo ontológico, o nascimento da pessoa jurídica exige a vontade humana criadora, a observância das condições legais de sua formação, e a liceidade de seus propósitos.

O ato constitutivo, que pode ser genericamente denominado estatuto, deve ser escrito. A forma pública somente é exigida nos casos em que a lei o impuser como de sua substância.

A inscrição far-se-á no registro competente, tendo em vista a categoria e a natureza da entidade. Como quer que seja, a aquisição da personalidade tem início na respectiva data.

Enquanto não registrada, não pode proceder regularmente, mas, se vem a atuar, a lei reconhece a sua responsabilidade, podendo ser acionada em juízo, para o cumprimento das obrigações de que seja sujeito passivo. Mas, não pode intentar ação contra seus sócios nem contra terceiros.

Inscrito o ato constitutivo, está apta a adquirir direitos e contrair obrigações. Outro efeito do registro é a separação dos patrimônios em relação aos seus membros componentes, dizendo-se que ela se distingue das pessoas que a compõem (*societas distat a singulis*).

Tendo em vista a natureza jurídica, a sua relevância social, ou outra razão ponderável, pode ser exigida autorização ou aprovação do Poder Executivo, como requisito de sua constituição.

Ocorrendo defeito, formal ou substancial, no ato constitutivo, cabe a quem tenha legítimo interesse o direito de promover a sua anulação. Convém, entretanto, que se estabeleça um tempo, dentro do qual é cabível intentar o procedimento anulatório. Neste sentido, o parágrafo único do art. 45 estabelece o prazo decadencial de três anos, dentro do qual deve ser exercido, sob pena de caducidade. Se não for intentada dentro dele, consolida-se a existência e personificação do ente moral, em caráter definitivo.

O art. 46 especifica, detidamente, o que o registro deve conter.

Texto do Código Civil de 2002:

Art. 47. Obrigam a pessoa jurídica os atos dos administradores, exercidos nos limites de seus poderes definidos no ato constitutivo.

Texto comentado por Caio Mário:

Idêntico ao do Código Civil.

Fontes: Código de 1916, art. 17; Projeto de Código Civil de 1965, art. 64; Projeto de 1975, art. 45.

COMENTÁRIO

A pessoa jurídica começa a existir com a inscrição do ato constitutivo no registro competente. Parte de então a sua personalidade jurídica. Tem-se dito que é "representada" pelos seus administradores. A terminologia é inadequada. Não se trata de "representação", uma vez que os administradores não são intermediários da vontade do ente moral. A expressão "representantes" substitui-se pelo vocábulo "órgãos". Foi o que fez o Código, na linha da tendência moderna. Como órgãos da pessoa jurídica, obrigam-se estes pelos atos de seus administradores, subordinados, contudo, a se conterem nos limites traçados no ato constitutivo e suas subsequentes alterações. Se exorbitarem, a pessoa jurídica não é obrigada, mas respondem eles pessoalmente pelos prejuízos causados a terceiros, em razão dos abusos cometidos.

Extracontratualmente, o conceito de responsabilidade da pessoa jurídica é mais amplo, tendo em vista que ela responde pelos atos danosos a terceiros, uma vez que se estabeleça se o agente ou o preposto, independente da outorga específica de poderes, procedia nessa qualidade e no exercício de suas atividades regulares.

TEXTO DO CÓDIGO CIVIL DE 2002:

Art. 48. Se a pessoa jurídica tiver administração coletiva, as decisões se tomarão pela maioria de votos dos presentes, salvo se o ato constitutivo dispuser de modo diverso.

Parágrafo único. Decai em três anos o direito de anular as decisões a que se refere este artigo, quando violarem a lei ou estatuto, ou forem eivadas de erro, dolo, simulação ou fraude.

TEXTO COMENTADO POR CAIO MÁRIO:

Idêntico ao do Código Civil.

Fontes: Projeto de Código Civil de 1965, art. 65; Projeto de 1975, art. 46.

COMENTÁRIO

Ao contrário do que ocorre com as pessoas físicas, cuja capacidade é, em princípio, ilimitada, a das jurídicas é restrita em razão de sua personalidade ser reconhecida na medida dos fins que persegue. Agindo por meio de seus órgãos, as decisões serão tomadas na conformidade do que dispõe o estatuto. Sendo unipessoal a administração, cabe ao dirigente a deliberação. Se for coletiva, as decisões serão tomadas na forma do que vem disposto no ato constitutivo, quer na observância de *quorum* especial, quer na delegação de poderes a um ou mais administradores. É comum o estatuto exigir para certos atos a presença de mais de um, ou associar um deles a um procurador. No silêncio do ato constitutivo, as decisões da administração colegiada serão tomadas pela maioria de votos dos presentes.

A ação anulatória das deliberações tomadas ao arrepio da lei ou do estatuto está subordinada ao prazo preclusivo de três anos. Não proposta neste prazo, consolida-se o ato definitivamente.

No mesmo princípio, e sujeita ao mesmo prazo decadencial, é a ação para anular os atos da pessoa jurídica, inquinados de defeito de consentimento: erro, dolo, simulação ou fraude. O Código de 1916 estatuía a prescrição de quatro anos para qualquer contrato eivado desses defeitos (art. 178, § 9º, V). O novo Código destacou, no parágrafo único deste artigo, as decisões da administração da pessoa jurídica.

Texto do Código Civil de 2002:

Art. 49. Se a administração da pessoa jurídica vier a faltar, o juiz, a requerimento de qualquer interessado, nomear-lhe-á administrador provisório.

Texto comentado por Caio Mário:
Idêntico ao do Código Civil.

Fontes: Projeto de Código Civil de 1965, art. 65, § 2º; Projeto de 1975, art. 47.

COMENTÁRIO

Agindo a pessoa jurídica através de seus órgãos, não pode ficar acéfala. Em tal ocorrendo, qualquer interessado poderá tomar medidas assecuratórias, e requererá ao juiz que designe administração provisória. Esta ocupará o lugar da faltosa, até que, na forma da lei ou do estatuto, seja nomeada a definitiva. No ato de designação, o juiz poderá fixar o prazo ao administrador provisório, bem como estabelecer a extensão de seus poderes.

TEXTO DO CÓDIGO CIVIL DE 2002:

Art. 50. Em caso de abuso da personalidade jurídica, caracterizado pelo desvio de finalidade, ou pela confusão patrimonial, pode o juiz decidir, a requerimento da parte, ou do Ministério Público quando lhe couber intervir no processo, que os efeitos de certas e determinadas relações de obrigações sejam estendidos aos bens particulares dos administradores ou sócios da pessoa jurídica.

NOTA DOS ATUALIZADORES:
Este artigo não integrou o Projeto, objeto dos comentários de Caio Mário. Sobre o instituto da desconsideração da personalidade jurídica, cf. *Instituições de Direito Civil*, vol. I, nº 58-A, também de Caio Mário.

TEXTO DO CÓDIGO CIVIL DE 2002:

Art. 51. Nos casos de dissolução da pessoa jurídica ou cassada a autorização para seu funcionamento, ela subsistirá para os fins de liquidação, até que esta se conclua.
§ 1º Far-se-á, no registro onde a pessoa jurídica estiver inscrita, a averbação de sua dissolução.
§ 2º As disposições para a liquidação das sociedades aplicam-se, no que couber, às demais pessoas jurídicas de direito privado.
§ 3º Encerrada a liquidação, promover-se-á o cancelamento da inscrição da pessoa jurídica.

TEXTO COMENTADO POR CAIO MÁRIO:
idêntico ao do Código Civil.
Fontes: Projeto de Código Civil de 1965, art. 67; Projeto de 1975, art. 49.

COMENTÁRIO

O artigo prevê as duas fases do final da pessoa jurídica. A primeira é a sua dissolução, por ato voluntário dos membros componentes ou por decisão judicial, ou quando cassada a autorização para seu funcionamento. A segunda, a liquidação. Até o encerramento desta, por período mais ou menos longo, subsiste a entidade, fazendo-se constar do registro esta circunstância, e devendo consignar-se, em todos os atos, a cláusula "em liquidação".

Às pessoas jurídicas em geral aplicam-se as normas destinadas à liquidação das sociedades (arts. 1.102 e seguintes).

Encerrada a liquidação, o liquidante, ou, na sua omissão, qualquer interessado, promoverá o cancelamento do registro.

Texto do Código Civil de 2002:

Art. 52. Aplica-se às pessoas jurídicas, no que couber, a proteção dos direitos da personalidade.

Texto comentado por Caio Mário:
Idêntico ao do Código Civil.
Fonte: Projeto de 1975, art. 50.

COMENTÁRIO

Os direitos da personalidade são atributos da pessoa física. A ela concede-se a proteção de sua integridade física e moral. Tendo em vista que a pessoa jurídica é uma criação do Direito para a realização das finalidades humanas, o Código estende-lhe as garantias que a ela são asseguradas, evidentemente naquilo em que houver cabimento.

Merece destaque a proteção ao nome comercial, como elemento ativo do fundo de comércio, pela designação da empresa, sua difusão, a atração de clientela. É um direito autônomo do comerciante, que pode impedir seu uso por outrem. Tem valor patrimonial e é suscetível de transferência. A lei penal institui punição para quem o usurpe. Diversamente do nome civil, que é inalienável, o nome comercial integra o fundo de comércio, e pode ser cedido em conjunto com este, ou ser reservado para o cedente.

Capítulo II
DAS ASSOCIAÇÕES

Texto do Código Civil de 2002:

Art. 53. Constituem-se as associações pela união de pessoas que se organizem para fins não econômicos.

Parágrafo único. Não há, entre os associados, direitos e obrigações recíprocos.

TEXTO COMENTADO POR CAIO MÁRIO:
Idêntico ao do Código Civil.
Fontes: Código de 1916, art. 20; Projeto de Código Civil de 1965, art. 68; Projeto de 1975, art. 51.

COMENTÁRIO

Consagrou este artigo a distinção doutrinária entre sociedades e associações, denominação esta última para designar as uniões de pessoas para fins não econômicos. Ao contrário das sociedades, que via de regra se compõem (salvo as anônimas) de um grupo reduzido de pessoas, as associações congregam grande número, perseguindo fins morais, pios, literários, artísticos, desportivos ou de lazer. O Código Civil alemão, no art. 21, já oferecia o critério da não economicidade como elemento definidor e conceitual da associação, em confronto com as sociedades. Adotando-o, o novo Código permite inferir que não têm, as associações, qualquer finalidade lucrativa. Assim entendendo, pode-se considerar que não há impedimento a que as associações promovam atividades remuneradas, cobrem ingresso aos que assistam a exibições que promovam, recebam contribuição de seus membros, doações de terceiros, verbas dos cofres públicos, rendas de seus bens. Esses recursos financeiros são normalmente destinados à realização de seus fins. Não é incompatível com a gratuidade destes a formação de patrimônio, aquisição de sede própria ou de bens de capital. Para melhor caracterizá-las, pode-se partir de um critério negativo, como faz De Page, nelas enxergando entidades que se não dedicam a atividades comerciais ou industriais, nem proporcionam aos seus membros vantagens pecuniárias.

Posto que tenham na vontade gregária de seus componentes o princípio genético de sua constituição, podem eventualmente necessitar também de autorização estatal para seu funcionamento. Num outro sentido, e para gozarem de benefícios fiscais, reclamam provimento que as reconheça como de utilidade pública.

As associações não geram obrigações e direitos recíprocos entre os associados, mas somente destes para com a entidade, na forma das disposições estatutárias.

TEXTO DO CÓDIGO CIVIL DE 2002:

Art. 54. Sob pena de nulidade, o estatuto das associações conterá:

I – a denominação, os fins e a sede da associação;

II – os requisitos para a admissão, demissão e exclusão dos associados;

III – os direitos e deveres dos associados;

IV – as fontes de recursos para sua manutenção;

V – o modo de constituição e de funcionamento dos órgãos deliberativos; (Redação dada pela Lei nº 11.127, de 2005)

VI – as condições para a alteração das disposições estatutárias e para a dissolução;

VII – a forma de gestão administrativa e de aprovação das respectivas contas. (Incluído pela Lei nº 11.127, de 2005)

TEXTO COMENTADO POR CAIO MÁRIO:

Praticamente idêntico ao do Código Civil, à exceção da alteração da redação do inciso V e da inclusão do inciso VII, objeto de nota dos atualizadores, abaixo.

Fontes: Código de 1916, art. 19; Projeto de Código Civil de 1965, art. 70; Projeto de 1975, art. 52.

NOTA DOS ATUALIZADORES:

A Lei nº 11.127/2005 alterou a redação do inciso V, para dele excluir o termo "administrativos", a fim de que esse dispositivo trate tão somente da constituição e funcionamento dos órgãos deliberativos. A mesma lei incluiu o inciso VII, segundo o qual o estatuto, obrigatoriamente, deverá estabelecer a forma de gestão da associação, incluindo a aprovação das respectivas contas.

COMENTÁRIO

A matéria é uniformemente disciplinada em nosso Direito positivo desde a Lei nº 173, de 10 de setembro de 1893. Há evidente interesse social em que a sua constituição e seu funcionamento sejam conhecidos, tornados públicos pelo registro.

A par das exigências legais, é recomendável, ainda, que os estatutos prevejam o *quorum* para a instalação da assembleia dos associados e especifiquem o que seja de peculiar interesse destes, em função da natureza e dos fins sociais.

Texto do Código Civil de 2002:

Art. 55. Os associados devem ter iguais direitos, mas o estatuto poderá instituir categorias com vantagens especiais.

Texto comentado por Caio Mário:
Idêntico ao do Código Civil.
Fontes: Projeto de Código Civil de 1965, art. 72; Projeto de 1975, art. 53.

COMENTÁRIO

A disposição funda-se em que os membros de uma associação congregam-se para determinados fins. Em princípio, não haverá discriminação entre eles. Não é, porém, incompatível com essa equiparação a circunstância de distinguirem os estatutos, dentre os associados, categorias especiais, como sejam os portadores de títulos patrimoniais em confronto com sócios contribuintes; de associados remidos, sócios benfeitores, e outros. Deverão indicar as categorias dos que detêm o poder de voto nas assembleias, ou dos que são elegíveis para funções de direção.

Texto do Código Civil de 2002:

Art. 56. A qualidade de associado é intransmissível, se o estatuto não dispuser o contrário.

Parágrafo único. Se o associado for titular de quota ou fração ideal do patrimônio da associação, a transferência daquela não importará, de per si, na atribuição da qualidade de associado ao adquirente ou ao herdeiro, salvo disposição diversa do estatuto.

Texto comentado por Caio Mário:
Idêntico ao do Código Civil.
Fontes: Projeto de Código Civil de 1965, art. 73; Projeto de 1975, art. 54.

COMENTÁRIO

A admissão do associado no quadro social é fundada em razão *intuitu personae*, e subordinada a requisitos estatutários (art. 54, II). Não adquire ele um título negociável, como ocorre, por exemplo, com o portador de ações de uma sociedade anônima. A regra, tal como estabelecida no artigo, é a intransmissibilidade da qualidade societária, bem como a dissociação entre a propriedade da quota e a condição de sócio. Podem, contudo, os estatutos dispor diversamente, ora para considerar a transmissibilidade *causa mortis* em grau limitado (e.g., cônjuge, pai, filho), ora para subordinar a transferência entre vivos à prévia aprovação de órgão especial ou da assembleia. É licita a instituição de taxa de transferência.

O parágrafo veio pôr fim a querelas frequentes, quando, ao ser criada uma associação, um dos fundadores reserva certo número de quotas, ou quando alguém adquire título patrimonial por ato entre vivos ou sucessão hereditária e reivindica sua admissão no quadro social. O inciso dissociou as duas situações. Somente no caso de estabelecerem os estatutos, expressamente, a atribuição de sócio à titularidade da fração ideal é que ocorre a conjugação. No silêncio deles, a propriedade da quota não confere a condição de sócio.

Texto do Código Civil de 2002:

Art. 57. A exclusão do associado só é admissível havendo justa causa, assim reconhecida em procedimento que assegure direito de defesa e de recurso, nos termos previstos no estatuto. (Redação dada pela Lei nº 11.127, de 28 de junho de 2005)

Texto comentado por Caio Mário:

"A exclusão do associado só é admissível em havendo justa causa, obedecido o disposto nos estatutos, mas, sendo estes omissos, poderá também ocorrer se for reconhecida a existência de motivos graves, em deliberação fundamentada, pela maioria absoluta dos presentes à assembleia geral especialmente convocada para esse fim.

Parágrafo único. Da decisão do órgão que, de conformidade com os estatutos, decretar a exclusão, caberá sempre recurso à assembleia geral."

Fontes: Projeto de Código Civil de 1965, art. 71; Projeto de 1975, art. 55.

Nota dos atualizadores:

A Lei nº 11.127/2005 alterou a redação do art. 57, para assegurar a observância, em processo de exclusão de associado, das garantias constitucionais do devido processo legal (CF, art. 5°, LIV) e da ampla defesa (CF, art. 5°, LIV). A exclusão de associado, portanto, estará condicionada ao respeito ao amplo direito de defesa, inclusive de recurso, na forma estabelecida no estatuto.

COMENTÁRIO

O artigo prevê duas hipóteses de exclusão: a) incorrer o associado em disposição estatutária expressa; b) omissão dos estatutos, sobre a exclusão em geral ou sobre o motivo especial considerado. No primeiro caso, o órgão estatutário aplicará a pena, com recurso para a assembleia geral. No segundo, será esta convocada especialmente para este fim, com a menção expressa do motivo, e, se for maioria absoluta dos presentes,[18] examinará se a causa é efetivamente grave, para impor a exclusão.

A instalação da assembleia, salvo no caso de os estatutos exigirem *quorum* especial, obedecerá às normas gerais de convocação e reunião.

Texto do Código Civil de 2002:

Art. 58. Nenhum associado poderá ser impedido de exercer direito ou função que lhe tenha sido legitimamente conferido, a não ser nos casos e pela forma previstos na lei ou no estatuto.

Texto comentado por Caio Mário:

Idêntico ao do Código Civil.

Fonte: Projeto de 1975, art. 56.

COMENTÁRIO

O artigo consagra verdadeiro truísmo. Se ao associado são conferidos, legitimamente, direitos e funções, constitui abuso condenável impedi-lo de exercer uns e outros.

18 Cf. nota dos atualizadores, acima.

Se vier a incorrer em causa justificativa de lhe serem obstados, o órgão competente tomará a deliberação *ad referendum* da assembleia.

Texto do Código Civil de 2002:

Art. 59. Compete privativamente à assembleia geral:

I – destituir os administradores;

II – alterar o estatuto.

Parágrafo único. Para as deliberações a que se referem os incisos I e II deste artigo é exigido deliberação da assembleia especialmente convocada para esse fim, cujo quórum será o estabelecido no estatuto, bem como os critérios de eleição dos administradores. (Redação do caput, incisos e parágrafo único dada pela Lei nº 11.127, de 2005)

Texto comentado por Caio Mário:

"Compete privativamente à assembleia geral:

I - eleger os administradores.

II - destituí-los.

III - aprovar as contas.

IV - alterar os estatutos.

Parágrafo único. Para as deliberações a que aludem os incisos II e IV, é exigido o voto concorde de dois terços dos presentes à assembleia especialmente convocada para esse fim, não podendo ela deliberar, em primeira convocação, com menos da maioria absoluta dos associados, ou com menos de um terço nas seguintes."

Texto do Código Civil de 2002:

Art. 60. A convocação dos órgãos deliberativos far-se-á na forma do estatuto, garantido a 1/5 (um quinto) dos associados o direito de promovê-la. (Redação dada pela Lei nº 11.127, de 2005)

Texto comentado por Caio Mário:

"A convocação da assembleia geral far-se-á na forma dos estatutos, garantido a um quinto dos associados o direito de promovê-la."

Fontes: Projeto de Código Civil de 1965, arts. 74 e 75; Projeto de 1975, arts. 57 e 58.

Nota dos atualizadores:

A Lei nº 11.127, de 28 de junho de 2005, alterou a redação dos arts. 59 e 60, procedendo às seguintes mudanças: (a) conferiu maior flexibilidade ao estatuto, que estabelecerá o quórum para as hipóteses previstas nos incisos I e II do art. 59; (b) a assembleia geral não mais consiste no órgão com competência exclusiva para a eleição dos administradores, mas ela estabelecerá os critérios para essa escolha; (c) a assembleia geral não mais possui competência exclusiva para aprovar as contas; (d) o *caput* do art. 60 contempla autorização para que, no âmbito das associações, sejam criados órgãos deliberativos além da assembleia, possibilidade há muito apontada por Caio Mário, conforme indicado no seu comentário a seguir apresentado.

COMENTÁRIO

Embora caiba à assembleia o poder de eleição, não é incompatível com o artigo que estabeleçam os estatutos a eleição de um Conselho de Administração, ou órgão análogo, com o poder de designar os diretores. A destituição, pela gravidade que encerra, deve ser da competência exclusiva da assembleia. Nada impede que, como medida cautelar e provisória, seja o administrador suspenso de funções, até a decisão definitiva da assembleia.

Havendo categorias diversas de associados, poderão os estatutos definir a que tem direito de voto na assembleia de destituição.

Aos poderes da assembleia deve acrescer a competência para apreciar recurso contra a exclusão de associado (art. 57).

Texto do Código Civil de 2002:

Art. 61. Dissolvida a associação, o remanescente do seu patrimônio líquido, depois de deduzidas, se for o caso, as quotas ou frações ideais referidas no parágrafo único do art. 56, será destinado à entidade de fins não econômicos designada no estatuto, ou, omisso este, por deliberação dos associados, à instituição municipal, estadual ou federal, de fins idênticos ou semelhantes.

§ 1° Por cláusula do estatuto ou, no seu silêncio, por deliberação dos associados, podem estes, antes da destinação do remanescente referida neste artigo, receber em restituição, atualizado o respectivo valor, as contribuições que tiverem prestado ao patrimônio da associação.

§ 2° Não existindo no Município, no Estado, no Distrito Federal ou no Território, em que a associação tiver sede, instituição nas condições indicadas neste artigo, o que remanescer do seu patrimônio se devolverá à Fazenda do Estado, do Distrito Federal ou da União.

Texto comentado por Caio Mário:

Idêntico ao do Código Civil.

Fontes: Código de 1916, art. 22; Projeto de Código Civil de 1965, art. 67; Projeto de 1975, art. 59.

COMENTÁRIO

O Código de 1916 previa, no art. 21, a dissolução das associações, voluntária ou compulsória. No silêncio do novo, aplicam-se as regras atinentes à dissolução das pessoas jurídicas em geral, e das sociedades.

Discutiu-se, na vigência do anterior, se se considerava dissolvida a associação, em ficando reduzida a um só membro. Beviláqua, amparado em decisão do Supremo Tribunal Federal, defendia a sobrevivência, na perspectiva de voltar à atividade.

Cogita o artigo, casuisticamente, do destino do patrimônio, e tem aplicação independentemente da natureza cultural, filantrópica, religiosa, temporária ou perpétua da associação, como a propósito de situação idêntica afirmava Beviláqua.

O que de inovação contém o artigo é que, antes da destinação de seus bens a entidade congênere, possam os associados, por disposição estatutária ou deliberação em assembleia, deduzir os valores dos seus títulos patrimoniais, por se considerar que lhes pertencem, estando na associação enquanto atender esta a seus fins. Poderão também o receber em restituição as contribuições que houverem feito para o patrimônio social, corrigidos os valores em função do tempo e da depreciação monetária. Não cabe na restituição, em princípio, o que constituir participação nos encargos de manutenção.

Preservando o respeito à finalidade social e à vontade estatutária, o remanescente é destinado a entidade congênere indicada nos estatutos, ou, omissos estes, a alguma entidade análoga existente.

Não havendo, os bens revertem à Fazenda do Estado, do Distrito Federal ou da União, como bens vagos.

Capítulo III
DAS FUNDAÇÕES

TEXTO DO CÓDIGO CIVIL DE 2002:

Art. 62. Para criar uma fundação, o seu instituidor fará, por escritura pública ou testamento, dotação especial de bens livres, especificando o fim a que se destina, e declarando, se quiser, a maneira de administrá-la.

Parágrafo único. A fundação somente poderá constituir-se para fins de: (Redação dada pela Lei nº 13.151/2015)

I – assistência social;

II – cultura, defesa e conservação do patrimônio histórico e artístico;

III – educação;

IV – saúde;

V – segurança alimentar e nutricional;

VI – defesa, preservação e conservação do meio ambiente e promoção do desenvolvimento sustentável;

VII – pesquisa científica, desenvolvimento de tecnologias alternativas, modernização de sistemas de gestão, produção e divulgação de informações e conhecimentos técnicos e científicos;

VIII – promoção da ética, da cidadania, da democracia e dos direitos humanos;

IX – atividades religiosas; e

X – (VETADO).

(Incisos I a X incluídos pela Lei nº 13.151/2015)

TEXTO COMENTADO POR CAIO MÁRIO:

"Para criar uma fundação, far-lhe-á o seu instituidor, por escritura pública ou testamento, dotação especial de bens livres, especificando o fim a que a destina, e declarando, se quiser, a maneira de administrá-la.

Parágrafo único. A fundação somente poderá constituir-se para fins religiosos, morais, culturais ou de assistência."

Fontes: Código de 1916, art. 24; Projeto de Código Civil de 1965, arts. 76, 77, 78 e 81; Projeto de 1975, art. 60.

NOTA DOS ATUALIZADORES:

A redação original do art. 62 estabelecia que as fundações se poderiam constituir para fins religiosos, morais, culturais ou de assistência. A Lei nº 13.151/2015 alterou a redação do parágrafo único, para nele incluir dez incisos (tendo um deles sido vetado pela Presidência da República), ampliando, assim, o rol das possíveis áreas de atuação das fundações.

COMENTÁRIO

As sociedades e as associações são pessoas jurídicas formadas pela vontade convergente dos que se congregam em razão de uma finalidade. A fundação consiste em um acervo patrimonial dotado de personalidade jurídica, tendo em vista um fim especificamente determinado e restritamente admitido em lei. Para a sua existência, são requisitos essenciais:

1. Dotação de bens livres. Não se confunde com uma doação, porque esta envolve a transferência de bens de uma pessoa a outra, enquanto na fundação é a dotação patrimonial mesma o fundamento genético da personificação. Os bens não podem ser gravados de quaisquer ônus, e devem achar-se livres no patrimônio do dotador. Nada impede que o testador faça um legado, com o encargo de criar o legatário, com eles, a fundação. Não é, porém, o normal, instituindo-a o próprio testador, através da deixa testamentária.

2. Especificação dos bens. É mister que a dotação patrimonial se faça em razão de uma finalidade social relevante, que o parágrafo único enumera: religiosa, moral, cultural ou assistencial.[19]

3. Forma. Como toda pessoa jurídica, a fundação nasce de um ato constitutivo. No caso, porém, obediente a requisito formal: escritura pública ou testamento. Instituída *inter vivos*, pode ser revogada enquanto não constituída em definitivo. Constituída por ato *causa mortis*, a declaração

19 Cf. nota dos atualizadores, acima.

de vontade é revogável em qualquer tempo, pois obedece ao caráter ambulatório de toda disposição testamentária. Após a morte do instituidor, não pode ser revogada pelos herdeiros, mas estes têm ação para anulá-la se com ela forem prejudicados seus direitos. Em qualquer caso, é resolúvel por fraude contra credores.

4. Administração. É lícito que o instituidor declare, desde logo, a maneira como deseja seja ela administrada, embora a omissão em nada prejudique a sua instituição, uma vez que o art. 65 prevê a elaboração do estatuto por aqueles a quem o instituidor comete a aplicação do patrimônio. A fundação age através do órgão administrativo.

A par das fundações de direito privado, o nosso Direito conhece as que são criadas pelo Estado e que se acham subordinadas às regras estabelecidas no provimento que os criar.

As fundações não dependem de autorização do Governo para se constituírem, nem de homologação judicial.

TEXTO DO CÓDIGO CIVIL DE 2002:

Art. 63. Quando insuficientes para constituir a fundação, os bens a ela destinados serão, se de outro modo não dispuser o instituidor, incorporados em outra fundação que se proponha a fim igual ou semelhante.

TEXTO COMENTADO POR CAIO MÁRIO:

Idêntico ao do Código Civil.

Fontes: Código Civil de 1916, art. 25; Projeto de 1975, art. 61.

COMENTÁRIO

Se os bens forem insuficientes para o fim especificado pelo instituidor, frustra-se a vontade criadora. O Código de 1916 mandava que fossem convertidos em títulos da dívida pública até que, aumentados com os rendimentos, ou novas dotações, perfizessem capital bastante. O novo Código, atendendo precipuamente à vontade do instituidor, determina, em tal caso, que se incorporem a outra já existente, optando pela imediatidade de sua utilização.

Esta solução, todavia, somente prevalecerá se outra coisa não dispuser o instituidor, uma vez que é a sua vontade o elemento genético da fundação.

Texto do Código Civil de 2002:

Art. 64. Constituída a fundação por negócio jurídico entre vivos, o instituidor é obrigado a transferir-lhe a propriedade, ou outro direito real, sobre os bens dotados, e, se não o fizer, serão registrados, em nome dela, por mandado judicial.

Texto comentado por Caio Mário:
Idêntico ao do Código Civil.
Fontes: Projeto de Código Civil de 1965, art. 79; Projeto de 1975, art. 62.

COMENTÁRIO

O artigo prevê o arrependimento do instituidor, ou demora na entrega dos bens. Uma vez constituída, adquire *legitimatio* para efetivar a transferência do bem. Há uma impropriedade técnica na redação, pois que os bens, por força do próprio negócio jurídico, já são transferidos a ela. O que cabe é compelir o instituidor a efetuar a *tradição* deles. Recusando ou retardando injustificadamente, a escritura é inscrita no registro, e determinada a entrega dos bens.

Constituída por testamento, a ação será proposta contra o testamenteiro, o inventariante, ou os herdeiros.

Texto do Código Civil de 2002:

Art. 65. Aqueles a quem o instituidor cometer a aplicação do patrimônio, em tendo ciência do encargo, formularão logo, de acordo com as suas bases (art. 62), o estatuto da fundação projetada, submetendo-o, em seguida, à aprovação da autoridade competente, com recurso ao juiz.

Parágrafo único. Se o estatuto não for elaborado no prazo assinado pelo instituidor, ou, não havendo prazo, em cento e oitenta dias, a incumbência caberá ao Ministério Público.

Texto comentado por Caio Mário:
Idêntico ao do Código Civil.
Fontes: Código Civil de 1916, art. 27; Projeto de Código Civil de 1965, art. 78, § 1º; Projeto de 1975, art. 63.

COMENTÁRIO

O ato pode conter, desde logo, o estatuto ou as bases dele. As pessoas incumbidas de fazê-lo têm de guardar fidelidade à vontade do instituidor. O Ministério Público do Estado onde terá sede, ou o Ministério Público Federal, se tiver de atuar em mais de uma unidade da Federação, dará sua aprovação. Recusando-a, os aplicadores têm recurso para o juiz, que decidirá.

Não apresentados os estatutos no prazo assinado pelo instituidor, ou em seis meses se o não houver, cabe ao Ministério Público a elaboração.

Aprovados os estatutos, serão levados a registro.

Texto do Código Civil de 2002:

Art. 66. Velará pelas fundações o Ministério Público do Estado onde situadas.

§ 1º Se funcionarem no Distrito Federal ou em Território, caberá o encargo ao Ministério Público do Distrito Federal e Territórios. (Redação dada pela Lei nº 13.151/2015)

§ 2° Se estenderem a atividade por mais de um Estado, caberá o encargo, em cada um deles, ao respectivo Ministério Público.

Texto comentado por Caio Mário:

Caput com redação idêntica. O texto original continha apenas um parágrafo único, que condensava as atuais disposições dos §§ 1º e 2º, salvo a previsão de atuação do Ministério Público Federal, se as fundações estendessem a sua atividade a mais de um Estado.

Fontes: Código Civil de 1916, art. 26; Projeto de Código Civil de 1965, art. 83; Projeto de 1975, art. 64.

COMENTÁRIO

O Ministério Público exerce função fiscalizadora e a sua supervisão abrange todas as fases: aprovação dos estatutos, contas da administração, conservação dos bens, liceidade de comportamento, indo até a extinção (art. 69).

Texto do Código Civil de 2002:

Art. 67. Para que se possa alterar o estatuto da fundação é mister que a reforma:

I – seja deliberada por dois terços dos competentes para gerir e representar a fundação;

II – não contrarie ou desvirtue o fim desta;

III – seja aprovada pelo órgão do Ministério Público no prazo máximo de 45 (quarenta e cinco) dias, findo o qual ou no caso de o Ministério Público a denegar, poderá o juiz supri-la, a requerimento do interessado. (Redação dada pela Lei nº 13.151, de 2015)

Texto comentado por Caio Mário:

Praticamente idêntico ao do Código Civil, salvo alteração pontual no inciso III, que não estabelecia prazo para a aprovação, pelo Ministério Público, da alteração do estatuto.

Texto do Código Civil de 2002:

Art. 68. Quando a alteração não houver sido aprovada por votação unânime, os administradores da fundação, ao submeterem o estatuto ao órgão do Ministério Público, requererão que se dê ciência à minoria vencida para impugná-la, se quiser, em dez dias.

Texto comentado por Caio Mário:

Idêntico ao do Código Civil.

Fontes: Código Civil de 1916, art. 28; Projeto de Código Civil de 1965, art. 78, § 2º; Projeto de 1975, arts. 65 e 66.

COMENTÁRIO

Havendo conveniência ou necessidade, proceder-se-á à reforma dos estatutos, mediante deliberação do *quorum* especial de dois terços, no mínimo, dos componentes do órgão encarregado de sua administração. Não logrando aprovação unânime, à minoria é reservado o direito de impugnar a alteração.

O Ministério Público examinará se a reforma não contraria ou desvirtua os fins da fundação, ou se há conveniência em que se efetue. De sua recusa, cabe recurso ao juiz.

A intimação aos dissidentes obedecerá às regras da lei processual, o que transforma em contraditório o procedimento, substituindo a orientação do Código de 1916, que previa o prazo decadencial de um ano para a ação anulatória (art. 29).

Texto do Código Civil de 2002:

Art. 69. Tornando-se ilícita, impossível ou inútil a finalidade a que visa a fundação, ou vencido o prazo de sua existência, o órgão do Ministério Público, ou qualquer interessado, lhe promoverá a extinção, incorporando-se o seu patrimônio, salvo disposição em contrário no ato constitutivo, ou no estatuto, em outra fundação, designada pelo juiz, que se proponha a fim igual ou semelhante.

Texto comentado por Caio Mário:

Idêntico ao do Código Civil.

Fontes: Código Civil de 1916, art. 30; Projeto de Código Civil de 1965, art. 85; Projeto de 1975, art. 67.

COMENTÁRIO

Ocorrendo a causa extintiva prevista no artigo, cabe ao Ministério Público ou a qualquer interessado promover a sua extinção. Decretada esta, observar-se-á, quanto ao destino dos bens, o que se dispuser no ato constitutivo ou nos estatutos. No silêncio de um e de outro, o juiz que lhe decidir a extinção designará o destinatário. É lícito o comparecimento litisconsorcial dos que se considerem habilitados a recebê-los.

A lei não reconhece aos administradores legitimidade para deliberarem sobre o destino do patrimônio. Nem mesmo o instituidor pode fazê-lo, porque a fundação, uma vez constituída, adquire personalidade, e se desprende da vontade daquele.

Título III
DO DOMICÍLIO

TEXTO DO CÓDIGO CIVIL DE 2002:

Art. 70. O domicílio da pessoa natural é o lugar onde ela estabelece a sua residência com ânimo definitivo.

TEXTO COMENTADO POR CAIO MÁRIO:

Idêntico ao do Código Civil.

Fontes: Código Civil de 1916, art. 31; Projeto de Código Civil de 1965, art. 44; Projeto de 1975, art. 68.

COMENTÁRIO

No conceito de domicílio, duas correntes disputam a preferência: a da residência e a da sede principal das atividades. A segunda, alicerçada no BGB, foi adotada no Projeto de Código Civil de 1965. A primeira, consagrada no Código Civil de 1916, revive no atual. Despreza ele, como já fizera o anterior, a ideia de relação jurídica entre uma pessoa e um lugar, desenvolvida por AUBRY *et* RAU, fundados estes em ZACHARIAE, que fora defendida na escola exegética francesa, e seguida na italiana de 1865. Os modernos autores na França e na Itália abandonaram-na. Não perfilhou o Código a noção baseada na sede principal dos negócios, que mereceu as preferências do Projeto de 1965, propendendo assim para a conceituação que se pode considerar tradicional no Direito pátrio.

Para o Código, que guarda fidelidade à doutrina do Código Civil suíço, a noção de domicílio é reduzida à maior simplicidade. Formulando uma definição, o artigo conjuga dois elementos, um material ou externo, e outro psíquico ou interno: a residência e a intenção de permanecer. Residência é o lugar da morada habitual, o local onde a pessoa estabelece a sua habitação. Distingue-se da pousada eventual em que, nesta, a pessoa chega para partir de novo. Na residência está o lugar de morada estável. Para que a residência se converta em domicílio é necessário que se complete com o elemento psíquico, contido na intenção de permanecer – *animus morandi*. A fixação da residência em morada, com o propósito de aí ficar definitivamente, é que compõe o domicílio.

Para que se não submeta uma noção, que percute fundamentalmente nas relações jurídicas, à apuração incerta de uma intenção fluida, diz-se então que o elemento interno, sem deixar de ser psíquico, é de apuração objetiva, decorrente de um conjunto de circunstâncias. À habitação do indivíduo e sua família, aliam-se as relações sociais, a centralização das atividades profissionais, o desenvolvimento das faculdades de trabalho, a radicação no meio, a filiação a entidades locais, a aquisição de bens, e quais outros fatores igualmente convincentes.

Da conjugação dos dois elementos – residência e intenção de fazê-la definitiva – resulta então o conceito de domicílio. Tem este a maior importância nas relações jurídicas individuais. Liga-se à necessidade, social e pessoal, de se fixar, imprimindo caráter sedentário à existência. É o lugar onde o indivíduo normalmente está, onde deve estar, e presume-se que esteja.

Partindo do conceito proclamado no artigo, diz-se que é o lugar habitual de exercício dos direitos e de cumprimento das obrigações. Habitual, mas não único, pois que o indivíduo pode ser sujeito ativo ou passivo de relações jurídicas em qualquer lugar.

O conceito de domicílio projeta seus efeitos em diversos ramos do Direito, animado da penetração de injunções específicas. País em que o indivíduo tem residência definitiva, para o Direito Internacional Privado. Localização para o exercício das atividades do funcionário ou órgão da Administração Pública, para o Direito Administrativo. Sede dos direitos da cidadania, para o Direito Político. Lugar para a solução das obrigações fiscais, para o Direito Tributário. Distrito da culpa, para o Direito Penal.

O que, no entanto, ocupa as atenções deste Código é o domicílio civil.

Texto do Código Civil de 2002:

Art. 71. Se, porém, a pessoa natural tiver diversas residências, onde, alternadamente, viva, considerar-se-á domicílio seu qualquer delas.

Texto comentado por Caio Mário:

Idêntico ao do Código Civil.

Fontes: Código Civil de 1916, art. 32; Projeto de 1975, art. 69.

COMENTÁRIO

Cogita-se aqui da pluralidade de domicílios. A doutrina da sede principal das atividades não se compadece com ela, uma vez que, dentre centros onde as exerce, um há de ser o principal. A ideia contida no artigo é mais consentânea com a realidade. Um indivíduo pode ter mais de uma residência, nelas vivendo alternadamente, sem que eleja uma delas para aí se fixar. E, em consequência, qualquer delas será o seu domicílio. Os sistemas jurídicos que afirmam a unidade do domicílio, como é o caso do francês e do inglês, além de contrariarem a realidade, criam, às vezes, grandes dificuldades quando se trata de estabelecer o local de cumprimento das obrigações. A teoria da pluralidade, adotada no art. 7º do Código Civil alemão, e seguida neste Código, concilia a noção teórica com a realidade prática. Sendo a residência com ânimo definitivo que constitui o domicílio, não é curial reduzi-lo à unidade, no caso de adotar o indivíduo residência plúrima, onde vive alternando as atividades, e manifestando o propósito de permanência em mais de um lugar. Para as pessoas que com ele tratam é mais razoável considerá-lo domiciliado em qualquer dos locais, do que pesquisar, dentre todos, qual deve ser tido como domicílio.

TEXTO DO CÓDIGO CIVIL DE 2002:

Art. 72. É também domicílio da pessoa natural, quanto às relações concernentes à profissão, o lugar onde esta é exercida.

Parágrafo único. Se a pessoa exercitar profissão em lugares diversos, cada um deles constituirá domicílio para as relações que lhe corresponderem.

TEXTO COMENTADO POR CAIO MÁRIO:

Idêntico ao do Código Civil.

Fonte: Projeto de 1975, art. 70.

COMENTÁRIO

Inovando sobre o direito anterior, o Código associou, sob certo aspecto, o conceito de residência definitiva com o de centro de interesses, criando o "domicílio profissional". Tendo em vista, então, as atividades profissionais, considera-se domicílio, para efeito destas, o lugar onde são exercidas. Não rejeitou a conceituação genérica. Perfilhou a ideia de domicílio plúrimo, do artigo anterior, e projetou-a no campo das atividades profissionais, admitindo que o indivíduo as exerça regularmente em mais de uma localidade, independente da morada habitual. Num desdobramento lógico do conceito pluralista, define como domicílio qualquer dos lugares onde são exercidas as atividades profissionais, mas apenas para as respectivas relações.

TEXTO DO CÓDIGO CIVIL DE 2002:

Art. 73. Ter-se-á por domicílio da pessoa natural, que não tenha residência habitual, o lugar onde for encontrada.

TEXTO COMENTADO POR CAIO MÁRIO:

Idêntico ao do Código Civil.

Fontes: Código Civil de 1916, art. 33; Projeto de 1975, art. 71.

COMENTÁRIO

Cogita-se aqui da "ausência" de domicílio e de domicílio "eventual". Há povos que se caracterizam pelo nomadismo, e pessoas que não se fixam em lugar nenhum. Admitindo-o, já o Direito Romano as considerava *sine domicilio* – sem domicílio. É o que enuncia o artigo, distinguindo desta a situação de quem muda de domicílio (art. 74). E, sendo o nomadismo incompatível com a determinação de um domicílio certo, estatui que, em qualquer lugar onde for encontrado, aí está o seu domicílio.

TEXTO DO CÓDIGO CIVIL DE 2002:

Art. 74. Muda-se o domicílio, transferindo a residência, com a intenção manifesta de o mudar.

Parágrafo único. A prova da intenção resultará do que declarar a pessoa às municipalidades dos lugares, que deixa, e para onde vai, ou, se tais declarações não fizer, da própria mudança, com as circunstâncias que a acompanharem.

TEXTO COMENTADO POR CAIO MÁRIO:

Idêntico ao do Código Civil.

Fontes: Código Civil de 1916, art. 34; Projeto de Código Civil de 1965, art. 47; Projeto de 1975, art. 72.

COMENTÁRIO

Para a doutrina do centro principal de atividades, a mudança de domicílio é a consequência imediata da transferência dele. Para a do Código, reside no fato material do transferimento de residência, aliado ao propósito de permanência na outra localidade. A verificação do elemento psíquico - intenção de mudar - decorre diretamente da declaração às municipalidades de ambos os lugares, de onde sai e para onde vai. Como não se costuma fazer tal pronunciamento, o Código permite inferir a mudança de um conjunto de circunstâncias, tais como a montagem de casa, a aquisição de bens, o estabelecimento profissional, o encerramento de negócios e interesses num lugar e a abertura em outro, e quaisquer outras circunstâncias que conduzam à conclusão de um propósito manifesto.

Além da mudança voluntária, especialmente cogitada no artigo, pode dar-se a compulsória, decorrente de imposição legal, como no caso de servidor público lotado em certo lugar, e que é transferido para outro onde obrigatoriamente deve servir em caráter definitivo.

TEXTO DO CÓDIGO CIVIL DE 2002:

Art. 75. Quanto às pessoas jurídicas, o domicílio é:

I – da União, o Distrito Federal;

II – dos Estados e Territórios, as respectivas capitais;

III – do Município, o lugar onde funcione a administração municipal;

IV – das demais pessoas jurídicas, o lugar onde funcionarem as respectivas diretorias e administrações, ou onde elegerem domicílio especial no seu estatuto ou atos constitutivos.

§ 1° Tendo a pessoa jurídica diversos estabelecimentos em lugares diferentes, cada um deles será considerado domicílio para os atos nele praticados.

§ 2° Se a administração, ou diretoria, tiver a sede no estrangeiro, haver-se-á por domicílio da pessoa jurídica, no tocante às obrigações contraídas por cada uma das suas agências, o lugar do estabelecimento, sito no Brasil, a que ela corresponder.

Texto comentado por Caio Mário:

Idêntico ao do Código Civil.

Fontes: Código Civil de 1916, art. 35; Projeto de Código Civil de 1965, art. 66; Projeto de 1975, art. 73.

COMENTÁRIO

O Código, na esteira do de 1916, menciona o domicílio das pessoas jurídicas de direito público. Podia dispensar-se de fazê-lo, uma vez que nele cabem apenas as relações de direito privado. Já que assim procedeu, completar-se-ia com a alusão às demais (autarquias, empresas públicas etc.), que têm o seu domicílio determinado nas leis que as criem.

Para a determinação do domicílio das pessoas jurídicas de direito privado, cumpre consultar os estatutos ou atos constitutivos, tais como levados a registro, os quais, na conformidade do que dispõe o art. 46, I, deverão consignar o lugar da sede. Ocorrendo divergência entre o local da administração e o mencionado no estatuto, prevalece a carta normativa da entidade, inscrita no registro público.

A pluralidade de domicílios da pessoa jurídica é uma imposição de suas atividades. Estabelecendo filiais, agências, ou estabelecimentos onde opera, considera-se domicílio qualquer dos lugares, mas para os atos aí praticados. Para os demais, prevalece o da administração ou o declarado no estatuto ou no ato constitutivo.

Em se tratando de pessoa jurídica com sede no estrangeiro, considera-se domicílio para os atos praticados por suas agências o lugar do estabelecimento, sito no Brasil, a que corresponda. Não se trata de discutir a nacionalidade da pessoa jurídica, porém de fixar o local de cumprimento das obrigações, no território nacional, livrando de ter de se deslocar, para o lugar de sua sede, quem quer que com ela tenha negócios e direitos a pleitear.

Texto do Código Civil de 2002:

Art. 76. Têm domicílio necessário o incapaz, o servidor público, o militar, o marítimo e o preso.

Parágrafo único. O domicílio do incapaz é o do seu representante ou assistente; o do servidor público, o lugar em que exercer permanentemente suas funções; o do militar, onde servir, e, sendo da Marinha ou da Aeronáutica, a sede do comando a que se encontrar imediatamente subordinado; o do marítimo, onde o navio estiver matriculado; e o do preso, o lugar em que cumprir a sentença.

Texto comentado por Caio Mário:
Idêntico ao do Código Civil.
Fontes: Código Civil de 1916, arts. 36 a 40; Projeto de Código Civil de 1965, art. 45; Projeto de 1975, art. 74.

COMENTÁRIO

Cogita o Código, a par do domicílio "voluntário", no lugar onde a pessoa estabelece residência com ânimo definitivo, aquele outro numa condição de dependência ou estado, que lhe é imposto obrigatoriamente, e se diz então "domicílio necessário". Têm-no as pessoas mencionadas no artigo.

O primeiro domicílio da pessoa é o que se prende ao seu nascimento: domicílio de origem, o de seus pais.

Os menores sob tutela têm o domicílio do tutor. O do filho adotivo, o do adotante. O domicílio do interdito é o de seu curador. No regime do Código Civil de 1916, o da mulher casada era o do marido. No atual, participa ela, com o marido, da escolha do domicílio do casal, sendo-lhe livre ausentar-se dele para atender a encargos públicos, ao exercício de sua profissão, ou a interesses particulares relevantes (art. 1.569).

Modalidade específica de domicílio necessário é o também chamado domicílio legal – do servidor público no lugar em que exerce permanentemente suas funções; o do militar, onde estiver servindo. O militar da Marinha e da Aeronáutica, em constantes deslocamentos, tem domicílio obrigatório na sede do comando a que estiver imediatamente subordinado, ainda que mantenha residência permanente em outro local. O dos oficiais tripulantes da marinha mercante é o lugar onde o navio estiver matriculado. Não havendo norma especial para quem trabalhe em aviação comercial, aplica-se-lhe a regra geral da residência com ânimo definitivo. Domicílio legal é ainda o do condenado, no lugar onde cumpre sentença. Este princípio não se aplica ao que estiver aguardando julgamento, que conserva seu domicílio próprio, enquanto não houver sentença condenatória. Não se estende, também, à família do detento, uma vez que o seu cônjuge assume a direção e administração do lar, se o encarceramento for superior a cento e oitenta dias (art. 1.570).

O empregado que, em outros sistemas jurídicos, adquire o domicílio do empregador, conserva o seu no Direito brasileiro. Para qualquer processo, em que seja interessado como reclamante ou reclamado, é competente o juízo da localidade em que o serviço é prestado, independentemente da residência habitual (CLT, art. 651).

TEXTO DO CÓDIGO CIVIL DE 2002:

Art. 77. O agente diplomático do Brasil, que, citado no estrangeiro, alegar extraterritorialidade sem designar onde tem, no país, o seu domicílio, poderá ser demandado no Distrito Federal ou no último ponto do território brasileiro onde o teve.

TEXTO COMENTADO POR CAIO MÁRIO:

Idêntico ao do Código Civil.

Fontes: Código Civil de 1916, art. 41; Projeto de 1975, art. 75.

COMENTÁRIO

O agente diplomático continua tendo domicílio no Brasil, não obstante esteja servindo no exterior. Mas, se for citado no exterior para qualquer ação, tem a opção de ali mesmo responder, ou alegar extraterritorialidade, deslocando para o Brasil a discussão do caso. Nesta hipótese, o feito correrá no domicílio que indicar, ou, à escolha do outro contendor, no foro do Distrito Federal ou no último ponto do território brasileiro onde o teve.

TEXTO DO CÓDIGO CIVIL DE 2002:

Art. 78. Nos contratos escritos, poderão os contratantes especificar domicílio onde se exercitem e cumpram os direitos e obrigações deles resultantes.

TEXTO COMENTADO POR CAIO MÁRIO:

Idêntico ao do Código Civil.

Fontes: Código Civil de 1916, art. 42; Projeto de Código Civil de 1965, art. 48; Projeto de 1975, art. 76.

COMENTÁRIO

O domicílio especial, cogitado neste artigo, é o lugar que, por pacto expresso inserido em contrato escrito, as partes elegem para cumprimento de obrigações contratuais, e é restrito àquelas oriundas do negócio jurídico a que aderem. Chama-se "domicílio de eleição", embora consista numa derrogação convencional dos efeitos normais do domicílio geral, no dizer de CUNHA GONÇALVES, AUBRY *et* RAU, PLANIOL, RIPERT *et* BOULANGER. Sem importar em fixação de residência da pessoa física, nem depender desta ou da sede administrativa da pessoa jurídica, consiste na escolha de um lugar em que certas obrigações têm de ser executadas. A liberdade de escolha, já instituída no Código Civil de 1916, foi posta em dúvida quando entrou em vigor o Código de Processo Civil de 1939, por ter este omitido o foro de eleição, entre as regras definidoras da competência jurisdicional. Entendendo que o domicílio é uma projeção da personalidade, a doutrina clareou o assunto, assentando que a matéria é de Direito Civil, e, assim, subsistia a faculdade de eleger foro para a execução de obrigações convencionais. O artigo reedita, em sua literalidade, a regra do Código anterior. Tal como já se entendia, deve ser respeitada a cláusula contratual que estabelece o *situs* de cumprimento do contrato, e, desta sorte, não há dúvida de que o "domicílio de eleição" prevalece sobre qualquer outra norma determinante da competência jurisdicional.

LIVRO II
DOS BENS

Título Único
DAS DIFERENTES CLASSES DE BENS

Capítulo I
DOS BENS CONSIDERADOS EM SI MESMOS

Seção I
Dos Bens Imóveis

TEXTO DO CÓDIGO CIVIL DE 2002:

Art. 79. São bens imóveis o solo e tudo quanto se lhe incorporar natural ou artificialmente.

Art. 80. Consideram-se imóveis para os efeitos legais:

I – os direitos reais sobre imóveis e as ações que os asseguram;

II – o direito à sucessão aberta.

Art. 81. Não perdem o caráter de imóveis:

I – as edificações que, separadas do solo, mas conservando a sua unidade, forem removidas para outro local;

II – os materiais provisoriamente separados de um prédio, para nele se reempregarem.

TEXTO COMENTADO POR CAIO MÁRIO:

Idêntico ao do Código Civil.

Fontes: Código Civil de 1916, arts. 43 a 46; Projeto de Código Civil de 1965, arts. 320 a 322; Projeto de 1975, arts. 77 a 79.

COMENTÁRIO

1. Fixando-se em que o negócio jurídico compõe-se de três elementos - sujeito, objeto e relação jurídica - colocou o Código a dogmática dos bens em seguida à das pessoas, tal como fizera o Código Civil de 1916, e em discordância do Projeto de 1965, que desenvolvera a Parte Especial do Direito de Família em seguimento ao Livro I que trata das pessoas, e deixou o dos bens como ordenação propedêutica do Direito das Coisas. Manteve o Código atual a mesma orientação do antigo, no modo de classificar os bens: a) considerados em si mesmos; b) considerados em relação a outros bens; c) considerados em razão da natureza pública de seu titular.

2. Em primeiro lugar, coloca a classificação dos bens em imóveis e móveis. É o critério tradicional, sem embargo de que tem passado por mutações no curso da história do Direito. Em Roma, originariamente o que prevalecia era a classificação fundada na cerimônia da *mancipatio*, exigida para alguns bens - *res mancipi* - e dispensada para outros - *res nec mancipi*. Mais tarde, deu-se importância à natureza móvel ou imóvel da coisa, chegando-se a atribuir certo caráter aristocrático aos imóveis e a tratar-se com algum desprezo os móveis, como coisas vis, *vilis mobilium possessio*. Nos tempos modernos, os bens móveis adquirem relevância cada vez maior, seja pelo valor pecuniário de certas coisas móveis (máquinas, aparelhos, equipamentos), seja pela projeção econômica de títulos e papéis (móveis incorpóreos) que ocupam enorme faixa na criação e movimentação de riquezas na vida econômica das nações e das pessoas.

3. Tratando dos imóveis, o Código os considera tais por natureza, por acessão física, por acessão intelectual e por determinação legal.

Imóvel por natureza é o solo, é a terra *quae in aeternum stat*. Cabe perfeitamente na definição de BEVILÁQUA: aquilo "*que se não pode transportar, sem destruição, de um para outro lugar*". Esta classe de imóveis abrange o solo e tudo aquilo que a ele é aderente em estado de natureza, independentemente de qualquer engenho ou artifício humano. A árvore, o arbusto, a planta rasteira, fixos ao solo pelas raízes são imóveis, como imóveis são as massas minerais ou fósseis, existentes no subsolo, embora se destinem à futura extração, e sem prejuízo de integrarem o patrimônio da União Federal, e de sua exploração econômica ou industrial estar sujeita a regime de concessão ou de monopólio. Aliás, o Código de Mineração (Decreto-Lei nº 227, de 28 de fevereiro de 1967) as considera imóveis, enquanto não ocorre sua separação da jazida em que se encontram.

Imóveis por acessão física são as coisas que o homem incorpora permanentemente ao solo, como as construções, as edificações permanentes, as obras aderentes à terra e suas pertenças e partes integrantes, independentemente de pertencerem ou não ao proprietário do solo. Entre os imóveis por acessão física estão as sementes já lançadas à terra. Excluem-se, consequentemente, as construções temporárias ou contingentes, destinadas à remoção ou retirada.

Imóveis por acessão intelectual são os bens que são móveis por natureza, mas que a vontade humana imobiliza, mantendo-os intencionalmente empregados na exploração industrial, aformoseamento ou comodidade. Não se confunde a acessão intelectual com a acessão física, porque a vinculação ao imóvel, naquele caso, é meramente subjetiva, como se dá com as máquinas agrícolas ou o rebanho, que não aderem ao solo, mas a ele se vinculam pelo fato de sua utilização econômica. A mesma vontade humana que os tornou coisa imóvel pode a todo tempo retorná-los à sua mobilidade natural. Assim dispunha o art. 45 do Código de 1916, mas o atual dispensou-se de mantê-lo, o que não anula o consectário pela sua obviedade.

Imóveis por determinação legal são os bens que a lei trata como imóveis independentemente de qualquer ideia de relação, na decorrência de uma imposição da ordem jurídica. São os direitos reais sobre imóveis, mencionados no art. 1.225, bem como as ações destinadas a assegurá-los, muito embora alguns autores se insurjam contra a sua classificação como bens. Por uma razão de ordem prática, contudo, o Código os inclui entre os bens imóveis, mantendo com isto a tradição de nosso Direito. As apólices da dívida pública, quando gravadas de inalienabilidade, que no regime do Código de 1916 eram consideradas bens imóveis, deixaram de o ser. O Código mantém na mesma categoria de bem imóvel *ex vi legis* o direito à sucessão aberta, considerada como um todo, independentemente de serem imóveis ou móveis as coisas que a integram.

4. Os materiais provisoriamente separados de um prédio conservam a natureza imobiliária, somente quando se destinam ao seu reemprego nele. Se tiverem de ser utilizados em outro prédio, ou se destinarem à comercialização, readquirem automaticamente o seu caráter de coisas móveis.

5. O novo Código, por emenda da Câmara dos Deputados, inovou com o acréscimo do inciso I ao art. 81, ao dispor que as edificações separadas do solo, e removidas para outro local sem perderem a sua unidade, não perdem o seu caráter de coisa imóvel. Atendem com isso ao progresso técnico que tem permitido transportarem-se, de um lugar para outro, edificações de valor artístico ou histórico, cuja preservação é necessária. Não importa se a remoção se faça por deslocamento do conjunto arquitetônico inteiro, por processo de congelamento, por exemplo, ou mediante a demolição, transporte e reedificação peça por peça no lugar de destino. O que predomina é a ideia, por meio da qual o bem é considerado na sua individualidade.

Seção II
Dos bens móveis

Texto do Código Civil de 2002:

Art. 82. São móveis os bens suscetíveis de movimento próprio, ou de remoção por força alheia, sem alteração da substância ou da destinação econômico-social.

Art. 83. Consideram-se móveis para os efeitos legais:
I – as energias que tenham valor econômico;
II – os direitos reais sobre objetos móveis e as ações correspondentes;
III – os direitos pessoais de caráter patrimonial e respectivas ações.

Art. 84. Os materiais destinados a alguma construção, enquanto não forem empregados, conservam sua qualidade de móveis; readquirem essa qualidade os provenientes da demolição de algum prédio.

Texto comentado por Caio Mário:
Idêntico ao do Código Civil.

Fontes: Código Civil de 1916, arts. 47 a 49; Projeto de Código Civil de 1965, arts. 324 e 325; Projeto de 1975, arts. 80 a 82.

COMENTÁRIO

1. Tal como procedeu o Código de 1916, o atual cuidou de conceituar os bens móveis em seguida aos imóveis, ao contrário de outros, como o italiano de 1942, que definiu os imóveis, e acrescentou que todos os demais são móveis. O novo Código associa dois elementos na caracterização da *res mobilis:* a) serem suscetíveis de remoção por força própria (semoventes), ou por força alheia; b) conservarem a própria substância ou destinação econômico-social. Esta última inovação sobre o texto de 1916 sempre foi cogitada pela doutrina. Os bens móveis subdividem-se em corpóreos e incorpóreos. Os primeiros são constituídos de coisas que podem ser tocadas (*quae tangi possunt*) ou percebidas pelos sentidos em geral. Incorpóreos são aqueles que têm a existência própria, mas destituídos do poder da tangibilidade.

2. O Código mencionou no art. 83 as coisas que cientificamente cabem na classe de móveis, e bem assim as que o são por força ou autoridade da lei – *ex vi legis.* No primeiro plano, pronunciou-se a propósito de uma controvérsia vinda do Direito anterior, a saber como se qualifica a energia dotada de valor econômico. Por muito tempo debateu-se a propósito da energia elétrica. Após prolongadas discussões, a doutrina, e com ela a jurisprudência, assentou que é uma coisa (cf. minhas *Instituições de Direito Civil*, vol. I, nº 70). Obviamente, os gases (naturais ou artificiais) não deixam de ser coisas, fisicamente consideradas, e, portanto, móveis. A energia atômica ainda não está perfeitamente esclarecida, mas, dentro do disposto no inc. I do art. 83, assim também se classifica.

3. *Por determinação legal*, embora lhes faltem as características de "coisas", são móveis os direitos reais sobre bens móveis, e bem assim as respectivas ações. Móveis, *ex vi legis*, são ainda os direitos de crédito com caráter patrimonial, que o Código denomina "direitos pessoais", usando uma terminologia superada e hoje tida por inadequada. Estão na classe dos móveis por força de lei o "fundo de comércio", integrado dos elementos incorpóreos que constituem a propriedade comercial ou industrial, distintos das coisas materiais que conjuga. As quotas de capital, ações de companhias, títulos patrimoniais de associações, títulos de crédito – são todos valores mobiliários, que se distinguem dos bens que compõem o acervo patrimonial da pessoa jurídica.

4. O Código deixou de considerar os "móveis por antecipação", perdendo assim a oportunidade de encerrar velha controvérsia. Trata-se de coisas aderentes aos imóveis, mas que, sendo objeto de uma relação jurídica, são tratadas como móveis. Estão neste caso, e.g., o minério ou a mata.

Enquanto aderentes ao imóvel, são imóveis por acessão física. Quando objeto de contrato visando à sua extração, não se tratam como coisa imóvel, porém como bens móveis, em razão da finalidade econômica. O fundamento está em que a vontade humana que pode imobilizar coisas móveis, por acessão intelectual, pode igualmente mobilizar coisa imóvel por destinação econômica.

5. A situação provisória dos materiais destinados a uma construção inspira o art. 84, que é repetição do art. 49 do Código Civil de 1916. Trata-se de coisas móveis, que somente perdem a sua mobilidade natural a partir do momento em que são nela empregados. Demolida que seja, readquirem a sua qualidade de bens móveis, salvo se se destinarem a ser empregados no mesmo prédio, tal como discorre o art. 81.

Seção III
Dos bens fungíveis e consumíveis

TEXTO DO CÓDIGO CIVIL DE 2002:

Art. 85. São fungíveis os móveis que podem substituir-se por outros da mesma espécie, qualidade e quantidade.

TEXTO COMENTADO POR CAIO MÁRIO:
Idêntico ao do Código Civil.
Fonte: Código Civil de 1916, art. 50; Projeto de Código Civil de 1965, art. 329; Projeto de 1975, art. 83.

COMENTÁRIO

Na definição do artigo estão compreendidos os bens que se determinam apenas pelo gênero. *A contrario sensu*, infungíveis, ou não fungíveis, os que se caracterizam e identificam por caracteres individuais. A fungibilidade é uma qualidade dos móveis. Nada impede, todavia, que imóveis sejam convencionalmente tratados como coisas fungíveis, como é o caso de unidades em um terreno loteado, tomadas em bloco. Reversamente, a infungibilidade acompanha os imóveis, mas a convenção pode estabelecer que algumas coisas, naturalmente fungíveis, sejam individuadas como coisas não fungíveis (e.g., peças de uma coleção numismática).

A importância desta classificação reside em que na dívida de coisa infungível o devedor somente se libera com a entrega daquele bem individualmente, enquanto na de coisa fungível pode fazê-lo mediante a de qualquer uma do mesmo gênero, qualidade e quantidade. Outra característica da fungibilidade é que não comporta a excusativa de perecimento do objeto, uma vez que o devedor sê-lo-á sempre de uma coisa do mesmo gênero. Segundo a velha parêmia, o gênero jamais perece: *genus nunquam perit.*

Embora a fungibilidade seja atributo das coisas móveis, pode ser estendida às relações jurídicas, por exemplo, se a prestação na obrigação de fazer pode ser executada por terceiro (art. 249), caso em que se diz obrigação de "prestação fungível". Em caso contrário, será de "prestação infungível".

TEXTO DO CÓDIGO CIVIL DE 2002:

Art. 86. São consumíveis os bens móveis cujo uso importa destruição imediata da própria substância, sendo também considerados tais os destinados à alienação.

TEXTO COMENTADO POR CAIO MÁRIO:
Idêntico ao do Código Civil.
Fontes: Código Civil de 1916, art. 51; Projeto de 1975, art. 84.

COMENTÁRIO

Juridicamente, a ideia de consumibilidade é diversa de destruição, embora possam às vezes confundir-se. A noção básica é que são consumíveis os bens que se destroem pelo uso. Estes se qualificam como materialmente consumíveis. Nas relações jurídicas, a consumibilidade estende-se aos que se destinam à alienação, posto que se não modifique a sua substância. Nesta categoria estão os bens que são também materialmente consumíveis (e.g., os víveres no armazém), além de outros que não o são (e.g., os livros numa livraria). A vontade humana pode tornar não consumíveis bens que juridicamente o são, exemplificando-se com o comerciante que empresta a outro gêneros com a finalidade de exibi-los, sob o encargo de restitui-los em espécie (*ad pompam vel ostentationis causam*).

Embora o Código reúna na mesma Seção os bens fungíveis e os consumíveis, oferece conceituação diversa para uns e para outros, tal como procede o BGB (arts. 91 e 92), seguindo, aliás, a orientação do Código Civil de 1916. Pode haver coincidência entre uns e outros, porém conceitualmente distinguem-se.

Seção IV
Dos bens divisíveis

TEXTO DO CÓDIGO CIVIL DE 2002:

Art. 87. Bens divisíveis são os que se podem fracionar sem alteração na sua substância, diminuição considerável de valor, ou prejuízo do uso a que se destinam.

Art. 88. Os bens naturalmente divisíveis podem tornar-se indivisíveis por determinação da lei ou por vontade das partes.

TEXTO COMENTADO POR CAIO MÁRIO:
Idêntico ao do Código Civil.

Fontes: Código Civil de 1916, arts. 52 e 53; Projeto de Código Civil de 1965, art. 327; Projeto de 1975, arts. 85 e 86.

COMENTÁRIO

A divisibilidade é atributo de toda matéria. Até o átomo, infinitamente pequeno, pode ser fracionado, mediante a utilização de processos e equipamentos técnicos. O Direito Romano considerava divisíveis as coisas que podiam ser fracionadas sem dano: *quae sine damno dividi possunt*, critério que prevaleceu no Código Civil de 1916. Modernamente, é de se considerar a economicidade. Diz-se que são "naturalmente divisíveis" as coisas que se podem fracionar sem alteração substancial. Não basta que as partes resultantes sejam porções reais e distintas. É de mister que pela fragmentação não sofram diminuição considerável no seu valor, nem prejuízo no uso a que se destinem (divisibilidade jurídica).

A divisibilidade é própria das coisas corpóreas. O direito estende-a, todavia, às incorpóreas. Assim é que disciplina as obrigações divisíveis e indivisíveis (arts. 257 a 263), os direitos reais de garantia (art. 1.419), as servidões (art. 1.378). Nestes casos de indivisibilidade *ex vi legis*, não há cogitar da possibilidade material de fracionamento, porém da disposição da lei (indivisibilidade legal). Indivisibilidade convencional é a que resulta da vontade das partes, tornando indivisíveis coisas que são divisíveis por natureza.

Seção V
Dos bens singulares e coletivos

Texto do Código Civil de 2002:

Art. 89. São singulares os bens que, embora reunidos, se consideram de per si, independentemente dos demais.

Texto comentado por Caio Mário:
Idêntico ao do Código Civil.

Fontes: Código Civil de 1916, art. 54; Projeto de Código Civil de 1965, art. 330; Projeto de 1975, art. 87.

COMENTÁRIO

Não obstante o pouco interesse prático, conserva o Código a distinção entre coisas singulares e coletivas, e dá definição de umas e de outras. Distinguem-se das coisas simples e compostas, em que, nessas, prevalece a ideia de coesão natural das partes, enquanto nas singulares e coletivas não se cogita dos elementos componentes de cada coisa, porém do fato de serem tratadas como coisas destacadas (singulares), ou aglomeradas num conjunto (coletivas). Na classe destas estão as universalidades.

Texto do Código Civil de 2002:

Art. 90. Constitui universalidade de fato a pluralidade de bens singulares que, pertinentes à mesma pessoa, tenham destinação unitária.

Parágrafo único. Os bens que formam essa universalidade podem ser objeto de relações jurídicas próprias.

Art. 91. Constitui universalidade de direito o complexo de relações jurídicas, de uma pessoa, dotadas de valor econômico.

Texto comentado por Caio Mário:
Idêntico ao do Código Civil.
Fonte: Projeto de 1975, arts. 88 e 89.

COMENTÁRIO

O Código conceitua a universalidade de fato – *universitas facti* – como pluralidade de bens singulares, pertencentes à mesma pessoa ou a ela vinculados, porém dotados de uma só destinação econômica ou jurídica (uma frota, um rebanho, uma floresta). Em contraposição, universalidade jurídica – *universitas iuris* – é um conjunto de direitos ou de coisas e direitos, ou um complexo de relações jurídicas, economicamente apreciáveis, pertinentes a uma pessoa (a herança).

Podem ser objeto de direitos e obrigações a universalidade como um todo, ou, isoladamente, as coisas que a constituem.

O Código omitiu preceito importante, contido no de 1916 (art. 56), relativo à sub-rogação. Consiste esta na ideia de substituição de um bem por outro, especialmente quando à coisa sub-roga-se o seu valor, ou vice-versa.

A universalidade subsiste em razão de se acharem agregadas as coisas singulares. Sendo assim, ela se extingue quando as demais desaparecem, ficando reduzidas a uma só. Extingue-se também por ato de vontade do titular, seja quando as separa, seja quando, conservando-as reunidas, retira-lhes a destinação comum.

A universalidade não é um estado natural e obrigatório das coisas singulares. Pode, então, o proprietário destacar algumas delas, como objeto de determinada relação jurídica, sem que as demais percam o caráter coletivo.

CAPÍTULO II
Dos Bens Reciprocamente Considerados

TEXTO DO CÓDIGO CIVIL DE 2002:

Art. 92. Principal é o bem que existe sobre si, abstrata ou concretamente; acessório, aquele cuja existência supõe a do principal.

TEXTO COMENTADO POR CAIO MÁRIO:
Idêntico ao do Código Civil.
Fontes: Código Civil de 1916, art. 58; Projeto de 1975, art. 90.

COMENTÁRIO

O Código enuncia o conceito de coisa principal e de acessório, em termos que repetem o de 1916. A coisa acessória é subsidiária da principal, e supõe a existência dela. É princípio, vindo do Direito Romano, e que o Código atual se dispensou de repetir em preceito, que o acessório segue o principal - *acessorium sequitur principale*. Não se trata, porém, de norma absoluta. Via de regra assim ocorre, mais por força de disposição especial de lei, de convenção, ou das circunstâncias do caso.

Cumpre, todavia, assinalar que a ideia de acessoriedade não é exclusiva das coisas. Estende-se às relações jurídicas, havendo as principais, como também as acessórias.

Dispensou-se, igualmente, o novo Código de discriminar os acessórios do solo, que o art. 61 do antigo mencionava, como os produtos orgânicos da superfície, as obras de aderência permanente feitas acima ou abaixo da superfície. A estes aditavam os minerais contidos no subsolo. Por motivos de interesse nacional, a legislação minerária destacou-os como objeto de propriedade da União, ficando a respectiva exploração dependente de concessão do governo, assegurando-se ao proprietário do solo uma participação.

Numa visão de conjunto, são acessórios *naturais* os que aderem espontaneamente ao principal; *industriais* os que se originam do esforço humano; e *civis* os que resultam de uma relação abstrata de direito.

Exclui-se da ideia de acessoriedade a criação devida à atividade do homem, geradora de coisa diversa daquela que foi trabalhada. Neste sentido, o art. 62 do Código de 1916 mencionava as obras de arte (pinturas em relação à tela, escultura em relação à matéria-prima), e bem assim toda produção gráfica em relação ao material utilizado na sua confecção. Embora não reproduzido o dispositivo no Código atual, o princípio subsiste, amparado na doutrina.

Na classe das coisas acessórias, destacam-se, pela importância econômica e social, os frutos e produtos, bem como as benfeitorias, objeto de exame nos comentários aos arts. 95, 96 e 97.

Texto do Código Civil de 2002:

Art. 93. São pertenças os bens que, não constituindo partes integrantes, se destinam, de modo duradouro, ao uso, ao serviço ou ao aformoseamento de outro.

Art. 94. Os negócios jurídicos que dizem respeito ao bem principal não abrangem as pertenças, salvo se o contrário resultar da lei, da manifestação de vontade, ou das circunstâncias do caso.

Texto comentado por Caio Mário:

Idêntico ao do Código Civil.

Fontes: Projeto de Código Civil de 1965, arts. 323, 333 e 334; Projeto de 1975, arts. 91 e 92.

COMENTÁRIO

No tocante aos bens reciprocamente considerados, a doutrina alude às pertenças e às partes integrantes. Estas distinguem-se das acessórias, pelo fato de serem partes constitutivas da própria coisa, e estarem em conexão íntima com ela, participando de sua natureza, posto que suscetíveis de separação sem lhe destruírem o valor econômico, no dizer de Enneccerus e Oertmann. Distinguem-se, portanto, as "partes integrantes" das "pertenças", em que estas compõem permanentemente a própria coisa. Podem estar ligadas à sua utilização por fator natural, ou intencionalmente destinadas à sua exploração, aformoseamento ou comodidade.

Como os acessórios, as pertenças seguem a sorte da coisa principal, e normalmente os negócios jurídicos que as tenham por objeto abrangem as pertenças. Não, porém, obrigatoriamente. Podem ser excluídas por determinação legal ou manifestação de vontade dos interessados, como ainda por força das circunstâncias que se apurem em cada caso.

Texto do Código Civil de 2002:

Art. 95. Apesar de ainda não separados do bem principal, os frutos e produtos podem ser objeto de negócio jurídico.

Texto comentado por Caio Mário:
Idêntico ao do Código Civil.
Fontes: Código Civil de 1916, art. 60; Projeto de Código Civil de 1965, arts. 335 e 336; Projeto de 1975, art. 93.

COMENTÁRIO

O conceito de fruto vem do Direito Romano, ligado à ideia de organicidade. Entendia-se, como tal, tudo aquilo que costumasse nascer e renascer da coisa: *fructus est quid ex re nasci et renasci solet*. Modernamente, a noção se expandiu, para compreender toda espécie de utilidade que a coisa periodicamente produz, sem desfalque de sua substância (Clóvis Beviláqua).

Tendo em vista a sua natureza, os frutos se dizem naturais, industriais e civis. *Naturais*, aqueles que a coisa gera por si mesma, ainda que o esforço humano concorra para melhoria de seu bom aproveitamento. *Industriais*, os que provêm da coisa mediante a contribuição necessária do trabalho humano, por processos elementares ou mecanização complexa. Frutos *civis*, por um esforço de abstração jurídica, dizem-se os rendimentos ou benefícios que uma pessoa tira de uma coisa que é utilizada por outrem. Nesta categoria mencionam-se os juros em relação ao capital, ou os aluguéis em relação à coisa arrendada.

Sob o aspecto de sua ligação com a coisa, os frutos são *pendentes*, enquanto a ela aderirem; *percebidos* ou *colhidos*, depois de destacados; *percipiendos*, os que deviam ser mas não foram colhidos. Não se trata de classificação meramente teórica. Sua importância prática está em que o possuidor de boa-fé faz seus os que colher, e o de má-fé responde, ainda, por aquilo que, por culpa sua, deixou de perceber.

Depois de separados, podem os frutos adquirir autonomia, e então perder a condição de coisa acessória. Enquanto aderentes ao principal, seguem a sua sorte. Nada impede, entretanto, que sejam objetos de relação jurídica independente da coisa principal.

Seguindo os passos da doutrina, o artigo alude expressamente aos *produtos*, que se distinguem dos frutos pelo fato de não se reproduzirem periodicamente, chegando mesmo a sua extração a diminuir a substância da coisa geradora, como se dá com o mineral extraído de uma jazida. Assemelha-se ele ao fruto, mas com este se não confunde, porque ele se exaure na medida da extração. Também os produtos podem ser objeto de relação jurídica autônoma, independentemente de não estarem ainda separados da coisa, ou de serem abrangidos na mesma relação jurídica que a tenha por objeto.

Texto do Código Civil de 2002:

Art. 96. As benfeitorias podem ser voluptuárias, úteis ou necessárias.

§ 1° São voluptuárias as de mero deleite ou recreio, que não aumentam o uso habitual do bem, ainda que o tornem mais agradável ou sejam de elevado valor.

§ 2° São úteis as que aumentam ou facilitam o uso do bem.

§ 3° São necessárias as que têm por fim conservar o bem ou evitar que se deteriore.

Art. 97. Não se consideram benfeitorias os melhoramentos ou acréscimos sobrevindos ao bem sem a intervenção do proprietário, possuidor ou detentor.

Texto comentado por Caio Mário:

Idêntico ao do Código Civil.

Fontes: Código Civil de 1916, arts. 63 e 64; Projeto de Código Civil de 1965, art. 339; Projeto de 1975, arts. 94 e 95.

COMENTÁRIO

Benfeitorias são as obras ou despesas feitas na coisa, pelo homem, com o fim de embelezá-la, melhorá-la ou conservá-la, e se escalonam em *voluptuárias, úteis* ou *necessárias*, tais como definidas no art. 96. Excluem-se, portanto, os incrementos naturais, sob a forma de melhoramento ou acréscimo sobrevindos à coisa, sem a intervenção do proprietário, possuidor ou detentor.

A importância prática da classificação das benfeitorias consiste na determinação das obrigações e atribuição de direitos ao possuidor, bem como à possibilidade de sua permanência ou retirada por ele. As benfeitorias *necessárias* são indenizáveis ao possuidor, independentemente de se apurar a sua boa-fé, reconhecendo-se-lhe o *direito de retenção* até o seu ressarcimento. As benfeitorias *úteis* somente asseguram ao possuidor o direito à indenização e retenção, se estiver ele de boa-fé. As *voluptuárias* não são indenizáveis. Se tiverem sido feitas de boa-fé, podem ser levantadas, uma vez que sua retirada não danifique a coisa (*ius tollendi*). Estando de má-fé, perde-as em proveito do proprietário.

Capítulo III
DOS BENS PÚBLICOS

TEXTO DO CÓDIGO CIVIL DE 2002:

Art. 98. São públicos os bens do domínio nacional pertencentes às pessoas jurídicas de direito público interno; todos os outros são particulares, seja qual for a pessoa a que pertencerem.

TEXTO COMENTADO POR CAIO MÁRIO:
Idêntico ao do Código Civil.
Fontes: Código Civil de 1916, art. 65; Projeto de 1975, art. 96.

COMENTÁRIO

O Código de 1916 era mais preciso. Declarava públicos os bens do domínio nacional, ao mesmo tempo que esclarecia a pertinência à União, aos Estados ou aos Municípios, o que foi explicado por BEVILÁQUA, ao justificar que esta classificação não era feita "*do ponto de vista dos proprietários, mas do ponto de vista do modo pelo qual se exerce o domínio sobre os bens*". Posto que discutível, era um modo de enfatizar que, na esfera dos Estados Federados e dos Municípios, bens há que são públicos, tais como os da União.

Na orientação do novo Código, prevaleceu critério teórico, que pode suscitar dúvidas, principalmente em face do segundo membro do artigo, que declara particulares todos os outros, "*seja qual for a pessoa a que pertencerem*". Elas se desfazem, quando se entende que na expressão "domínio nacional" não estão excluídos os bens que pertencem aos Estados e Municípios. Do contexto do artigo, deflui a classificação dos bens em públicos e particulares. *Públicos* serão, então, os que pertencem à União, aos Estados e aos Municípios. *Particulares,* os demais. Assim interpretado, concilia-se uma redação especiosa com a realidade prática.

Texto do Código Civil de 2002:

Art. 99. São bens públicos:

I – os de uso comum do povo, tais como rios, mares, estradas, ruas e praças;

II – os de uso especial, tais como edifícios ou terrenos destinados a serviço ou estabelecimento da administração federal, estadual, territorial ou municipal, inclusive os de suas autarquias;

III – os dominicais, que constituem o patrimônio das pessoas jurídicas de direito público, como objeto de direito pessoal, ou real, de cada uma dessas entidades.

Parágrafo único. Não dispondo a lei em contrário, consideram-se dominicais os bens pertencentes às pessoas jurídicas de direito público a que se tenha dado estrutura de direito privado.

Texto comentado por Caio Mário:

Idêntico ao do Código Civil.

Fontes: Código Civil de 1916, art. 66; Projeto de 1975, art. 97.

COMENTÁRIO

Esta classificação tem em vista o modo como são utilizados os bens públicos: de uso comum do povo, de uso especial e dominicais.

1. Os bens de *uso comum* do povo são aqueles que, pertencendo a uma pessoa jurídica de direito público, são franqueados a todas as pessoas. Não há como mencioná-los discriminativamente, tão numerosos são. Não lhes desfigura a natureza, nem perdem essa qualidade, se os regulamentos administrativos condicionarem sua utilização a requisitos peculiares, ou restringirem seu uso, subordinando-o a uma retribuição (art. 103). É bem de ver que o que se franqueia é o uso, sendo eles do domínio nacional.

2. Os de *uso especial* são os que as entidades públicas destinam aos seus serviços ou a fins determinados, reunindo na mesma subjetividade o domínio e a utilização, embora esta não seja incompatível com a circulação de particulares. O que predomina nessa classe é a destinação especial. O artigo teve o cuidado de acrescentar que nesta categoria se inscrevem os estabelecimentos ou serviços das autarquias como órgãos da Administração Indireta. Quando cessa o interesse da pessoa jurídica de direito público, podem esses bens, por disposição de lei, passar a bens dominicais.

3 . *Bens dominicais* são os que compõem o patrimônio das pessoas jurídicas de direito público, como objeto de direito real ou pessoal. Seu regime jurídico apresenta analogia com os bens particulares, embora acusem peculiaridades que os distinguem. Podem ser objeto de cessão de uso, gratuita ou onerosa, ou de alienação, porém subordinados os negócios jurídicos que os tenham por objeto à autorização prévia. O artigo desfez dúvida quanto à natureza dos bens das pessoas jurídicas de direito público estruturadas no modelo das de direito privado. Com essa disposição ficou definido que são públicos dominicais ou patrimoniais, ainda que a entidade titular se apresente ou organize como de direito privado. Ressalva-se, contudo, disposição de lei que estabeleça o contrário, quer na fase de sua constituição, quer ulteriormente.

O Código limita-se a apresentar as linhas gerais desta classificação, deixando para a legislação especial a disciplina dos bens públicos, na sua estrutura, organização, destino, utilização e requisitos de disponibilidade.

TEXTO DO CÓDIGO CIVIL DE 2002:

Art. 100. Os bens públicos de uso comum do povo e os de uso especial são inalienáveis, enquanto conservarem a sua qualificação, na forma que a lei determinar.

Texto comentado por Caio Mário:
Idêntico ao do Código Civil.
Fontes: Código Civil de 1916, art. 67; Projeto de 1975, art. 98.

COMENTÁRIO

O Código Civil de 1916 proclamava a inalienabilidade de todos os bens públicos. O atual estabelece uma distinção, aludindo neste artigo aos de uso comum do povo e aos de uso especial, e no seguinte aos dominicais. A inalienabilidade dos bens de uso comum do povo e de uso especial é um pressuposto de sua própria caracterização. Franqueados ao grande público ou destinados ao serviço ou estabelecimento da Administração Pública, não podem sair do domínio da entidade titular. A sua inalienabilidade é requisito de sua destinação. Somente perdem a qualificação que os identifica se houver motivos de conveniência da entidade pública. Neste caso, não havendo mais cabimento em que permaneçam como tais, serão convertidos em bens dominicais, passando a se sujeitarem ao regime destes. Mas somente por disposição expressa de lei que estatua a conversão, sendo, entretanto, lícito que a mesma lei autorize, desde logo, a sua alienação, na forma e sob as condições que forem estabelecidas.

Texto do Código Civil de 2002:

Art. 101. Os bens públicos dominicais podem ser alienados, observadas as exigências da lei.

Art. 102. Os bens públicos não estão sujeitos a usucapião.

Texto comentado por Caio Mário:
Praticamente idêntico ao do Código Civil, salvo pequena alteração quanto ao art. 102, conforme explicado em nota dos atualizadores, a seguir.
Fontes: Código Civil de 1916, art. 67; Projeto de 1975, arts. 99 e 100.

Nota dos atualizadores:
O texto comentado por Caio Mário estabelecia, no *caput* do art. 100 (atual art. 102), que os bens públicos não estariam sujei-

tos a usucapião, "salvo disposição especial de lei", conforme exposto no fim do comentário a seguir apresentado.

COMENTÁRIO

Os bens dominicais não são franqueados ao grande público, nem se destinam a uso especial. Formam o patrimônio da pessoa jurídica de direito público. São inalienáveis por natureza, mas não o são essencialmente. Podem, portanto, perder este caráter em virtude de disposição expressa de lei, que estabelecerá os critérios a serem adotados para a sua disponibilidade.

Na vigência do Código Civil de 1916, Spencer Vampré sustentou que poderiam ser objeto de usucapião, argumentando que usucapião é uma das modalidades legais de alienação de bens. A ideia ganhou força e acabou sendo acolhida nos tribunais. Reconhecendo os inconvenientes desta tese, os Decretos nº 19.924, de 27 de abril de 1931, e nº 22.785, de 31 de maio de 1933, proclamaram, peremptoriamente, que os bens públicos, qualquer que seja a sua natureza, não são passíveis de usucapião. Quando foi elaborado o Anteprojeto de Código Civil de 1972, seu art. 101 admitia a aquisição dos bens públicos patrimoniais por usucapião. Entre as numerosas críticas que lhe enderecei, apontei os inconvenientes desta franquia (ver meu livro *Reformulação da Ordem Jurídica e Outros Temas*, Forense, 1980, p. 142). Do seu acolhimento resultou a disposição do art. 100 do Projeto de 1975.

Os bens públicos dominicais, e bem assim aqueles que por lei se converterem em bens desta espécie, poderão ser alienados nos casos e na forma que a lei estabelecer. Na sua alienabilidade não se insere a usucapião, por maior que seja o tempo durante o qual estejam na posse de particular. Abre-se, contudo, uma exceção: lei especial poderá dispor que determinado bem público possa ser usucapido. Tal ocorrendo, terá aplicação nas circunstâncias especificamente instituídas, e não comportará interpretação analógica, tendo em vista o caráter especial e excepcional da norma permissiva.

Texto do Código Civil de 2002:

Art. 103. O uso comum dos bens públicos pode ser gratuito ou retribuído, conforme for estabelecido legalmente pela entidade a cuja administração pertencerem.

TEXTO COMENTADO POR CAIO MÁRIO:
Idêntico ao do Código Civil.
Fontes: Código Civil de 1916, art. 68; Projeto de 1975, art. 101.

COMENTÁRIO

A cobrança de uma retribuição por parte da entidade a que pertencerem não desfigura o uso comum do bem público. É uma faculdade concedida à Administração Pública. Estão nesta autorização o pedágio nas estradas públicas, a cobrança de ingresso nos museus, a exigência de emolumentos para utilização ou visita de monumentos. À Administração caberá estipular a modalidade e o *quantum* da remuneração, qualquer que seja o motivo que a inspire.

LIVRO III
DOS FATOS JURÍDICOS

Título I
DO NEGÓCIO JURÍDICO

Capítulo I
DISPOSIÇÕES GERAIS

TEXTO DO CÓDIGO CIVIL DE 2002:

Art. 104. A validade do negócio jurídico requer:

I – agente capaz;

II – objeto lícito, possível, determinado ou determinável;

III – forma prescrita ou não defesa em lei.

TEXTO COMENTADO POR CAIO MÁRIO:

Idêntico ao do Código Civil.

Fontes: Código Civil de 1916, art. 82; Projeto de Código de Obrigações de 1965, art. 4º; Projeto de 1975, art. 102.

COMENTÁRIO

1. Fato jurídico. O Código Civil de 1916 fazia anteceder às regras atinentes ao "ato jurídico" algumas disposições preliminares relativas à "aquisição dos direitos". O atual Código omitiu-as, sem que se desse uma explicação. Talvez se tenham considerado algumas das disposições demasiado abstratas ou teóricas, e se entendesse que outras, referentes à correlação entre o direito e a ação, sejam matéria processual. Eu lamento a omissão. Basta atentar em que a epígrafe do Livro III é esta: "Dos Fatos Jurídicos". Desprezando-a, entra logo nos requisitos de validade do negócio jurídico.

Cabe, pois, ao Comentarista remontar as noções propedêuticas, sem as quais à teoria do negócio jurídico falta suporte dogmático. Todo direito origina-se de um fato: *ex facto ius oritur.* A lei, como comando geral, define uma possibilidade. Para converter-se em direito subjetivo, é mister um acontecimento. Este é o "fato jurídico", ou seja, o evento, casual ou voluntário, a dar nascimento a uma relação de direito. Ontologicamente, o fato jurídico compreende uma "eventualidade" ou um "acontecimento", o qual, por força de uma *norma jurídica*, gera os efeitos reconhecidos. É a conjugação da *eventualidade* com o *preceito legal* que compõe o *fato jurídico* (OERTMANN).

Os fatos jurídicos, em virtude dos quais os direitos nascem, modificam-se ou extinguem-se, podem ser casuais ou voluntários. Os primeiros independem da vontade humana. Os outros resultam de uma ação ou omissão, ora atuando na conformidade do ordenamento jurídico (atos lícitos), ora contravenientes a ele (atos ilícitos). Dentre aqueles, destaca-se o "negócio jurídico".

2. Negócio jurídico. O Código Civil de 1916 construiu a noção da obrigação voluntária sobre a base do "ato jurídico", que definiu no art. 81. Quando fui incumbido de elaborar o Anteprojeto de Código de Obrigações, propendi para a doutrina alemã do "negócio jurídico" (*Rechtsgeschäft*), que o Código novo acolheu, e pode resumir-se como *toda declaração de vontade, emitida de acordo com o ordenamento legal, e geradora dos efeitos jurídicos pretendidos.* Em relação ao sujeito, o negócio jurídico pode compreender o momento em que o direito adere ao sujeito atual (aquisição), ou passa por transformação (modificação); ou pode ter por finalidade resguardar o direito na titularidade do sujeito (resguardo); ou bem assim demitir-se este em favor de um outro titular (transmissão); ou ainda importar no término da relação jurídica (extinção).

3. Validade. Para que a manifestação de vontade produza os efeitos reconhecidos pela ordem jurídica, deve obedecer a certos imperativos, que são os requisitos de validade do negócio jurídico, mencionados no art. 104.

3.1. Agente capaz. A capacidade é elemento indispensável à participação da pessoa no mundo jurídico. Sendo o negócio jurídico uma declaração de vontade, tem como pressuposto ser o agente capaz. O Código menciona quais as pessoas absolutamente incapazes (art. 3º), e quais as que o são relativamente a certos atos ou à maneira de os exercer (art. 4º). As primeiras não podem emitir qualquer declaração volitiva, e a consequência será a nulidade do ato negocial (art. 166, I). Os atos praticados por pessoa relativamente incapaz, sem a devida assistência, são anuláveis (art. 171, I). Além da aptidão para os negócios jurídicos em geral, a lei considera ainda que, em certos casos, e sem perdê-la, o agente está impedido de realizar determinado negócio jurídico, o que percute na sua validade, ou na sua eficácia.

3.2. Objeto lícito. A declaração de vontade há de ser enunciada em conformidade com a ordem legal. Não se compreenderia que o direito lhe atribuísse efeitos, se ela visasse a um objeto contrário à lei. A iliceidade do objeto conduz à invalidade do ato, sem embargo de impor ao agente, em certos casos, sanções mais graves.

3.3. Objeto possível. Além de lícito, o objeto há de ser possível. A impossibilidade jurídica condiz com a ausência de liceidade. Fisicamente impossível é o objeto, se for insuscetível de realizar-se materialmente. Mas a impossibilidade que torna frustra a declaração volitiva é a absoluta. Se relativa a certa pessoa, ou a certo tempo ou lugar, não a invalida. É também de se considerar que a impossibilidade superveniente não anula o ato. Pode resolvê-lo, sujeitando o devedor a perdas e danos, se estiver de má-fé.

3.4. Objeto determinado ou determinável. A indeterminação do objeto equivale à sua impossibilidade. Mas há de ser concomitante à declaração de vontade. Se o objeto for, nesse momento, indeterminado, mas puder determinar-se até o dia de sua execução (objeto determinável), vale o negócio jurídico. O que o invalida é a indeterminação absoluta (objeto indeterminado e indeterminável).

4. Forma. A regra dominante no Direito brasileiro, como aliás na generalidade dos sistemas jurídicos modernos, é a liberdade de forma. A vontade, uma vez declarada, produz os efeitos queridos pelo agente. Em certas circunstâncias, porém, a lei prescreve requisito formal, para maior segurança das relações jurídicas. Considerando-o da substância do ato (requisito formal *ad solemnitatem*), ou proibindo certa forma, a lei subordina o negócio jurídico a esse requisito, pena de nulidade. Quando, no entanto, o elemento formal é exigido apenas como meio de prova (*ad probationem*), o ato poderá ter validade, uma vez suprida a forma faltosa por outro meio probatório reconhecido por lei.

Texto do Código Civil de 2002:

Art. 105. A incapacidade relativa de uma das partes não pode ser invocada pela outra em benefício próprio, nem aproveita aos co-interessados capazes, salvo se, neste caso, for indivisível o objeto do direito ou da obrigação comum.

Texto comentado por Caio Mário:

Idêntico ao do Código Civil.

Fontes: Código Civil de 1916, art. 83; Projeto de Código de Obrigações de 1965, art. 5º; Projeto de 1975, art. 103.

COMENTÁRIO

O instituto das incapacidades é inspirado no propósito de proteger aqueles que não são dotados de aptidão para a vida civil. Praticado o ato por uma pessoa incapaz, a declaração de sua invalidade visa a resguardar os seus respectivos interesses. Daí estabelecer a lei que somente pode ser invocada pelo portador mesmo da incapacidade relativa, em se tornando capaz, ou por seu assistente. O Código Civil de 1916 já o estatuía. A redação atual, acrescentando que a invocação de incapacidade não aproveita aos cointeressados capazes, embaraça a interpretação da ressalva final, parecendo dizer que somente tem cabida se for indivisível o objeto do direito ou da obrigação comum. A rigor, tal ressalva não tem aplicação apenas no caso de aproveitar aos cointeressados capazes. Deve, em verdade, compreender todo caso de indivisibilidade do direito ou da obrigação, dada a impossibilidade de se separar o interesse do incapaz e o da outra parte.

Texto do Código Civil de 2002:

Art. 106. A impossibilidade inicial do objeto não invalida o negócio jurídico se for relativa, ou se cessar antes de realizada a condição a que ele estiver subordinado.

Texto comentado por Caio Mário:

Idêntico ao do Código Civil.

Fontes: Projeto de Código de Obrigações de 1965, art. 6º; Projeto de 1975, art. 104.

COMENTÁRIO

Conforme esclarecido no comentário ao art. 104, um dos elementos etiológicos do negócio jurídico é a possibilidade do objeto. Somente a impossibilidade absoluta, entretanto, o invalida, isto é, aquela que diz respeito a qualquer pessoa e a todo tempo. O art. 106 dá desenvolvimento ao tema, acrescentando que a impossibilidade que é simultânea ao nascimento do negócio jurídico não o prejudica, se vier a cessar antes de realizada a condição.

O que a disposição tem, pois, em vista é a impossibilidade simultânea à formação do ato negocial. A que seja superveniente poderá conduzir à sua resolução, com ou sem perdas e danos, conforme proceda de má-fé, ou não, aquele que lhe der causa.

TEXTO DO CÓDIGO CIVIL DE 2002:

Art. 107. A validade da declaração de vontade não dependerá de forma especial, senão quando a lei expressamente a exigir.

TEXTO COMENTADO POR CAIO MÁRIO:

Idêntico ao do Código Civil.

Fontes: Código Civil de 1916, art. 129; Projeto de Código de Obrigações de 1965, art. 7º; Projeto de 1975, art. 105.

COMENTÁRIO

Este artigo é o desdobramento do inciso III do art. 104. O princípio dominante no Direito pátrio, como ocorre na generalidade dos sistemas jurídicos, é a liberdade de forma. O art. 104, III, subordinando a validade do negócio jurídico à forma prescrita ou não defesa em lei, completa-se com a ressalva aqui consignada, segundo a qual somente quando a lei expressamente o exigir é que a declaração de vontade depende de forma especial. Nesta hipótese, a sua inobservância importa em considerar-se que o negócio jurídico não chega a se constituir, porque, então, a forma lhe dá existência: *forma dat esse rei*. Não sendo da substância do ato, como no caso de ser exigida somente para sua prova – *ad probationem tantum* –, a inobservância não o invalida, uma vez que pode ser suprida por outros meios.

TEXTO DO CÓDIGO CIVIL DE 2002:

Art. 108. Não dispondo a lei em contrário, a escritura pública é essencial à validade dos negócios jurídicos que visem à constituição, transferência, modificação ou renúncia de direitos reais sobre imóveis de valor superior a trinta vezes o maior salário-mínimo vigente no País.

TEXTO COMENTADO POR CAIO MÁRIO:

"Não dispondo a lei em contrário, a escritura pública é essencial à validade dos negócios jurídicos que visem à constituição ou transferência de direitos reais sobre imóveis de valor superior a trinta vezes o maior salário-mínimo vigente no País."

Fontes: Código Civil de 1916, art. 134; Projeto de Código de Obrigações de 1965, art. 10; Projeto de 1975, art. 106.

NOTA DOS ATUALIZADORES:

Em adição ao texto comentado por Caio Mário, o Código Civil também prevê a escritura pública como requisito de validade para os negócios jurídicos voltados à "modificação" ou à "renúncia" de direitos reais que recaiam sobre imóveis com valor superior a trinta salários-mínimos.

COMENTÁRIO

Vem do Código de 1916 a exigência de instrumento público para os atos constitutivos ou translativos de direitos reais sobre imóveis, de valor acima de determinada cifra. O que inspira o princípio é a conciliação da segurança com a flexibilidade negocial. Encarecendo a importância da coisa imóvel, o requisito formal é coordenado à transferência ou constituição de direitos reais imobiliários. Ao mesmo tempo, dispensa-o se o valor é pequeno.

O novo Código trouxe duas inovações sobre o Direito anterior. A primeira é a dispensa da escritura pública, quando a lei assim estabelecer, independentemente do valor do imóvel. Já existem várias situações legais, que a disposição respeita, como outras haverá, em que a liberdade da forma corre parelha com a necessidade de se facilitarem certas operações.

A segunda atende às condições do mercado monetário. A fixação de cifra exata (como consignava o art. 134, II, do Código Civil de 1916) gera certas perplexidades hermenêuticas em face de modificação no padrão monetário, como ainda da redução do valor da moeda. O critério do artigo é baseado em escala móvel de salários, e vinculado ao que estiver vigendo no momento em que se constitui o negócio jurídico. Variações subsequentes não podem ser levadas em consideração, pois instilariam insegurança nos negócios.

TEXTO DO CÓDIGO CIVIL DE 2002:

Art. 109. No negócio jurídico celebrado com a cláusula de não valer sem instrumento público, este é da substância do ato.

TEXTO COMENTADO POR CAIO MÁRIO:
Idêntico ao do Código Civil.
Fontes: Código Civil de 1916, art. 133; Projeto de 1975, art. 107.

COMENTÁRIO

O art. 108 estabelece os casos legais de forma pública obrigatória. Tem-se, aqui, em vista a exigência convencional do instrumento público. O art. 109 admite, tal como o art. 133 do Código Civil de 1916, que a forma pública seja eleita pelos interessados, e, neste caso, ela passa a ser da substância do ato. Manda, pois, a lei que se respeite a estipulação, e, em tal caso, a validade do ato depende da observância do requisito formal de eleição. A orientação do Projeto de Código de Obrigações de 1965 era melhor, ao deixar de consignar princípio análogo ao do art. 133 do Código de 1916, e, desta sorte, manter-se fiel à regra da liberdade formal, salvo no caso de disposição expressa de lei.

TEXTO DO CÓDIGO CIVIL DE 2002:

Art. 110. A manifestação de vontade subsiste ainda que o seu autor haja feito a reserva mental de não querer o que manifestou, salvo se dela o destinatário tinha conhecimento.

TEXTO COMENTADO POR CAIO MÁRIO:
Idêntico ao do Código Civil.
Fontes: Projeto de Código de Obrigações de 1965, art. 63; Projeto de 1975, art. 108.

COMENTÁRIO

Este artigo acha-se deslocado. A reserva mental, também chamada reticência, é modalidade especial de simulação, e, portanto, deveria estar ligada a este defeito do negócio jurídico, a que a doutrina o aproxima. Ocorre a reserva mental quando o agente faz a ressalva de não querer o ato que é objeto da declaração. Se é comunicada à outra parte é válida, e o negócio jurídico não produz qualquer efeito, uma vez que aquela ciência revela que ambos os interessados são acordes em que não tenha validade. Equivale à simulação inocente que já no regime do Código Civil de 1916 (art. 103) não se considerava defeito do ato. Se, porém, a pessoa a quem a emissão de vontade se destina ignora a ressalva, não pode ter o efeito de anular a declaração (cf. minhas *Instituições de Direito Civil*, vol. I, nº 92). O Código de 1916 não contemplou a reserva mental, que, de primeiro, foi tratada no meu Anteprojeto de Código de Obrigações, a seu turno reportando-se ao art. 116 do Código Civil alemão.

TEXTO DO CÓDIGO CIVIL DE 2002:

Art. 111. O silêncio importa anuência, quando as circunstâncias ou os usos o autorizarem, e não for necessária a declaração de vontade expressa.

TEXTO COMENTADO POR CAIO MÁRIO:
Idêntico ao do Código Civil.

Fontes: Projeto do Código de Obrigações de 1965, art. 2º; Projeto de 1975, art. 109.

COMENTÁRIO

Normalmente o silêncio é nada. Importa abstenção de pronunciamento da pessoa, em face de uma solicitação de outrem ou sugestão ambiente. Como tal, é indiferente ao Direito. Pode acontecer, entretanto, que em dadas circunstâncias, ou por força dos usos, ou por disposição de lei, venha a traduzir manifestação volitiva. Neste caso, deve ser interpretado como anuência à declaração de vontade. Não se lhe pode atribuir efeito de uma declaração volitiva, pelo simples fato de nada declarar a pessoa. Popularmente costuma-se repetir que "quem cala consente", com isto significando que a falta de recusa explícita equivale a consentimento. Não é, todavia, correta a dedução. O Direito Romano já se referia ao assunto, ao enunciar: *Qui tacet consentire videtur, si loqui debuisset ac potuisset* (*"quem cala parece consentir, se devesse ou pudesse falar"*). Com efeito, há situações em que a pessoa não pode ou não deve falar, como no caso do sigilo profissional ou dever de consciência. Ou, ainda, quando o negócio jurídico tenha de resultar de manifestação expressa do querer do agente. Em tais situações, o silêncio não induz anuência, porém somente quando a lei o estabeleça, ou o autorizarem os usos ou circunstâncias do caso (cf. sobre o silêncio como manifestação de vontade: minhas *Instituições de Direito Civil*, vol. I, nº 83; SERPA LOPES, *O silêncio como Manifestação de Vontade nas Obrigações*; GAETANO DONÀ, *Il Silenzio nella Teoria delle Prove Giudiziali*). Ao juiz caberá, em cada caso, apreciar a validade do silêncio como expressão volitiva de quem se cala.

TEXTO DO CÓDIGO CIVIL DE 2002:

Art. 112. Nas declarações de vontade se atenderá mais à intenção nelas consubstanciada do que ao sentido literal da linguagem.

TEXTO COMENTADO POR CAIO MÁRIO:

Idêntico ao do Código Civil.

Fontes: Código Civil de 1916, art. 85; Projeto de Código de Obrigações de 1965, art. 22; Projeto de 1975, art. 110.

COMENTÁRIO

O artigo é a repetição quase literal do art. 85 do Código Civil de 1916, a que se aditou o apêndice inútil "nelas consubstanciada". É óbvio que não se cogita de intenção que não se contenha na declaração. Assim sempre se entendeu.

No campo doutrinário, duas correntes disputam as preferências na hermenêutica do ato negocial: a teoria da vontade (*Willenstheorie*) e a da declaração (*Erklärungstheorie*). Na mesma linha do diploma de 1916, o Código manda que prevaleça a intenção sobre a literalidade da linguagem. Esta não pode, entretanto, ser desprezada, pois que é o instrumento de comunicação do querer do agente. Defrontando-se com a necessidade de interpretar o negócio jurídico, manda o Código que se não atenha às expressões gramaticais da declaração. Deve perquirir o que na verdade pretendeu o declarante. Não quer dizer que o intérprete deva desprezar a expressão vocabular, para recompor uma abstrata intenção do declarante. O que o mandamento legal exprime é a prevalência da intenção sobre a literalidade do texto. Mas é partindo deste que se alcançará o verdadeiro querer do agente.

O dispositivo é, sem dúvida, norma de hermenêutica da vontade. Mas, como observa Clóvis Beviláqua, tem um sentido mais profundo, de integração ética da vontade negocial.

Texto do Código Civil de 2002:

Art. 113. Os negócios jurídicos devem ser interpretados conforme a boa-fé e os usos do lugar de sua celebração.

Texto comentado por Caio Mário:
Idêntico ao do Código Civil.

Fontes: Projeto de Código de Obrigações de 1965, art. 23; Projeto de 1975, art. 111.

COMENTÁRIO

O Código Civil alemão é unanimemente elogiado quando consagra o princípio do *Treu und Glauben* (BGB, art. 157). Os negócios jurídicos devem ser inspirados na boa-fé, na lealdade e na confiança das partes. Na sua execução, devem guardar-lhes fidelidade, e, portanto, assim devem ser interpretados. A regra não é nova no Direito pátrio, pois que o Código Comercial de 1850 já a consagrava no art. 131, item 1, como regra de hermenêutica nos negócios mercantis. Quando elaborei o Anteprojeto de Código de Obrigações, introduzi o preceito que veio a ser o art. 23 do Projeto de Código de Obrigações de 1965, guardando, portanto, fidelidade à regra tradicional de nosso Direito, arrimada pela regra análoga do BGB. Cumpre, pois, ao intérprete da vontade negocial dar ênfase ao respeito ao princípio da boa-fé, como elemento ético da vida de relação.

Relevante será, também, invocar os usos vigentes no lugar da celebração do negócio jurídico, no pressuposto de que as partes, de maneira geral, a eles se submetem implicitamente. Na divergência ao tempo da execução, invocá-los é bom adminículo hermenêutico.

Texto do Código Civil de 2002:

Art. 114. Os negócios jurídicos benéficos e a renúncia interpretam-se estritamente.

Texto comentado por Caio Mário:

Idêntico ao do Código Civil de 2002.

Fontes: Código Civil de 1916, art. 1.090; Projeto de Código de Obrigações de 1965, art. 25; Projeto de 1975, art. 112.

COMENTÁRIO

O novo Código transpôs para a parte geral o disposto no art. 1.090 do Código Civil de 1916, que mandava que se interpretassem estritamente os contratos benéficos. Seguindo o rumo do Projeto de Código de Obrigações de 1965, generalizou para todo negócio jurídico o princípio que recomenda não dar interpretação ampliativa a quaisquer atos liberais. E, com a mesma orientação, abrangeu na mesma regra a renúncia.

No primeiro plano, aludindo aos negócios jurídicos benéficos, o novo Código enfatiza o fundamento ético do preceito, assentando que a declaração de vontade benéfica deve ser contida no limite do que o agente especificamente pretendeu. O beneficiado não pode obter mais do que se contém no texto da declaração. E o intérprete encontra barreira a todo propósito ampliativo. Observa-se que, em termos de hermenêutica da vontade, predomina no Direito pátrio a tendência a enunciar poucas regras, ao contrário do Código Civil francês que reproduziu as normas de interpretação dos contratos, enunciadas por Pothier. Preferiu, assim, o novo Código relegar ao plano doutrinário a preceituação relativa à hermenêutica.

No mesmo propósito restritivista colocou a renúncia, como ato pelo qual o sujeito abre mão de um direito, de uma faculdade ou de uma vantagem. Diz-se que pode a renúncia ser "abdicativa" ou "translativa". Somente a primeira, em verdade, é renúncia. A outra é ato de transferência. Daí afirmar-se que a chamada "renúncia translativa" - não envolvendo demissão do direito pelo titular, porém integração de outrem na relação jurídica - comporta a natureza tanto de ato gratuito como oneroso. O ato negocial que tem por objeto a renúncia a uma situação jurídica (renúncia abdicativa ou renúncia propriamente dita) não pode ser estendido para além dos termos estritos da declaração.

Conjugado o art. 114 com o art. 112, resulta a filosofia hermenêutica da vontade liberal ou abdicativa: o intérprete, por meio da declaração, tem de fixar o querer do agente, não permitindo que a liberalidade e a renúncia exorbitem da intenção pura do agente.

Capítulo II
DA REPRESENTAÇÃO

TEXTO DO CÓDIGO CIVIL DE 2002:

Art. 115. Os poderes de representação conferem-se por lei ou pelo interessado.

TEXTO COMENTADO POR CAIO MÁRIO:
Idêntico ao do Código Civil.

Fontes: Projeto de Código de Obrigações de 1965, art. 37; Projeto de 1975, art. 113.

COMENTÁRIO

O instituto da representação, no Código Civil de 1916, não estava sistematizado como já se encontrava no Código Civil alemão de 1896 (BGB, arts. 164 a 181), e como viria a ser no Código italiano de 1942 (arts. 1.387 a 1.400), entre outros. A representação legal dispersava-se pelas disposições relativas à incapacidade, ao pátrio poder, à tutela; e a representação convencional concentrava-se na dogmática do mandato. No Anteprojeto, que resultou no Projeto de Código de Obrigações de 1965, ordenei os princípios gerais referentes ao assunto, os quais foram quase literalmente transpostos para este capítulo do novo Código.

O que centraliza a representação é a outorga de poderes. O representante, posto que emita a própria vontade, age em nome e no interesse do representado, a quem pertence o direito, ou vincula a obrigação. Os poderes de representação originam-se da lei ou da vontade do representado. Daí as duas espécies: representação *legal* e representação *convencional*. A elas é de acrescer a representação *mista*, naqueles casos em que o representado tem a faculdade de nomear o representante, mas este procede na conformidade dos poderes conferidos pela lei.

É de se considerar, ainda, a espécie de representação *imprópria* ou *anômala*, quando a lei atribui a uma pessoa poderes de representação, embora o representado não seja dotado de personalidade jurídica, como no caso da herança pelo inventariante, da massa falida pelo síndico, da herança jacente pelo curador, do condomínio pelo síndico.

Exclui-se da representação o *mensageiro* ou *núncio*, que não emite vontade própria, sendo mero portador da manifestação volitiva do comitente, a qual transmite como a recebe.

Texto do Código Civil de 2002:

Art. 116. A manifestação de vontade pelo representante, nos limites de seus poderes, produz efeitos em relação ao representado.

Texto comentado por Caio Mário:

Idêntico ao do Código Civil.

Fontes: Projeto de Código de Obrigações de 1965, art. 38; Projeto de 1975, art. 114.

COMENTÁRIO

O representante há de proceder dentro dos limites de seus poderes, quer venham estes da lei, quer sejam outorgados pelo representado. Emitida, assim, a vontade, projeta os seus efeitos na pessoa deste, que se torna obrigado como se a declaração fosse por ele pessoalmente enunciada, ou adquirindo o direito oriundo do negócio jurídico. *A contrario sensu*, se o representante exorbita dos poderes que lhe são conferidos, não obriga o representado, salvo se este vier a ratificar ou confirmar o ato praticado. Poderá, contudo, o representante ser tratado como gestor de negócios (art. 861), operando a ratificação retroativamente ao dia em que o ato foi praticado, como se se tratasse de representação regular (art. 873). Não aprovado o comportamento do representante, que tenha procedido com abuso de poderes, responde ele pessoalmente pelo excesso praticado (art. 118).

TEXTO DO CÓDIGO CIVIL DE 2002:

Art. 117. Salvo se o permitir a lei ou o representado, é anulável o negócio jurídico que o representante, no seu interesse ou por conta de outrem, celebrar consigo mesmo.

Parágrafo único. Para esse efeito, tem-se como celebrado pelo representante o negócio realizado por aquele em quem os poderes houverem sido subestabelecidos.

TEXTO COMENTADO POR CAIO MÁRIO:

Idêntico ao do Código Civil.

Fontes: Projeto de Código de Obrigações de 1965, art. 4º; Projeto de 1975, art. 115.

COMENTÁRIO

Cogita o artigo da autocontratação, ou contrato consigo mesmo, generalizada a todo negócio jurídico. Em princípio, é vedada. O representante deve proceder em proveito do representado. Se celebra consigo mesmo o ato para o qual foi investido de poderes, estará traindo o representado e, desta sorte, o negócio jurídico é passível de anulação. O Código define a sua invalidade, dizendo-o anulável, e não nulo de pleno direito, porque se deixa a critério do interessado atacá-lo, ou mantê-lo.

Casos há em que a autocontratação é lícita. Em primeiro lugar, quando a lei a permitir. Em segundo lugar, quando for autorizada pelo representado. Neste caso, considera-se que o ato negocial contém duas manifestações de vontade: a do representante, contida no ato, e a do representado, expressa na autorização. O negócio jurídico celebrado consigo mesmo não é ato unilateral. É bilateral, uma vez que nele estão presentes duas declarações de vontade.

O parágrafo único envolve na mesma condenação o ato, quando o representante transfere a outrem os poderes para nele figurar, como se fosse o representado, e nele comparece pessoalmente como se se tratasse de outra parte. O negócio jurídico resultante contém dupla emissão volitiva apenas formalmente, pois na essência o representante comparece duas vezes, como parte interessada e na pessoa de terceiro, em que sub-roga os poderes recebidos.

A alusão ao substabelecimento contida no parágrafo único pode dar a impressão de esta proibição se aplicar tão somente à representação convencional. Na verdade, ela se estende à representação legal, abrangendo assim os poderes convencionais substabelecidos, como qualquer outro caso de transmissão a outrem de poderes de representação.

Texto do Código Civil de 2002:

Art. 118. O representante é obrigado a provar às pessoas, com quem tratar em nome do representado, a sua qualidade e a extensão de seus poderes, sob pena de, não o fazendo, responder pelos atos que a estes excederem.

Texto comentado por Caio Mário:

Idêntico ao do Código Civil.

Fontes: Código Civil de 1916, art. 1.305; Projeto de Código de Obrigações de 1965, art. 41; Projeto de 1975, art. 116.

COMENTÁRIO

O representante, embora emita a sua própria vontade, age em nome do representado. Tem, portanto, o dever de demonstrar às pessoas com quem trate que o faz em nome deste, e nos limites da outorga recebida. No caso de representação convencional, a comprovação se fará exibindo ele o instrumento respectivo, que os terceiros podem exigir, sendo lícita a recusa de qualquer negociação em não comprovando o representante a sua qualidade e a extensão de seus poderes. Na hipótese de representação legal, como decorre ela da própria situação jurídica em que se encontra investido o representante, haverá de bastar a comprovação dela, uma vez que os poderes emanam diretamente da lei. Naquilo em que o representante exceder os seus poderes, responde pessoalmente, perante o terceiro com que trate e, bem assim, perante o representado. A responsabilidade, normalmente, é adstrita ao campo civil, coberta pelos bens do representante. Tal seja a natureza do abuso cometido, pode atingir as raias da responsabilidade criminal.

Texto do Código Civil de 2002:

Art. 119. É anulável o negócio concluído pelo representante em conflito de interesses com o representado, se tal fato era ou devia ser do conhecimento de quem com aquele tratou.

Parágrafo único. É de cento e oitenta dias, a contar da conclusão do negócio ou da cessação da incapacidade, o prazo de decadência para pleitear-se a anulação prevista neste artigo.

Texto comentado por Caio Mário:

Idêntico ao do Código Civil.

Fonte: Projeto de 1975, art. 117.

COMENTÁRIO

O representante tem o dever de proceder no interesse exclusivo do representado, sobrepondo-o aos seus. Desde que se esboce um conflito, cumpre-lhe renunciar a representação se esta for convencional, ou pedir a substituição se vier da lei. Poderá, ainda, ocorrer que, sem abdicar da representação, o representante peça a designação de outro, especificamente, para aquele ato. Não procedendo de uma ou de outra maneira, cabe-lhe levar o fato ao conhecimento da pessoa com quem esteja tratando, presumindo-se de má-fé se se omitir. Realizado o ato negocial, dentro desse conflito de interesses, é anulável, seja no caso de ter o terceiro conhecimento do fato, à vista da comunicação do representante, ou por outras vias, seja no de convencerem as circunstâncias de que ele não o ignorava. A *legitimatio* ativa para a ação anulatória é do representado pessoalmente, ou de quem o venha a representar, e pode ser intentada após a cessação da incapacidade.

Para a segurança da vida negocial, fica estabelecido prazo decadencial de cento e oitenta dias, a contar da conclusão do negócio, ou da cessação da incapacidade.

Se a pessoa com quem tratou o representante ignorava o conflito de interesses, prevalecerá o ato praticado, por amor à sua boa-fé, mas o representante responderá perante o representado, ou seus herdeiros, pelos danos que daí provierem.

Texto do Código Civil de 2002:

Art. 120. Os requisitos e os efeitos da representação legal são os estabelecidos nas normas respectivas; os da representação voluntária são os da Parte Especial deste Código.

Texto comentado por Caio Mário:
Idêntico ao do Código Civil.
Fontes: Projeto de Código de Obrigações de 1965, art. 43; Projeto de 1975, art. 118.

COMENTÁRIO

Neste capítulo, o Código estabelece as disposições genéricas da representação. Relega, assim, para a Parte Especial, como para a legislação própria, o estabelecimento dos requisitos para a verificação da representação e os respectivos efeitos. Os princípios atinentes à representação legal encontram-se na disciplina do pátrio poder, da tutela, da curatela, como de outros institutos em que os estabeleça lei especial. Os da representação voluntária, na dogmática do mandato.

Capítulo III
DA CONDIÇÃO, DO TERMO E DO ENCARGO

Texto do Código Civil de 2002:

Art. 121. Considera-se condição a cláusula que, derivando exclusivamente da vontade das partes, subordina o efeito do negócio jurídico a evento futuro e incerto.

Texto comentado por Caio Mário:
Idêntico ao do Código Civil.
Fontes: Código Civil de 1916, arts. 114 e 117; Projeto de 1975, art. 119.

COMENTÁRIO

Neste capítulo, trata o Código das modalidades de negócio jurídico: condição, termo e encargo ou modo. Não cogitou, como é da tradição de nosso Direito, da "pressuposição", tendo em vista que admiti-la na dogmática da vida negocial poderia gerar incertezas e inseguranças. Procedendo na conformidade do Código Civil de 1916, define a condição, o que a rigor seria dispensável. É de boa política legislativa estabelecer tão somente comandos, deixando à doutrina a formulação de conceitos. Transige-se com esta orientação, quando necessário, em face de imprecisão conceitual. Não é o caso, pois que o conceito de condição é de extrema pacificidade. A declaração de vontade pode ser pura e simples, gerando desde logo todas as suas consequências. Pode, contudo, vir subordinada a um evento futuro. Se este for certo, trata-se de termo; se incerto, será condição. A incerteza no acontecimento, o saber se ocorrerá ou não ocorrerá, caracteriza a condição. Para a distinção entre termo e condição, o que prevalece é a incerteza do evento em si, independentemente de se conhecer quando possa ocorrer. As fontes usavam uma fórmula definidora, destacando a circunstância temporal (*quando*) da eventualidade mesma (*an*, isto é, se). E diziam: *incertus an incertus quando* ("incerteza de fato e do tempo"), condição; *incertus an certus quando* ("incerteza do evento, não obstante a certeza do tempo"), também condição; *certus an certus quando* ("certeza do evento e do tempo"), termo; *certus an incertus quando* (certeza do fato e incerteza do tempo), termo também. Resumidamente: na condição, o acontecimento é sempre incerto (*incertus an*), ainda que vinculado a um tempo certo; no termo, o evento é certo, não importando a incerteza de quando venha a verificar-se.

Os autores esclarecem, e o artigo repete, que somente se considera condição a cláusula que deriva da vontade das partes. Não constitui condição a que provém da lei (impropriamente chamada *conditio legis*), ou da própria natureza do direito a que acode.

Na sua dogmática, e tendo em vista somente as que o Código considera, há cogitar das condições lícitas e ilícitas, casuais e potestativas, possíveis e impossíveis, suspensivas e resolutivas. Cada uma delas será objeto de cogitação especial, nos comentários aos artigos seguintes, que se lhes referem.

Texto do Código Civil de 2002:

Art. 122. São lícitas, em geral, todas as condições não contrárias à lei, à ordem pública ou aos bons costumes; entre as condições defesas se incluem as que privarem de todo efeito o negócio jurídico, ou o sujeitarem ao puro arbítrio de uma das partes.

Texto comentado por Caio Mário:

Idêntico ao do Código Civil.

Fontes: Código Civil de 1916, art. 115; Projeto de Código de Obrigações de 1965, arts. 27 e 28; Projeto de 1975, art. 120.

COMENTÁRIO

Na generalidade, vigora o princípio da liberdade concedida aos interessados de subordinarem o negócio jurídico às condições que lhes aprouverem. Consideram-se, entretanto, vedadas as que afrontarem a lei, a ordem pública e os bons costumes. A infração à lei é facilmente determinável. A contrariedade à ordem pública e aos bons costumes dependem da conceituação de uma e de outra, que, por não encontrarem parâmetros legais, estão na dependência do que doutrinariamente se conceitua, e da apuração em cada caso. Tendo em vista a natureza especial da tutela jurídica e a finalidade social do interesse, dizem-se de ordem pública os princípios que regem relações entre particulares, com repercussão na vida coletiva. Bons costumes são aqueles que se cultivam como condições de moralidade social, sujeitando-se a variações de época e de lugar.

O artigo destaca dois casos de condições proibidas: as que privarem o ato de todo efeito; e as que o sujeitarem à vontade exclusiva de uma das partes. Se o agente emite uma declaração de vontade, e a subordina a um evento que lhe tira todo efeito, é como se não fizesse declaração nenhuma. O ato é inválido, pois que as duas vontades, anulando-se, representam contradição nos próprios termos – *contradictio in adjectio*. Por isso a lei considera ilícita esta condição.

As condições podem ser casuais ou potestativas. *Casuais* são as que dependem de um acontecimento natural, ou não dependente da vontade humana. *Potestativa*, quando o acontecimento depende do arbítrio do agente. Uma e outra são lícitas. Quando a condição subordina o negócio jurídico à vontade exclusiva de uma das partes, diz-se que ela é *potestativa pura*. Esta é proibida, porque tem por efeito anular ou invalidar a própria declaração de vontade. Se o agente emite uma vontade, e ao mesmo tempo sujeita os seus efeitos a seu puro arbítrio, é como se não enunciasse nenhuma vontade. É como se pronunciasse dizendo que realizará o ato "se quiser" (*si volam*, ou *si voluero*). Em tal caso, não existe qualquer emissão volitiva.

Num como noutro caso, é a invalidade do próprio negócio jurídico que está em jogo, como no artigo seguinte se especifica.

Texto do Código Civil de 2002:

Art. 123. Invalidam os negócios jurídicos que lhe são subordinados:

I – as condições física ou juridicamente impossíveis, quando suspensivas;

II – as condições ilícitas, ou de fazer coisa ilícita;

III – as condições incompreensíveis ou contraditórias.

Texto comentado por Caio Mário:
Idêntico ao do Código Civil.

COMENTÁRIO

Ver comentários aos arts. 122 e 124.

Texto do Código Civil de 2002:

Art. 124. Têm-se por inexistentes as condições impossíveis, quando resolutivas, e as de não fazer coisa impossível.

Texto comentado por Caio Mário:
Idêntico ao do Código Civil.

Fontes: Código Civil de 1916, art. 116; Projeto de Código de Obrigações de 1965, art. 28; Projeto de 1975, arts. 121 e 122.

COMENTÁRIO

Considera-se impossível a condição cujo implemento não é suscetível de se realizar. Diz-se *fisicamente impossível*, quando não se possa efetivar materialmente, como no exemplo vindo das fontes, que aludiam à impossibilidade de "tocar o céu com o dedo" – *si digito coelum tetigeris*. *Juridicamente impossível* é aquela que, podendo implementar-se fisicamente, encontra obstáculo legal, como no caso de se subordinar o negócio jurídico à prática de um homicídio (*si homicidium feceris*).

O Código Civil de 1916 considerava não escrita a condição fisicamente impossível, e a de não fazer coisa impossível. Invalidava, desta sorte, a própria condição, deixando, portanto, que subsistisse o ato, que era por isso mesmo reputado puro e simples. O Projeto de Código de Obrigações de 1965 adotou orientação diversa, mais consentânea com a doutrina moderna (cf. minhas *Instituições de Direito Civil*, vol. I, nº 98). Fez, então, uma distinção que o novo Código perfilhou. Quando se trata de condição suspensiva (cujo conceito vem estabelecido no comentário ao art. 125), equiparou nos seus efeitos as condições impossíveis, quer física quer juridicamente. Apostas ao negócio jurídico, é frustra a declaração de vontade. Vale dizer, a condição impossível, sendo suspensiva, invalida o negócio jurídico. Em se tratando de condição resolutiva, sua impossibilidade (física ou jurídica) deixa incólume a declaração de vontade, e o ato negocial opera como se fosse puro e simples. Segundo a fórmula romana, se o agente estabelecer que a declaração de vontade é sujeita a que a outra parte "toque o céu com o dedo" (*si digito coelum tetigeris*), o ato é válido se a condição for resolutiva; da mesma forma se se tratar de não fazer coisa impossível ("se não tocar o céu com o dedo" – *si digito coelum non tetigeris*). Sendo suspensiva a condição impossível (física ou juridicamente), invalida o ato negocial. Como o invalida a juridicamente impossível, mesmo no caso de ser resolutiva.

Quando a condição é ilícita (o que noutros termos equivale à juridicamente impossível), o negócio jurídico é inválido, pois não se compreenderia que a ordem jurídica emprestasse validade a uma declaração de vontade, na dependência de um evento que atentasse contra a mesma ordem jurídica. Tão vedada é a condição ilícita, quanto a de não fazer coisa ilícita. Tão contrária à lei é sujeitar o ato a um delito (*si homicidium faceris*), como a não cometer (*si homicidium non faceris*), pois que a abstenção de proceder ilicitamente é um dever primário. Não se coaduna com a ordem jurídica que o negócio jurídico esteja subordinado a não cometer alguém um crime.

O Código Civil de 1916 omitia-se em relação às "condições perplexas", incompreensíveis e contraditórias. A doutrina, porém, condena-as (cf. minhas *Instituições de Direito Civil*, vol. I, nº 98). Com efeito, invalidam o ato, porque não se pode determinar o efeito de uma declaração de vontade a elas subordinada. Duas situações contraditórias, ou evento futuro incompreensível - equivalem à condição juridicamente impossível, e tiram todo efeito do ato, quando uma situação reduz o negócio jurídico ao absurdo.

TEXTO DO CÓDIGO CIVIL DE 2002:

Art. 125. Subordinando-se a eficácia do negócio jurídico à condição suspensiva, enquanto esta se não verificar, não se terá adquirido o direito, a que ele visa.

TEXTO COMENTADO POR CAIO MÁRIO:
Idêntico ao do Código Civil.

Fontes: Código Civil de 1916, art. 118; Projeto de Código de Obrigações de 1965, art. 123; Projeto de 1975, art. 123.

COMENTÁRIO

Diz-se condição suspensiva a cláusula que, aposta ao negócio jurídico, impede que produza efeitos até o seu implemento. A declaração volitiva exprime uma potencialidade apenas. O ato está formado, o direito existe em caráter potencial, mas o negócio jurídico não gera as consequências, enquanto o evento subordinante não se efetivar. O direito a que visa não é adquirido pelo agente; não se incorpora ao seu patrimônio, constituindo mera expectativa - *spes debitum iri*. Uma vez ocorrido o seu implemento, a declaração de vontade produz os seus efeitos. Via de regra, retroage à data da formação. É o que em doutrina se diz "efeito retroativo da condição suspensiva", ressalvando-se, entretanto, que este efeito retro-operante não tem caráter absoluto. Embora o titular não adquira o direito na pendência da condição suspensiva, pode, contudo, praticar qualquer ato com a finalidade de preservá-lo (art. 130).

Em contraposição à condição suspensiva, cogita o Código da resolutiva, que será objeto de considerações no comentário ao art. 127.

Texto do Código Civil de 2002:

Art. 126. Se alguém dispuser de uma coisa sob condição suspensiva, e, pendente esta, fizer quanto àquela novas disposições, estas não terão valor, realizada a condição, se com ela forem incompatíveis.

Texto comentado por Caio Mário:
Idêntico ao do Código Civil.
Fontes: Código Civil de 1916, art. 122; Projeto de 1975, art. 124.

COMENTÁRIO

É um caso de retroatividade da condição suspensiva. Se o titular do direito condicional dispuser da coisa na pendência da condição suspensiva, o ato estará subordinado ao implemento dela. O adquirente nenhum direito obtém, pois que o alienante era portador de mera expectativa. Realizada a condição, o direito do transmitente retrotrai, e o negócio jurídico efetuado considera-se perfeito. Mas as novas disposições hão de se conciliar com a condição. Se tal não ocorrer, não terá validade, se com ela forem incompatíveis.

Texto do Código Civil de 2002:

Art. 127. Se for resolutiva a condição, enquanto esta se não realizar, vigorará o negócio jurídico, podendo exercer-se desde a conclusão deste o direito por ele estabelecido.

Texto comentado por Caio Mário:
Idêntico ao do Código Civil.

COMENTÁRIO

Ver comentário ao art. 128.

Texto do Código Civil de 2002:

Art. 128. Sobrevindo a condição resolutiva, extingue-se, para todos os efeitos, o direito a que ela se opõe; mas, se aposta a um negócio de execução continuada ou periódica, a sua realização, salvo disposição em contrário, não tem eficácia quanto aos atos já praticados, desde que compatíveis com a natureza da condição pendente e conforme aos ditames de boa-fé.

Texto comentado por Caio Mário:

Idêntico ao do Código Civil.

Fontes: Código Civil de 1916, art. 119; Projeto de Código de Obrigações de 1965, art. 31; Projeto de 1975, arts. 125 e 126.

COMENTÁRIO

Condição resolutiva é a cláusula aposta ao negócio jurídico, segundo a qual ele deixa de produzir os seus efeitos se vier a ocorrer o implemento dela. O negócio jurídico produz, desde logo, todos os seus efeitos. O titular adquire os direitos respectivos, e pode deles dispor livremente. Em vindo a ocorrer o implemento da condição, extingue-se o direito a que visa o ato. Em consequência, as partes se repõem ao estado anterior. A transmissão efetuada, por força do título, a terceiros, como qualquer nova disposição que haja concluído o sujeito, torna-se inválida, no momento em que o ato negocial se desfaz. A transferência do direito condicional efetua-se nos termos em que o sujeito o adquire, não podendo este transmitir a outrem mais direitos do que tem: *nemo plus iuris ad alium transferre potest quam ipse habet.* Está presente, e mais vivo, o efeito retroativo da condição.

Ressalvam-se, contudo, os negócios de execução continuada ou periódica, que vão gerando as suas consequências paulatinamente, e não podem desfazer-se sem grave risco para a segurança do mundo jurídico. Um contrato de aluguel, por exemplo, subordinado à condição resolutiva, assegura ao locador o direito aos rendimentos percebidos *medio tempore.* Desfeito pelo implemento da condição, resolve-se o contrato, mas o locador não tem de restituir o que recebeu. Se o fizesse, proporcionaria ao locatário um enriquecimento sem causa, consistente em ter usufruído a utilização da coisa, sem contraprestação.

Não serão respeitados os atos já praticados em duas hipóteses. A primeira é o obstáculo legal: havendo disposição que determine a reposição ao *statu quo ante*, não obstante a execução continuada ou periódica, há que respeitar-se. A segunda, na decorrência das circunstâncias de cada caso, é a compatibilidade entre os efeitos produzidos e o implemento da condição. Se houver incompatibilidade entre a condição pendente e os atos praticados pelo titular do direito condicional, a realização da condição não tolera sejam mantidos. Ressalva-se, ainda, a boa-fé, que deve estar presente em todo negócio jurídico, e que não deve ser sacrificada por amor ao princípio abstrato da retroatividade.

Texto do Código Civil de 2002:

Art. 129. Reputa-se verificada, quanto aos efeitos jurídicos, a condição cujo implemento for maliciosamente obstado pela parte a quem desfavorecer, considerando-se, ao contrário, não verificada a condição maliciosamente levada a efeito por aquele a quem aproveita o seu implemento.

Texto comentado por Caio Mário:

Idêntico ao do Código Civil.

Fontes: Código Civil de 1916, art. 120; Projeto de Código de Obrigações de 1965, art. 33; Projeto de 1975, art. 127.

COMENTÁRIO

Vem de muito a regra segundo a qual não se dá proteção a quem procede maliciosamente: *malitiis non est indulgendum*. O agente que procede com dolo não se pode beneficiar dele. Aposta ao ato negocial uma condição, deverá produzir os seus efeitos, em vindo a ocorrer normalmente. Se o interessado maliciosamente provoca o seu implemento, ou impede a sua realização, não pode ser beneficiado. Repetindo o art. 120 do Código Civil de 1916, o atual considera verificada a condição cujo implemento for obstado pela pessoa a quem favorece, e não verificada, se for provocada a sua realização pela parte a quem aproveita o seu implemento.

Uma e outra hipótese mais facilmente se apuram nas condições casuais. Por isso mesmo, em se tratando de condição voluntária, deve ser considerado cuidadosamente o implemento, para que se não qualifique como malicioso o acontecimento cuja realização está na dependência do interessado.

TEXTO DO CÓDIGO CIVIL DE 2002:

Art. 130. Ao titular do direito eventual, nos casos de condição suspensiva ou resolutiva, é permitido praticar os atos destinados a conservá-lo.

TEXTO COMENTADO POR CAIO MÁRIO:
Idêntico ao do Código Civil.

Fontes: Código Civil de 1916, art. 121; Projeto de Código de Obrigações de 1965, art. 29; Projeto de 1975, art. 128.

COMENTÁRIO

Conforme se viu no comentário do art. 125, o sujeito de um negócio jurídico sob condição suspensiva, posto não adquira o direito a que visa o ato, pode efetuar as medidas conservatórias. Embora não incorporado ao seu patrimônio, o efeito do negócio jurídico é uma expectativa, em nome da qual é lícito ao titular evitar a sua perda. A regra tem aplicação no caso da condição suspensiva, e somente a ela referia-se o Código Civil de 1916 (art. 121), como o Projeto de Código de Obrigações de 1965 (art. 29). A referência à condição resolutiva é uma impropriedade, porque ociosa. Se o titular adquire o direito desde logo, somente vindo a extinguir-se na ocorrência da condição, pode ele, obviamente, exercer os atos conservatórios. Seu direito não é eventual, porém adquirido desde logo. O artigo simplesmente confirma esta consequência da condição resolutiva.

TEXTO DO CÓDIGO CIVIL DE 2002:

Art. 131. O termo inicial suspende o exercício, mas não a aquisição do direito.

TEXTO COMENTADO POR CAIO MÁRIO:
Idêntico ao do Código Civil.

Fontes: Código Civil de 1916, art. 123; Projeto de Código de Obrigações de 1965, art. 34; Projeto de 1975, art. 129.

COMENTÁRIO

Considera-se termo a cláusula acessória ao negócio jurídico, segundo a qual o seu exercício permanece em suspenso ou vem a cessar. O primeiro é o termo inicial (*dies a quo*), e o segundo, o termo final (*dies ad quem*). Num ou noutro caso, a declaração de vontade é subordinada exclusivamente à circunstância temporal. Assemelha-se o termo inicial à condição suspensiva, da qual difere, entretanto, em que esta impede a aquisição do direito, ao passo que o termo inicial apenas lhe suspende o exercício. O titular do direito a termo pode tomar as medidas assecuratórias, e com maioria de razões, porque desde logo o adquire, ao contrário do que se dá com a condição suspensiva (art. 125). Outra consequência da diversificação fundamental entre uma e outro é que, se o devedor, por erro, antecipa a solução, ao implemento da condição suspensiva, pode repetir o pagamento. O mesmo não acontece quanto ao termo.

O termo final assemelha-se à condição resolutiva: em sendo atingido, extingue-se o direito.

Não desfigura a natureza do termo o fato de se não poder precisar o momento em que o evento venha a ocorrer. O que o caracteriza é a certeza de que sobrevirá o acontecimento, e não a oportunidade de sua realização (*certus an*); o que consubstancia a condição é a incerteza do próprio evento (*incertus an*), como se vê no comentário ao art. 121.

Indagação de enorme efeito prático é a que se refere à renúncia do termo. É válida quando feita pela parte em favor da qual foi instituído. Mas não pode produzir efeito, quando realizada pela outra parte. E, se beneficia ambas as partes, somente pode ser renunciado por acordo de ambas (cf. minhas *Instituições de Direito Civil*, vol. II, nº 156).

Texto do Código Civil de 2002:

Art. 132. Salvo disposição legal ou convencional em contrário, computam-se os prazos, excluído o dia do começo, e incluído o do vencimento.

§ 1º Se o dia do vencimento cair em feriado, considerar-se-á prorrogado o prazo até o seguinte dia útil.

§ 2º Meado considera-se, em qualquer mês, o seu décimo quinto dia.

§ 3º Os prazos de meses e anos expiram no dia de igual número do de início, ou no imediato, se faltar exata correspondência.

§ 4º Os prazos fixados por hora contar-se-ão de minuto a minuto.

Texto comentado por Caio Mário:

Idêntico ao do Código Civil.

Nota dos Atualizadores:

No texto comentado, Caio Mário refere-se ao Código de Processo Civil de 1973. No Código de Processo Civil de 2015, o dispositivo citado corresponde ao art. 224.

Fontes: Código Civil de 1916, art. 125; Projeto de Código de Obrigações de 1965, art. 35; Projeto de 1975, art. 130.

COMENTÁRIO

Chama-se prazo o tempo que decorre entre a declaração de vontade e o termo, ou entre este e um dado acontecimento; ou, ainda, entre a constituição do ato e o dia em que começarão ou cessarão os seus efeitos.

As partes ou a lei podem estabelecer o modo de computar os prazos. Na omissão de uma ou de outra, na contagem exclui-se o dia do começo e inclui-se o do vencimento. É o que se dizia em Direito Romano: *dies a quo non computatur in termino; computatur autem dies ad quem.*

Os diversos parágrafos especificam a técnica de cômputo dos prazos, o que não há mister voltar, pela simplicidade das regras.

Os prazos processuais oferecem algumas peculiaridades, que devem ser observadas (Código de Processo Civil, art. 184).[1]

Para o cumprimento das obrigações, considera-se o vencimento do prazo em coincidência com os horários das atividades normais.

Texto do Código Civil de 2002:

Art. 133. Nos testamentos, presume-se o prazo em favor do herdeiro, e, nos contratos, em proveito do devedor, salvo, quanto a esses, se do teor do instrumento, ou das circunstâncias, resultar que se estabeleceu a benefício do credor, ou de ambos os contratantes.

1 Cf. nota dos atualizadores, acima.

Texto comentado por Caio Mário:
Idêntico ao do Código Civil.
Fontes: Código Civil de 1916, art. 126; Projeto de Código de Obrigações de 1965, art. 36; Projeto de 1975, art. 131.

COMENTÁRIO

O Direito Romano mandava interpretar a obrigação em benefício do promitente (devedor) e contra o estipulante (credor). Pelo artigo, nos negócios jurídicos entre vivos, aplica-se a mesma regra. Os atos *causa mortis* interpretam-se no propósito de aproveitar as disposições testamentárias. Na ambiguidade, obscuridade ou omissão de texto, as cláusulas do testamento presumem-se a favor do herdeiro ou do legatário. Dentre elas, as que dizem respeito aos prazos.

Texto do Código Civil de 2002:

Art. 134. Os negócios jurídicos entre vivos, sem prazo, são exequíveis desde logo, salvo se a execução tiver de ser feita em lugar diverso ou depender de tempo.

Texto comentado por Caio Mário:
Idêntico ao do Código Civil.
Fontes: Código Civil de 1916, art. 127; Projeto de 1975, art. 132.

COMENTÁRIO

A obrigação cumpre-se no termo estipulado. Se se tiver de executar em lugar diverso ou depender do tempo, se não houver convenção a respeito, presume-se a benefício do devedor o tempo necessário. Fora daí, a exequibilidade é imediata. Esta disposição terá de combinar com o art. 331, referente à época do pagamento, e com o art. 592, no caso de mútuo.

Texto do Código Civil de 2002:

Art. 135. Ao termo inicial e final aplicam-se, no que couber, as disposições relativas à condição suspensiva e resolutiva.

TEXTO COMENTADO POR CAIO MÁRIO:
Idêntico ao do Código Civil.
Fonte: Projeto de 1975, art. 133.

COMENTÁRIO

A disposição tem mais cunho doutrinário do que legal. Converte, desnecessariamente, em preceito a equiparação que no plano teórico se faz, e que já se encontra assinalada no comentário ao art. 131.

TEXTO DO CÓDIGO CIVIL DE 2002:

Art. 136. O encargo não suspende a aquisição nem o exercício do direito, salvo quando expressamente imposto no negócio jurídico, pelo disponente, como condição suspensiva.

TEXTO COMENTADO POR CAIO MÁRIO:
Idêntico ao do Código Civil.
Fontes: Código Civil de 1916, art. 128; Projeto de 1975, art. 134.

COMENTÁRIO

Chama-se encargo (*modus*) o elemento acessório do negócio jurídico, com o caráter de vantagem ou benefício, quer estabelecendo o fim a que se destina o objeto, quer impondo uma obrigação a favor do disponente, de terceiro, ou da coletividade. É próprio dos atos unilaterais, e não pode ter caráter de contraprestação. Seu campo de ação mais frequente é o testamento ou a liberalidade entre vivos (doação modal).

Salvo se, explicitamente, o disponente o impuser com o caráter de condição suspensiva, não tem efeito sobre a aquisição ou o exercício dos direitos. Seu cumprimento poderá, todavia, ser exigido pelo favorecido, ou pelo Ministério Público no caso de ser instituído em benefício da coletividade (sobre seus efeitos na liberalidade entre vivos, ver o comentário ao art. 555).

Texto do Código Civil de 2002:

Art. 137. Considera-se não escrito o encargo ilícito ou impossível, salvo se constituir o motivo determinante da liberalidade, caso em que se invalida o negócio jurídico.

Texto comentado por Caio Mário:
Idêntico ao do Código Civil.
Fonte: Projeto de 1975, art. 135.

COMENTÁRIO

Não sendo condição, o encargo ilícito ou impossível é irrelevante. Erigido em condição, invalida a liberalidade se constituir motivo determinante do ato.

Referindo-se especificamente aos atos liberais, o art. 137 não tem cabimento entre as regras atinentes aos negócios jurídicos em geral. Ficaria melhor situado, como ainda o artigo anterior, na Parte Especial e na sequência das disposições relativas às liberalidades.

Capítulo IV
DOS DEFEITOS DO NEGÓCIO JURÍDICO

Seção I
Do erro ou ignorância

Texto do Código Civil de 2002:

Art. 138. São anuláveis os negócios jurídicos, quando as declarações de vontade emanarem de erro substancial que poderia ser percebido por pessoa de diligência normal, em face das circunstâncias do negócio.

Texto comentado por Caio Mário:
Idêntico ao do Código Civil.
Fontes: Código Civil de 1916, art. 86; Projeto de Código de Obrigações de 1965, art. 44; Projeto de 1975, art. 136.

COMENTÁRIO

1. O Código estabelece, na epígrafe do Capítulo, a menção genérica de "defeitos" que podem macular o negócio jurídico. Tendo em vista que este resulta de uma declaração de vontade, diz-se, então, que a perfeição do ato negocial exige que o agente a externe em coincidência com o verdadeiro querer. Feita a emissão volitiva, existe o negócio jurídico. Mas a validade deste depende de que a vontade não seja viciada. Não correspondendo, por influência externa ou por deformação psíquica, à vontade real, isto é, àquilo que seria o querer efetivo do declarante se não houvesse a interferência de um fato deformante, considera-se que ocorreu defeito na manifestação da vontade, e, em consequência, o negócio jurídico é defeituoso.

Embora em doutrina distingam-se os "vícios de consentimento" dos "defeitos sociais" do ato negocial, o Código os compreendeu a todos na mesma abrangência, e subdividiu o Capítulo nas várias Seções, constando o erro e a ignorância; o dolo; a coação; o estado de perigo; a lesão; e a fraude contra credores. Deixou de considerar a simulação como defeito que conduza à "anulabilidade" do negócio jurídico, erigindo-a em fundamento de uma "nulidade" (art. 167), embora incida em deformação conceitual ao admitir, todavia, a subsistência daquilo que for dissimulado. Abrigando a lesão subjetiva e o ato praticado em estado de perigo, preencheu lacuna aberta no Código Civil de 1916, alinhando-se entre os Códigos modernos que deram ao velho instituto da lesão enorme feição mais compatível com a realidade das declarações de vontade (cf. meu livro *Lesão nos Contratos*, em que desenvolvo o tema em todos os seus aspectos).

2. O Código, reproduzindo o de 1916, cogita, sob a mesma epígrafe, do erro e da ignorância. Ontologicamente não se confundem. No *erro* existe uma deformação do conhecimento relativamente às circunstâncias que revestem a manifestação de vontade. A *ignorância* importa no desconhecimento do que determina a declaração de vontade. Juridicamente, entretanto, não há cogitar da distinção. Quando o agente, por falso conhecimento das circunstâncias, age de um modo que não seria a sua vontade real, realiza um ato negocial defeituoso. Para efeito da validade da declaração de vontade, é irrelevante indagar se o agende procedeu por erro ou por ignorância. E, em consequência, trata-se, na teoria do negócio jurídico, do mesmo defeito.

Cabe proceder, de pronto, a uma separação entre erro de fato e erro de direito. O primeiro está presente neste artigo, e o de direito, no inciso III do seguinte. Nele o Código não cogita do "erro obstativo", criação doutrinária para exprimir a intenção decorrente da ausência de declaração de vontade, ou desconformidade entre o negócio jurídico realizado e o que o declarante tinha em vista efetivar.

3. O erro traduz uma falsa percepção dos fatos, conduzindo a uma declaração de vontade desconforme com o que deveria ser, se o agente tivesse conhecimento dos seus verdadeiros pressupostos fáticos (cf. minhas *Instituições de Direito Civil*, vol. I, nº 89). E, em consequência, o negócio jurídico resultante é anulável.

Não é, contudo, qualquer erro que implica defeito do ato negocial. Considera-se que pode ele ser substancial ou acidental. *Substancial*, o que diz respeito à pessoa (*error in persona*), ao objeto da declaração (*error in corpore*), a algumas qualidades a eles essenciais (*error in substantia*) ou à própria natureza do ato (*error in negotio*). O artigo seguinte especifica as hipóteses de erro substancial. Erro *acidental* é o que diz respeito a motivos ou qualidades secundárias da pessoa ou do objeto (*error in qualitate*), ou recai na quantidade pretendida (*error in quantitate*) quando esta não é erigida em elemento fundamental da declaração.

4. O Código perfilha uma distinção que a doutrina admite, embora sem viés de generalidade. Tendo em vista a situação de uma pessoa de diligência normal, ou de menor capacidade de observação, qualifica o erro grave e o erro leve, para assentar que o passível de consideração é o que pode ser percebido por aquela, e que é despiciendo o segundo. Erigido em critério legal, exige cautela do julgador, porque as pessoas não são submetidas a um critério objetivo de aferição. Todo juízo de valor decorrente de dados assentados no subjetivismo do juiz pode conduzir a falhas, se não houver grande cautela no julgamento. O elemento concreto, contido no dispositivo, são as circunstâncias do próprio negócio. Mas estas não se devem influenciar pela motivação do ato, conforme expresso no art. 140, adiante comentado.

5. O prazo de decadência da ação para anular o negócio jurídico por erro é de quatro anos, a contar do dia em que se realizou (art. 178, II).

Texto do Código Civil de 2002:

Art. 139. O erro é substancial quando:

I – interessa à natureza do negócio, ao objeto principal da declaração, ou a alguma das qualidades a ele essenciais;

II – concerne à identidade ou à qualidade essencial da pessoa a quem se refira a declaração de vontade, desde que tenha influído nesta de modo relevante;

III – sendo de direito e não implicando recusa à aplicação da lei, for o motivo único ou principal do negócio jurídico.

Texto comentado por Caio Mário:

Idêntico ao do Código Civil.

Fontes: Código Civil de 1916, art. 87; Projeto de Código de Obrigações de 1965, art. 44 e parágrafo único; Projeto de 1975, art. 137.

COMENTÁRIO

O erro acidental não macula o negócio jurídico. Somente vicia a vontade o erro substancial, que pode ser considerado em tríplice aspecto: objetivo e subjetivo, bem como o erro de direito.

1. Objetivamente considerado, o erro que inquina de invalidade o negócio jurídico é, em primeiro lugar, o que interessa à natureza do próprio ato (*error in negotio*). Nele incide o declarante que pretende realizar um negócio jurídico e efetiva outro (o contratante assina um contrato de venda, supondo estar alugando). Incide em erro, no que diz respeito ao objeto da própria declaração (*error in corpore*), seja em relação à individualização mesma da coisa (uma pessoa compra a reprodução de um quadro, supondo adquirir a tela original), seja no que diz respeito às qualidades que lhe são essenciais (*error in substantia*), como se dá com aquele que compra uma estatueta de osso pensando ser de marfim. Para que o erro sobre a qualidade seja inescusável, e anule o negócio jurídico, é preciso que ela seja elemento determinante da declaração de vontade. Caso contrário, constitui erro acidental e escusável. Na determinação da essencialidade, há que considerar o grau de diligência do agente. O mesmo erro que é essencial numa pessoa pode ser acidental em outra, tendo em vista as circunstâncias do negócio.

2. O erro sobre a identidade física ou moral da pessoa é essencial, quando constitui razão determinante do ato, isto é, quando este é praticado levando em consideração qualidades fundamentais da pessoa. V.g., se alguém contrata para fazer o seu retrato um pintor medíocre, na suposição de se tratar de artista famoso. As qualidades pessoais são de grande relevância em matéria de anulação de casamento por erro quanto à pessoa (arts. 1.556 e 1.557). Mas não conduz à anulação a referência aos elementos de qualificação e identidade, quando o objeto ou a pessoa podem ser reconhecidos pelo contexto do instrumento ou circunstâncias do caso.

3. Tendo em vista o critério contido no artigo anterior, caso será de indagar, na aferição do defeito na declaração de vontade, se o erro poderia ser evitado no caso de o agente proceder com cautela e prudência razoáveis em um indivíduo de inteligência comum, e de conhecimento normal relativamente ao objeto do negócio jurídico.

4. Ocorre o *erro de direito* (*error iuris*) quando o agente faz declaração de vontade no pressuposto falho de que a está subordinando ao mandamento legal. O Código Civil de 1916 deliberadamente o afastou, mas o Projeto de Código de Obrigações de 1965 cogitou dele, atendendo a que foge à realidade objetiva da vida a presunção de conhecimento da lei. Na aferição do erro de direito, dois princípios estão em confronto: de um lado a *segurança social* amparada na obrigatoriedade da lei; e de outro lado o *fato individual* do mau conhecimento da ordem jurídica. As tendências legislativas são adversas. Enquanto de um lado prestigia-se a regra segundo a qual "a ninguém escusa a ignorância da lei" (*nemine excusat ignorantia legis*), de outro lado atende-se a um imperativo realista, quando se admite que a complexidade e a extensão do Direito positivo assumem tais proporções no mundo moderno, que nem aos técnicos é dado abraçar-lhe o conhecimento, não sendo, portanto, curial supor-lhe o conhecimento em qualquer do povo.

A linha média reside na conciliação dos dois conceitos. O erro de direito é aceito como gerador da anulação do ato negocial quando tenha sido determinante da declaração de vontade, no sentido de que o agente não a emitiria se tivesse real conhecimento do que dispõe a norma legal. E, ao mesmo tempo, não implique recusa à aplicação da lei.

TEXTO DO CÓDIGO CIVIL DE 2002:

Art. 140. O falso motivo só vicia a declaração de vontade quando expresso como razão determinante.

TEXTO COMENTADO POR CAIO MÁRIO:
Idêntico ao do Código Civil.

Fontes: Código Civil de 1916, art. 90; Projeto de Código de Obrigações de 1965, art. 49; Projeto de 1975, art. 138.

COMENTÁRIO

Não vicia a declaração de vontade o erro sobre os motivos que inspiraram o agente. Eles não passam de representações psíquicas internas ou razões subjetivas que não extravasam ao mundo exterior. Somente são de considerar-se quando assumem o aspecto de razão determinante do ato. No Direito Romano, era o mesmo princípio: *Falsa causa non nocet. Sed si conditionaliter enunciata fuerit causa, aliud iuris est.* Ao erro sobre a motivação equipara-se o que incide sobre as consequências jurídicas da declaração, salvo se tiverem sido objeto da própria manifestação da vontade.

TEXTO DO CÓDIGO CIVIL DE 2002:

Art. 141. A transmissão errônea da vontade por meios interpostos é anulável nos mesmos casos em que o é a declaração direta.

Texto comentado por Caio Mário:
Idêntico ao do Código Civil.

Fontes: Código Civil de 1916, art. 89; Projeto de Código de Obrigações de 1965, art. 47; Projeto de 1975, art. 139.

COMENTÁRIO

O artigo versa a infidelidade na transmissão da vontade. Pode dar-se por meio de processo mecânico (telegrama, telex, etc.) ou por mensageiro. Desde que não corresponda a comunicação ao verdadeiro querer do declarante, o negócio jurídico é defeituoso. A redação do artigo, contudo, não é feliz. O que é atacável é o negócio jurídico, quando ocorre transmissão errônea da vontade. Dizendo anulável esta última, pode parecer que ela se desfaz, preservando o ato. E isto não é verdade.

Texto do Código Civil de 2002:

Art. 142. O erro de indicação da pessoa ou da coisa, a que se referir a declaração de vontade, não viciará o negócio quando, por seu contexto e pelas circunstâncias, se puder identificar a coisa ou pessoa cogitada.

Texto comentado por Caio Mário:
Idêntico ao do Código Civil.

Fontes: Código Civil de 1916, art. 91; Projeto de Código de Obrigações de 1965, art. 44, parágrafo único; Projeto de 1975, art. 140.

COMENTÁRIO

Está em jogo um problema de interpretação da vontade, subordinada à regra do art. 112. Se, pelo teor do instrumento ou pelas circunstâncias do caso, for possível identificar na declaração de vontade a pessoa ou coisa indicada, o ato é válido. Somente na impossibilidade de se reconhecer uma ou outra é que se anula, dado que não se encontra a verdadeira intenção do agente.

Texto do Código Civil de 2002:

Art. 143. O erro de cálculo apenas autoriza a retificação da declaração de vontade.

Texto comentado por Caio Mário:
Idêntico ao do Código Civil.

Fontes: Projeto de Código de Obrigações de 1965, art. 45; Projeto de 1975, art. 141.

COMENTÁRIO

Trata-se de erro acidental, que não anula o ato, apenas sugere retificação. Embora o Projeto Beviláqua o tivesse mencionado, não prevaleceu no Código Civil de 1916. Ao redigir o Anteprojeto de Código de Obrigações, reeditei-o, atendendo à necessidade de cobrir lacuna que suscitava dúvidas no comércio jurídico. O novo Código o aceitou.

TEXTO DO CÓDIGO CIVIL DE 2002:

Art. 144. O erro não prejudica a validade do negócio jurídico quando a pessoa, a quem a manifestação de vontade se dirige, se oferecer para executá-la na conformidade da vontade real do manifestante.

TEXTO COMENTADO POR CAIO MÁRIO:
Idêntico ao do Código Civil.
Fontes: Projeto de Código de Obrigações de 1965, art. 46; Projeto de 1975, art. 142.

COMENTÁRIO

O interesse social está assentado em que as declarações de vontade produzam suas consequências normais, e somente se anulem por erro, quando ocorre o divórcio entre o que foi manifestado e o que efetivamente quer o agente. Emitida vontade eivada de erro, convalesce e deve ser tratada como se escorreita, se a pessoa a quem é dirigida, ao contrário de se prevalecer do defeito, propõe executá-la com observância da vontade real do declarante e, desta maneira, sana a desconformidade entre o mencionado e o querido. Este convalescimento estará subordinado, entretanto, a que seja preservada a vontade real do manifestante.

Seção II
Do dolo

TEXTO DO CÓDIGO CIVIL DE 2002:

Art. 145. São os negócios jurídicos anuláveis por dolo, quando este for a sua causa.

TEXTO COMENTADO POR CAIO MÁRIO:
Idêntico ao do Código Civil.

COMENTÁRIO

Ver comentário ao art. 146.

Texto do Código Civil de 2002:

Art. 146. O dolo acidental só obriga à satisfação das perdas e danos, e é acidental quando, a seu despeito, o negócio seria realizado, embora por outro modo.

Texto comentado por Caio Mário:
Idêntico ao do Código Civil.

Fontes: Código Civil de 1916, arts. 92 e 93; Projeto de Código de Obrigações de 1965, arts. 50 e 54; Projeto de 1975, arts. 143 e 144.

COMENTÁRIO

O dolo consiste em práticas e maquinações empreendidas maliciosamente por uma pessoa a fim de conseguir de outra uma emissão de vontade, que lhe traga proveito, ou a terceiro. Trata-se de *dolus malus*, a que aludiam as fontes, caracterizado pela perversidade dos propósitos. Não se confunde com blandícias, apregoamento de qualidades, artifícios publicitários ou outros meios de conquistar a simpatia das pessoas (*dolus bonus* ou inocente). Pode efetivar-se por ação ou omissão, desde que seja a causa da declaração de vontade (*dolus causam dans*). Sendo procedimento condenável pelo Direito e atraído sobre a validade do negócio jurídico, não se presume. Há que ser provado. Mas não basta a existência de procedimento doloso, para que se postule a anulação do negócio jurídico. É mister seja ele a causa determinante da declaração de vontade. Esta é válida, não obstante a má-fé do interessado, em se provando que ocorreria, independentemente dela. Em tal caso, o dolo considera-se acidental. E este não induz a anulação do ato, porém obriga à satisfação de perdas e danos.

Além de conduzir à anulação do ato negocial, o procedimento doloso origina o dever de indenizar o prejuízo causado, salvo se era conhecido.

É de quatro anos o prazo de decadência do direito de pleitear a anulação por dolo, contado da realização do negócio (art. 178, II).

TEXTO DO CÓDIGO CIVIL DE 2002:

Art. 147. Nos negócios jurídicos bilaterais, o silêncio intencional de uma das partes a respeito de fato ou qualidade que a outra parte haja ignorado, constitui omissão dolosa, provando-se que sem ela o negócio não se teria celebrado.

TEXTO COMENTADO POR CAIO MÁRIO:
Idêntico ao do Código Civil.
Fontes: Código Civil de 1916, art. 94; Projeto de 1975, art. 145.

COMENTÁRIO

O Código destaca, como o de 1916 o fazia, o silêncio de uma das partes, entre os casos de dolo por omissão. O fundamento da anulabilidade está inserido no próprio artigo: somente ocorre em se provando ter sido a causa determinante da celebração do negócio. E há de versar alguma circunstância ou qualidade, ignoradas pela outra parte.

TEXTO DO CÓDIGO CIVIL DE 2002:

Art. 148. Pode também ser anulado o negócio jurídico por dolo de terceiro, se a parte a quem aproveite dele tivesse ou devesse ter conhecimento; em caso contrário, ainda que subsista o negócio jurídico, o terceiro responderá por todas as perdas e danos da parte a quem ludibriou.

TEXTO COMENTADO POR CAIO MÁRIO:
Idêntico ao do Código Civil.
Fontes: Código Civil de 1916, art. 95; Projeto de Código de Obrigações de 1965, art. 51; Projeto de 1975, art. 146.

NOTA DOS ATUALIZADORES:
De acordo com o Código Civil, a anulação por dolo de terceiro reclama a demonstração de que a parte a quem o negócio jurídico aproveita tivesse ou devesse ter conhecimento do vício que o macula.

COMENTÁRIO

O artigo peca pela extensão e casuísmo desnecessários. A regra é singela. A manobra dolosa que parte de terceiro anula o ato negocial apenas no caso de ser conhecida de uma das partes. Se esta não preveniu a outra, compactuou da malícia, e assumiu as consequências. Sendo ignorado de ambos, o negócio jurídico prevalece, sujeitando-se o terceiro, autor do dolo, ao ressarcimento das perdas e danos a quem foi enganado.

TEXTO DO CÓDIGO CIVIL DE 2002:

Art. 149. O dolo do representante legal de uma das partes só obriga o representado a responder civilmente até a importância do proveito que teve; se, porém, o dolo for do representante convencional, o representado responderá solidariamente com ele por perdas e danos.

TEXTO COMENTADO POR CAIO MÁRIO:

Idêntico ao do Código Civil.

Fontes: Código Civil de 1916, art. 96; Projeto de 1975, art. 147.

COMENTÁRIO

O casuísmo do artigo prejudica o seu entendimento. O que estabelece é que o representado só é obrigado a responder pelo dolo do representante, na medida do proveito auferido. Em se tratando de representação voluntária, o representado responde solidariamente com o representante, se este houver procedido dentro dos limites da outorga recebida. Agindo com excesso de poderes, sua declaração não produz efeitos em relação ao representado (art. 116). Ignorando este as manobras ou maquinações maliciosas do representante, não pode ser acusado de má-fé, e, desta sorte, descaberá a responsabilidade solidária. Seu dever ressarcitório não poderá, portanto, ultrapassar a importância do proveito obtido.

TEXTO DO CÓDIGO CIVIL DE 2002:

Art. 150. Se ambas as partes procederem com dolo, nenhuma pode alegá-lo para anular o negócio, ou reclamar indenização.

TEXTO COMENTADO POR CAIO MÁRIO:
Idêntico ao do Código Civil.

Fontes: Código Civil de 1916, art. 97; Projeto de Código de Obrigações de 1965, art. 52; Projeto de 1975, art. 148.

COMENTÁRIO

A anulação do negócio jurídico por dolo tem em vista proteger o declarante inocente contra a má-fé com que agiu a outra parte. Se uma e outra obraram maliciosamente, não reconhece a ordem jurídica, a nenhuma delas, o direito de promover o desfazimento do ato. Igualmente, descabe a pretensão indenizatória, pois, segundo a velha regra, ninguém pode beneficiar-se, alegando a própria torpeza (*nemo auditur propriam turpitudinem allegans*).

Seção III
Da coação

TEXTO DO CÓDIGO CIVIL DE 2002:

Art. 151. A coação, para viciar a declaração da vontade, há de ser tal que incuta ao paciente fundado temor de dano iminente e considerável à sua pessoa, à sua família, ou aos seus bens.

Parágrafo único. Se disser respeito a pessoa não pertencente à família do paciente, o juiz, com base nas circunstâncias, decidirá se houve coação.

TEXTO COMENTADO POR CAIO MÁRIO:
Idêntico ao do Código Civil.

Fontes: Código Civil de 1916, art. 98; Projeto de Código de Obrigações de 1965, art. 55; Projeto de 1975, art. 149.

COMENTÁRIO

1. Coação é vício de consentimento. O agente emite uma declaração de vontade, que não manifestaria se não tivesse sucumbido a uma pressão externa e irresistível. O que aqui se tem em vista é a violência, que se poderá manifestar de duas maneiras: a) *violência física*, quando alguém é compelido ao ato materialmente; é a *vis absoluta*, que impede a formação do negócio jurídico; b) a *violência moral*, contida em uma ameaça; é a *vis compulsiva*, que não nega a existência do ato, mas traduz uma ação sobre o psiquismo do agente, obtendo dele uma declaração que não reflete a sua vontade real e efetiva. A diferença ontológica entre uma e outra é que na violência física não há consentimento nenhum, pois que o declarante não chega a manifestar a sua vontade. Na violência moral, o agente externa uma vontade, que não corresponde ao seu efetivo querer. O declarante, posto que coacto, emite uma vontade (*quamvis coactus tamen voluit*). Apenas é de se observar que, no ato obtido sob coação, há duas vontades: a do declarante, que ele emitiria se agisse livremente, e a que externou, a qual não é a sua própria, porém a que lhe foi extorquida pelo coator.

Os elementos etiológicos da coação vêm contidos no contexto do artigo: a) em primeiro lugar, há de incutir no paciente temor de um dano. Não um dano qualquer, e sim sério e grave, de tal modo que coloque o coacto em situação de ter de escolher entre o ato que lhe é exigido e ter de sofrer o que é objeto da ameaça; b) o temor há de ser fundado, isto é, efetivo e concreto; implica coação a ameaça de um dano abstrato; c) o dano deve ser iminente, e não remoto, ou impossível; d) a lei o quer considerável, isto é, de proporções ponderáveis, não consistindo em coação a ameaça de um dano irrelevante. O Código Civil de 1916 oferecia o parâmetro, comparando-o ao ato extorquido, e exigindo que fosse, ao menos, igual a este; e) a ameaça é dirigida à pessoa do declarante ou a membro de sua família, compreendida esta pelas pessoas ligadas ao coacto por laços de parentesco estreito sem uma limitação de graus. O Código, acompanhando os ensinamentos doutrinários (cf. minhas *Instituições de Direito Civil*, vol. I, nº 91), estende o conceito de coação a pessoas estranhas à família do paciente, como um amigo íntimo ou alguém a ele ligado por vínculo afetivo estreito, tendo o cuidado de relegar ao prudente arbítrio do juiz a apreciação da ameaça, em face das circunstâncias; f) a ameaça pode ser dirigida ao patrimônio, de tal modo que o declarante se veja na alternativa de ceder ao coator ou sofrer dano grave a seus bens.

Para caracterizar o defeito, é necessário que se estabeleça uma relação entre a intimidação ou ameaça e a declaração de vontade.

TEXTO DO CÓDIGO CIVIL DE 2002:

Art. 152. No apreciar a coação, ter-se-ão em conta o sexo, a idade, a condição, a saúde, o temperamento do paciente e todas as demais circunstâncias que possam influir na gravidade dela.

TEXTO COMENTADO POR CAIO MÁRIO:

Idêntico ao do Código Civil.

Fontes: Código Civil de 1916, art. 99; Projeto de Código de Obrigações de 1965, art. 56; Projeto de 1975, art. 150.

COMENTÁRIO

A lei estabelece um critério relativo na apreciação da gravidade da ameaça. Ao contrário do Direito Romano, que aferia a *vis compulsiva* tendo em vista o padrão abstrato de varão fortíssimo – *vir constantissimus* –, o Direito moderno manda considerar as circunstâncias personalíssimas do paciente, assim aquelas que lhe são próprias (sexo, idade, temperamento), como as em que se encontram no momento do ato (estado de saúde, outras circunstâncias que possam influir na declaração de vontade). A razão desta subjetividade está em que a mesma ameaça que faz sucumbir uma pessoa pode ser enfrentada por outra; e aquilo que alguém enfrentar com galhardia em estado normal pode levá-lo a ceder em razão das circunstâncias e de sua condição no momento do ato.

TEXTO DO CÓDIGO CIVIL DE 2002:

Art. 153. Não se considera coação a ameaça do exercício normal de um direito, nem o simples temor reverencial.

TEXTO COMENTADO POR CAIO MÁRIO:

Idêntico ao do Código Civil.

Fontes: Código Civil de 1916, art. 100; Projeto de Código de Obrigações de 1965, art. 57; Projeto de 1975, art. 100.

COMENTÁRIO

A coação envolve a ameaça de um mal. Não se pode considerar que age irregularmente aquele que acena a outrem com a prática de um ato amparado pela lei, salvo se erigido em motivo para obtenção de vantagens excessivas, em transposição dos limites da legalidade. Isso seria o exercício anormal do direito.

Temor reverencial é o receio de desagradar aos pais, aos mestres, ou a qualquer pessoa por quem o declarante tenha respeito, deva obediência ou sofra subordinação hierárquica. Ressalva-se, entretanto, que o ato resulte não do receio de desatender, porém provenha de verdadeira ameaça.

Texto do Código Civil de 2002:

Art. 154. Vicia o negócio jurídico a coação exercida por terceiro, se dela tivesse ou devesse ter conhecimento a parte a que aproveite, e esta responderá solidariamente com aquele por perdas e danos.

Texto comentado por Caio Mário:
Idêntico ao do Código Civil.

COMENTÁRIO

Ver comentário ao art. 155.

Texto do Código Civil de 2002:

Art. 155. Subsistirá o negócio jurídico, se a coação decorrer de terceiro, sem que a parte a que aproveite dela tivesse ou devesse ter conhecimento; mas o autor da coação responderá por todas as perdas e danos que houver causado ao coacto.

Texto comentado por Caio Mário:
Idêntico ao do Código Civil.

Fontes: Código Civil de 1916, art. 101; Projeto de Código de Obrigações de 1965, art. 58; Projeto de 1975, arts. 152 e 153.

COMENTÁRIO

Apesar da redação túrbida, o que os arts. 154 e 155 querem dizer é que não é apenas a coação exercida pela parte, mas também a que vem de terceiro, que vicia o negócio jurídico, independentemente de ser ou não do conhecimento da parte a quem beneficia.

Se dela tiver conhecimento, ou devesse ter por qualquer motivo, anula-se o ato, respondendo por perdas e danos a parte a quem aproveite, solidariamente com o coator. Se não lhe for conhecida, somente o coator responde por perdas e danos. E o art. 155, rompendo com a sistemática da teoria das nulidades, manda que o ato subsista, não obstante viciada a vontade do declarante, o que não é boa solução.

É de quatro anos o prazo de decadência da ação anulatória por coação, a contar do dia em que ela cessar (art. 178, I).

Seção IV
Do Estado de Perigo

TEXTO DO CÓDIGO CIVIL DE 2002:

Art. 156. Configura-se o estado de perigo quando alguém, premido da necessidade de salvar-se, ou a pessoa de sua família, de grave dano conhecido pela outra parte, assume obrigação excessivamente onerosa.

Parágrafo único. Tratando-se de pessoa não pertencente à família do declarante, o juiz decidirá segundo as circunstâncias.

TEXTO COMENTADO POR CAIO MÁRIO:

Idêntico ao do Código Civil.

Fontes: Projeto de Código de Obrigações de 1965, art. 66; Projeto de 1975, art. 154.

COMENTÁRIO

O Código aceitou a inovação que eu introduzi ao redigir o Anteprojeto de Código de Obrigações e que ficou consignada no art. 66 do Projeto de 1965. Conforme desenvolvi nas minhas *Instituições de Direito Civil* (vol. I, nº 94), é defeituosa a declaração de vontade quando uma pessoa a emite premida pela necessidade de salvar-se, ou a seu cônjuge, descendente, ascendente, ou mesmo alguém a ela ligada por laços de extrema afetividade, assumindo obrigação excessivamente onerosa. É elementar nesta espécie o fato de ter a outra parte conhecimento do estado de perigo.

O defeito assemelha-se à coação, uma vez que a vontade não se manifesta livremente, porém influenciada pelas circunstâncias. Da coação se distingue, todavia, em que não ocorre uma ameaça, senão que alguém, conhecendo a existência do perigo, aproveita-se para extrair benefício excessivamente oneroso para o declarante. É o caso de quem promete quantia vultosa a quem o salve de naufrágio ou afogamento. O instituto é disciplinado no Código italiano de 1942, art. 1.447, que legitima o promitente a postular a rescisão do contrato. Contudo, admite, conforme as circunstâncias, que o juiz, ao pronunciá-la, assegure compensação equitativa à outra parte pelo serviço prestado.

O prejudicado decai do direito de pleitear a anulação em quatro anos, a contar da realização do negócio (art. 178, II).

Seção V
Da Lesão

Texto do Código Civil de 2002:

Art. 157. Ocorre a lesão quando uma pessoa, sob premente necessidade, ou por inexperiência, se obriga a prestação manifestamente desproporcional ao valor da prestação oposta.

§ 1° Aprecia-se a desproporção das prestações segundo os valores vigentes ao tempo em que foi celebrado o negócio jurídico.

§ 2° Não se decretará a anulação do negócio, se for oferecido suplemento suficiente, ou se a parte favorecida concordar com a redução do proveito.

Texto comentado por Caio Mário:

Idêntico ao do Código Civil.

Fontes: Projeto de Código de Obrigações de 1965, arts. 64 e 65; Projeto de 1975, art. 155.

Nota dos atualizadores:

Diversamente do previsto no Decreto-lei n° 869, de 18 de novembro de 1938, e na Lei n° 1.521, de 26 de dezembro de 1951, o Código Civil não exige o dolo de aproveitamento para que reste caracterizada a lesão.

COMENTÁRIO

Do Direito Romano Justiniano provém o instituto da lesão, originariamente ligado ao contrato de compra e venda, e depois estendido a outras avenças. Com o nome de "lesão enorme", o nosso Direito o conheceu, anulando o contrato quando o vendedor alienava a coisa por menos da metade do que valesse ao tempo do contrato. O Código Civil de 1916 o aboliu. Somente com o Decreto-Lei nº 869, de 18 de novembro de 1938, modificado pela Lei nº 1.521, de 26 de dezembro de 1951, foi restabelecida no Direito pátrio a lesão como defeito do negócio jurídico. Seu reingresso, entretanto, ocorreu em novos moldes, nela introduzido o elemento subjetivo. Por este motivo, recebeu o nome de "lesão subjetiva" ou "lesão qualificada", seguindo o modelo do Código Civil alemão (art. 138), do italiano de 1942 (art. 1.448), e de outros ainda que a consagraram (cf. meu livro *Lesão nos Contratos*).

Tendo em vista a sua configuração no Direito moderno, e os requisitos contidos no art. 157 ora comentado, assim se desenvolve:

1. Para que se considere viciada a vontade do declarante, cumpre demonstrar que ele se acha premido pela necessidade, ou atingido pela inexperiência. A necessidade, como a inexperiência, apura-se no momento e em face da natureza do negócio jurídico realizado, independentemente de não se verificarem em outras circunstâncias e para os negócios em geral. Completa-se este elemento subjetivo com a comprovação de que a outra parte se aproveitou da necessidade premente ou da inexperiência. É o que se chama "dolo de aproveitamento". Não é mister que o beneficiado haja induzido o agente à prática do ato lesivo. Basta que se aproveite das circunstâncias em que se encontre o declarante.

2. O elemento objetivo reside na desproporção evidente entre a prestação do lesado e a contraprestação da outra parte. Na lesão enorme (lesão de mais de metade ou *laesio ultra dimidium*) havia mister que o preço recebido fosse menor do que a metade do valor da coisa. Para a Lei nº 1.521, de 26 de dezembro de 1951, somente se caracterizava a lesão ou a usura real quando uma das partes auferia do negócio lucro superior à quinta parte do valor da prestação paga ou prometida (art. 4º, alínea "*b*"). O atual Código abandona o critério do tarifamento, tal qual o art. 64 do Projeto de Código de Obrigações de 1965. Exige, contudo, que a prestação a que se tenha obrigado o declarante seja manifestamente desproporcional ao valor da contraprestação recebida ou prometida. Não cabe, obviamente, colocar a questão em termos de se apurar o "justo preço", pois que os valores das coisas oscilam ao sabor de um conjunto de circunstâncias. Despreza, igualmente, o conceito de "valor corrente", que constitui um conceito sem a necessária rigidez. Oferece, todavia, um elemento de relativa objetividade ao estabelecer que à lesão há de concorrer a prestação "manifestamente" desproporcional, isto é, uma prestação cujo valor se distancia grandemente, evidentemente, da contraprestação.

3. A aferição do dolo de aproveitamento, oriundo da necessidade contratual (e não de necessidade no sentido de miséria, penúria, insuficiência de meios de subsistência ou manutenção), ou da inexperiência, bem como a desproporção das prestações, hão de ser contemporâneas da celebração do ato. Se em outro momento e em circunstâncias diferentes, o agente não é necessitado ou inexperiente; ou se o valor da prestação recebida se distancia da prestação paga ou prometida, por força de outras circunstâncias (depreciação do valor da moeda, realização de obras ou melhoramentos beneficiando a coisa), e venha a ocorrer desproporção, ainda que manifesta, não há falar em lesão ou usura real.

4. A lesão, como defeito do negócio jurídico, conduz à sua anulabilidade, e não à sua nulidade. Em consequência, pode ele ser convalidado. Partindo de que o fundamento da invalidação é o atentado à justiça comutativa, pode o beneficiado restabelecê-la de duas maneiras: oferecendo suplemento que desfaça a desproporção das prestações ou concordando com a redução do proveito. Tendo em vista que numa ou noutra hipótese a anulação do negócio não será pronunciada, entende-se que, mesmo depois de instaurada a instância processual, caberá ao demandado oferecer suplemento suficiente ou aceitar redução do proveito, e, com isto, ilidir a pretensão anulatória do lesado.

5. Além do convalescimento do ato, por parte do favorecido, pode deixar de se pronunciar a anulação, se o prejudicado renunciar ao direito de postulá-la. A matéria, que constituía questão aberta no regime da legislação anterior, em que se indagava se o ato lesivo era nulo ou anulável, passou a considerar-se pacífica, pelo fato de o Código caracterizar a lesão como defeito, que conduz à anulabilidade, e não à nulidade de pleno direito.

6. A ação anulatória está sujeita ao prazo decadencial de quatro anos, a contar da realização do negócio (art. 178, II).

Seção VI
Da Fraude Contra Credores

TEXTO DO CÓDIGO CIVIL DE 2002:

Art. 158. Os negócios de transmissão gratuita de bens ou remissão de dívida, se os praticar o devedor já insolvente, ou por eles reduzido à insolvência, ainda quando o ignore, poderão ser anulados pelos credores quirografários, como lesivos dos seus direitos.

§ 1º Igual direito assiste aos credores cuja garantia se tornar insuficiente.

§ 2º Só os credores que já o eram ao tempo daqueles atos podem pleitear a anulação deles.

TEXTO COMENTADO POR CAIO MÁRIO:
Idêntico ao do Código Civil.

NOTA DOS ATUALIZADORES:
No texto comentado, Caio Mário refere-se à ação revocatória disciplinada pelo Decreto-Lei nº 7.661, de 21.06.1945, revogado pela Lei nº 11.101, de 9.02.2005, que disciplina o instituto nos arts. 129 a 138. Ao cuidar da fraude à execução, o autor refere-se ao Código de Processo Civil de 1973. No Código de Processo Civil de 2015, esse instituto é regido pelos arts. 674, § 2º, II; 790, V; 792; 828 e 856, § 3º. Especificamente no âmbito dos negócios imobiliários, o regime da fraude à execução deve também observar o disposto nos arts. 54 e seguintes da Lei nº 13.097, de 19.01.2015.

COMENTÁRIO

1. Em Direito Romano, o vocábulo *fraus* designava genericamente qualquer procedimento malicioso, e assim se entendia no nosso Direito anterior. TEIXEIRA DE FREITAS (*Consolidação das Leis Civis*, art. 358 e nota) delimitou-lhe o conceito e extremou-a dos demais defeitos do negócio jurídico. Para o Código Civil de 1916, como para o novo Código, fraude é todo ato tendente a reduzir a garantia geral que o patrimônio do devedor oferece aos seus credores, impondo-lhes um prejuízo. O que a caracteriza, fundamentalmente, é a diminuição, direta ou indireta, do patrimônio, por ação ou omissão, geradora de prejuízo aos credores. Tanto inquina os negócios jurídicos gratuitos quanto os onerosos. O Código os trata diferentemente na fixação dos respectivos extremos.

Em linhas gerais, a fraude contra credores não é vício de consentimento, porém um defeito social, porque não ocorre uma discordância entre a vontade declarada e o querer íntimo do agente. Macula, entretanto, o ato negocial, porque nele insere-se uma desconformidade com a ordem jurídica. Pode ser atacado, em razão do resultado antijurídico da emissão volitiva.

2. Cogita o artigo da situação do devedor que, em estado de insolvência, realiza uma transmissão gratuita de bens. Fraudulenta é a transmissão pelo devedor que, em razão dela, torna-se insolvente. Equipara-se à transmissão de bens a remissão de dívida, cujo efeito é o mesmo, uma vez que o patrimônio do devedor perde um valor de seu ativo (o crédito remitido), sem contraprestação. Considera-se igualmente lesiva aos credores a renúncia de herança já deferida, ou de qualquer direito, cuja aquisição significa a sua incorporação ao patrimônio. Não constitui fraude contra credores, porém, a recusa de uma doação, não só porque não implica diminuição do patrimônio, como porque somente o interessado é juiz das razões que levam à não aceitação da liberalidade.

Considerando a fraude nos atos gratuitos, o Código atual eliminou toda indagação de cunho subjetivo, incorporando no contexto do artigo a cláusula, segundo a qual não há cogitar se o agente conhece ou ignora o estado de insolvência ou que a esta o reduz o ato incriminado. O que cumpre apurar, exclusivamente, é se o patrimônio do devedor é ou tornou-se insuficiente para atender a seus delitos. Caracterizada a insolvência, basta apurar se o ato incriminado situou-se dentro dela. E não há mister provar se o alienante estava de má-fé. É bastante verificar o desfalque patrimonial, pois ninguém pode fazer uma liberalidade, se não estiver com seus bens liberados (*nemo liberalis, nisi liberatus*).

3. Verificados objetivamente os requisitos da alienação fraudulenta, os credores quirografários poderão intentar, no prazo decadencial de quatro anos, contados do dia em que o ato se realizou (art. 178, II), a sua anulação. Em via de regra, a ação anulatória é concedida aos credores quirografários, uma vez que os que têm garantia real (privilegiados) estão acobertados contra as oscilações patrimoniais do devedor. Se, contudo, as garantias se revelarem insuficientes, os credores com garantia, provando-o, têm a *legitimatio* para a ação.

4. Na caracterização da fraude contra credores, é indiferente que o ato beneficie o próprio declarante ou um terceiro.

5. A ação anulatória, também chamada de ação "pauliana" ou "revocatória", somente se concede aos credores que o eram na data do ato fraudulento. Os posteriores já encontraram desfalcado o patrimônio do devedor, e não se podem insurgir contra o ato praticado, a pretexto da insolvência.

6. Para efeitos comerciais, a ação revocatória pode ser intentada pelo síndico na falência, ou por qualquer credor se este se omitir (Decreto-Lei nº 7.661, de 21 de junho de 1945, arts. 52 e ss.).[2] Todo ato praticado pelo devedor comerciante, que por qualquer forma rompa a igualdade de tratamento devida a todos os credores (*par conditio creditorium*), é passível de anulação em benefício da massa.

7. Da *fraude contra credores*, objeto desta Seção do Código Civil, distingue-se a *fraude à execução*, cujos extremos vêm contidos no art. 593 do Código de Processo Civil de 1973,[3] a saber: a) quando sobre os bens alienados ou onerados pender ação fundada em direito real; b) quando já corria contra o devedor demanda capaz de reduzi-lo à insolvência; c) quando disposição especial de lei o estabelecer. A diferença de efeitos da fraude à execução, em relação à fraude contra credores, é que esta torna o ato anulável, e, portanto, requer ação pauliana ou revocatória; ao passo que, na fraude à execução, a alienação ou oneração é nula de pleno direito, e, por via de consequência, os bens alienados ou gravados de ônus real ficam sujeitos à execução (CPC de 1973, art. 592, V), independentemente da propositura de ação de acertamento.

Outro elemento diferencial está em que somente se anula o ato por fraude contra credores se praticado em estado de insolvência ou gerador deste. O devedor que aliena ou onera bens, perdoa dívida, renuncia

2 Cf. nota dos atualizadores, acima.

3 Cf. nota dos atualizadores, acima.

à herança, não incide em incriminação se outros bens tiver, que respondam pelas dívidas. O ato praticado em fraude de execução é nulo, independentemente da indagação se o devedor tem outros bens.

Texto do Código Civil de 2002:

Art. 159. Serão igualmente anuláveis os contratos onerosos do devedor insolvente, quando a insolvência for notória, ou houver motivo para ser conhecida do outro contratante.

Texto comentado por Caio Mário:

Idêntico ao do Código Civil.

Fontes: Código Civil de 1916, art. 107; Projeto de 1975, art. 157.

COMENTÁRIO

O artigo cogita da fraude contra credores nos contratos onerosos (aqueles que trazem vantagens para ambas as partes). A etiologia do defeito é acrescida de um elemento subjetivo. Ao contrário do que ocorre com os atos gratuitos, em que se apura a insolvência objetivamente (ainda quando o declarante a ignore), nos contratos onerosos haverá mister apurar o *consilium fraudis*. Este decorre de conhecer o outro contraente o estado de insolvência, ou haver motivo para ser do conhecimento dele. Presume-se, ainda, que o conhece, quando for notório. A primeira hipótese é de comprovação direta, por meio de fatos concretos. A segunda (haver motivo para ser conhecida) decorre de circunstâncias que permitam induzir o conhecimento por outra parte. A terceira (presunção de conhecimento) depende de que se demonstre, por fatos públicos, que o outro contraente não poderia ignorá-la.

Não se exige a prova de que o alienante procedeu de má-fé. Esta é ínsita no próprio dano (*eventus damni*), isto é, ato praticado com redução das garantias dos credores; e o conhecimento da insolvência (real, induzida ou presumida) pelo outro contraente.

A razão da diversidade de tratamento, em confronto com os atos gratuitos, é que, nos contratos onerosos, há presunção de que o patrimônio não foi desfalcado, uma vez que nele entrou o correspectivo do bem alienado.

TEXTO DO CÓDIGO CIVIL DE 2002:

Art. 160. Se o adquirente dos bens do devedor insolvente ainda não tiver pago o preço e este for, aproximadamente, o corrente, desobrigar-se-á depositando-o em juízo, com a citação de todos os interessados.

Parágrafo único. Se inferior, o adquirente, para conservar os bens, poderá depositar o preço que lhes corresponda ao valor real.

TEXTO COMENTADO POR CAIO MÁRIO:

Idêntico ao do Código Civil.

Fontes: Código Civil de 1916, art. 108; Projeto de 1975, art. 158.

COMENTÁRIO

A ordem jurídica não tem empenho em que os negócios se desfaçam, a não ser que afrontem os seus preceitos. Anula-se o ato fraudulento, porque eivado de defeito que atenta contra o interesse social de observância dos preceitos legais. Os credores prejudicados lutam para evitar um dano (*certat de damno vitando*). Se o adquirente ainda não tiver pago ao devedor insolvente o preço, pode conservá-lo sem prejuízo de terceiros, depositando-o em juízo. Tal faculdade somente lhe é reconhecida se o preço for, aproximadamente, o corrente. Caso contrário, o depósito é insuficiente. Convalidará, todavia, o negócio jurídico se depositar o valor real do bem, ainda que o preço pago seja inferior, tendo-se como "real" o que lhe corresponda no mercado, ou em confronto com outros análogos. O Código Civil de 1916 exigia que, feito o depósito, fossem citados todos os interessados "por edital". O artigo deixa ao processo a escolha do modo de citação, que pode ser pessoal se todos forem conhecidos.

Não basta, entretanto, que o adquirente "ofereça" o preço da coisa. É mister que o "deposite" efetivamente.

TEXTO DO CÓDIGO CIVIL DE 2002:

Art. 161. A ação, nos casos dos arts. 158 e 159, poderá ser intentada contra o devedor insolvente, a pessoa que com ele celebrou a estipulação considerada fraudulenta, ou terceiros adquirentes que hajam procedido de má-fé.

Texto comentado por Caio Mário:
Idêntico ao do Código Civil.
Fontes: Código Civil de 1916, art. 109; Projeto de 1975, art. 159.

COMENTÁRIO

A *legitimatio ativa* para a ação pauliana é do credor. Qualquer credor quirografário ou mesmo privilegiado, se suas garantias forem insuficientes. A *legitimatio passiva* repousa na pessoa do devedor insolvente e na pessoa que com ele celebrou o ato fraudulento. O objeto da ação é recolocar a coisa na garantia geral dos credores. Se o adquirente a houver transmitido a terceiro, contra este será igualmente movida a ação anulatória. Mas somente no caso de haver procedido de má-fé, uma vez que esta contamina o ato, ainda que não haja participado dele o alienante insolvente: *fraus omnia corrumpit*.

A prova da insolvência pode ser feita no curso mesmo da ação pauliana, bem como a da má-fé do terceiro.

Texto do Código Civil de 2002:

Art. 162. O credor quirografário, que receber do devedor insolvente o pagamento da dívida ainda não vencida, ficará obrigado a repor, em proveito do acervo sobre que se tenha de efetuar o concurso de credores, aquilo que recebeu.

Texto comentado por Caio Mário:
Idêntico ao do Código Civil.
Fontes: Código Civil de 1916, art. 110; Projeto de 1975, art. 160.

Nota dos atualizadores:
Por força do disposto no art. 1.052 do Código de Processo Civil de 2015, permanece em vigor a disciplina do Código de Processo Civil de 1973 a propósito da insolvência civil, constante dos arts. 748 a 786-A.

COMENTÁRIO

O devedor paga validamente as dívidas vencidas. Não pode, entretanto, antecipar o pagamento das vincendas. Se o fizer, estará prejudicando os demais credores. O credor quirografário que receber pagamento antecipado não tem direito à retenção do pagamento (*soluti retentio*). Será compelido a repor o que houver recebido. Havendo o Código de Processo Civil de 1973[4] substituído o processo do concurso de credores pelo instituto da insolvência, a restituição do indébito far-se-á a benefício da massa sobre a qual recai a "*execução contra devedor insolvente*" (CPC de 1973, art. 766). O Código Civil deveria afeiçoar-se à nova sistemática processual, em vez de repetir literalmente o modelo de 1916, no caso superado.

O artigo refere-se ao pagamento em dinheiro. Não cogita de uma dação em pagamento, que deve ser colocada no plano da alienação onerosa de bens, e tratada como tal.

Texto do Código Civil de 2002:

Art. 163. Presumem-se fraudatórias dos direitos dos outros credores as garantias de dívidas que o devedor insolvente tiver dado a algum credor.

Texto comentado por Caio Mário:

Idêntico ao do Código Civil.

Fontes: Código Civil de 1916, art. 111; Projeto de 1975, art. 161.

COMENTÁRIO

O pressuposto da ilegitimidade da concessão de garantias é achar-se o devedor em estado de insolvência. E o fundamento da ação pauliana, no caso, é a quebra da igualdade de todos os credores quirografários, frente ao patrimônio do devedor comum. Dada uma garantia real a certa dívida, o bem onerado deixa de assegurar o pagamento a todos, e passa a reforçar a situação de um só, em detrimento dos demais. O mesmo princípio estende-se ao reforço de garantia que o devedor der a um credor já beneficiado por privilégio. Na forma do artigo, a concessão de garantia traz em si mesma a presunção de fraude, dispensando o interessado de prová-la no curso do processo. Salvo, evidentemente, se o devedor ou o credor beneficiado provar que, ao tempo da garantia, o devedor estava em condição de outorgá-la, sem prejuízo dos demais. A obtenção de garantias fidejussórias para determinado crédito é inatacável porque não lesa os demais credores, posto que beneficie o titular.

4 Cf. nota dos atualizadores, acima.

Texto do Código Civil de 2002:

Art. 164. Presumem-se, porém, de boa-fé e valem os negócios ordinários indispensáveis à manutenção de estabelecimento mercantil, rural, ou industrial, ou à subsistência do devedor e de sua família.

Texto comentado por Caio Mário:

Idêntico ao do Código Civil.

Fontes: Código Civil de 1916, art. 112; Projeto de 1975, art. 162.

COMENTÁRIO

A inserção deste artigo no novo Código, reproduzindo o correspondente no de 1916, era desnecessária. O estado de insolvência não converte o devedor em um incapaz. Continua ele com a sua vida normal. Pode validamente pagar dívidas vencidas e contrair novas, ainda que com garantia real normal, realizar os atos de administração de seu estabelecimento (qualquer que seja a natureza deste), praticar os atos necessários à subsistência própria e da família. Na apreciação deles, ter-se-á de apurar se efetivamente trazem tais finalidades, ou se constituem mero disfarce para acobertar procedimento fraudulento.

Texto do Código Civil de 2002:

Art. 165. Anulados os negócios fraudulentos, a vantagem resultante reverterá em proveito do acervo sobre que se tenha de efetuar o concurso de credores.

Parágrafo único. Se esses negócios tinham por único objeto atribuir direitos preferenciais, mediante hipoteca, penhor ou anticrese, sua invalidade importará somente na anulação da preferência ajustada.

Texto comentado por Caio Mário:

Idêntico ao do Código Civil.

Fontes: Código Civil de 1916, art. 113; Projeto de 1975, art. 163.

Nota dos atualizadores:

Por força do disposto no art. 1.052 do Código de Processo Civil de 2015, permanece em vigor a disciplina do Código de

Processo Civil de 1973 a propósito da insolvência civil, constante dos arts. 748 a 786-A.

COMENTÁRIO

Também esse artigo (tal como o 162) deveria adaptar-se à sistemática processual que substituiu o "concurso de credores" pela execução contra devedor insolvente. O que significa é que, anulado ou revogado o ato fraudulento, o bem reverte à massa, para garantia geral dos credores. Conjugado com o art. 182, considera-se que o retorno se dá automaticamente, como efeito direto da sentença, pois que esta nada seria se, para obter a reversão do bem, houvesse mister outra ação. É um caso em que a sentença desconstitutiva gera como consequência a entrega ou restituição da coisa. A finalidade do retorno é assegurar a todos os credores a garantia sobre os bens do devedor.

Capítulo V
DA INVALIDADE DO NEGÓCIO JURÍDICO

Texto do Código Civil de 2002:

Art. 166. É nulo o negócio jurídico quando:

I – celebrado por pessoa absolutamente incapaz;

II – for ilícito, impossível ou indeterminável o seu objeto;

III – o motivo determinante, comum a ambas as partes, for ilícito;

IV – não revestir a forma prescrita em lei;

V – for preterida alguma solenidade que a lei considere essencial para a sua validade;

VI – tiver por objetivo fraudar lei imperativa;

VII – a lei taxativamente o declarar nulo, ou proibir-lhe a prática, sem cominar sanção.

Texto comentado por Caio Mário:

Idêntico ao do Código Civil.

Fontes: Código Civil de 1916, art. 145; Projeto de Código de Obrigações de 1965, art. 68; Projeto de 1975, art. 164.

COMENTÁRIO

1. O Código, nas pegadas do de 1916, segue a orientação dominante em nosso Direito, e já tradicionalmente consagrada, classificando os negócios jurídicos em duas categorias: nulos e anuláveis. A dogmática da invalidade vai assentar em que a declaração válida de vontade pressupõe a capacidade do agente e a subordinação dela às determinações legais. A desconformidade em relação a uma e outras conduz ao ato inválido. Variando as exigências legais, com elas varia o grau de insubsistência, que pode atingir a perfeição do ato, alcançar a sua integralidade ou apenas uma parte dele.

2. É neste plano que se distingue a nulidade da anulabilidade. *Nulo* é o ato quando em mais alto grau o ordenamento jurídico é ferido, e em consequência nega-lhe a lei os efeitos que normalmente poderia gerar. *Anulável*, quando menos grave a ofensa, e por isso mesmo a reação é menos extrema, admitindo a produção de efeitos enquanto não declarada a invalidade, cuja postulação está no interesse das partes, às quais é lícito confirmar o ato.

3. A estas duas classes a doutrina acrescenta os atos *inexistentes*, que se configuram na ausência dos pressupostos materiais de sua realização. Matéria sujeita a controvérsias, tendo em vista que os casos de inexistência muitas vezes são supridos pelos de nulidade virtual, não encontra abrigo no Código, como não ingressara no de 1916, nem fora acolhida no meu Projeto de Código de Obrigações de 1965.

4. Da nulidade é de se distinguir a ineficácia *stricto sensu*, que se verifica quando ao negócio jurídico não faltam os requisitos de validade, porém intercorre obstáculo extrínseco, que impede o ciclo de sua produção de efeitos. A ineficácia pode ser originária ou superveniente, conforme o obstáculo seja simultâneo à celebração ou ocorra posteriormente. Pode dar-se, ainda, que venha a cessar, caso em que o ato será executado normalmente, como se jamais houvesse ocorrido (cf. sobre *ineficácia stricto sensu*, e bibliografia citada em minhas *Instituições de Direito Civil*, vol. I, nº 108, e vol. III, nº 187).

5. Feitas estas considerações genéricas, seguem-se os comentários, acompanhando os incisos em que se fragmenta o artigo, os quais em parte repetem o modelo de 1916, e em parte descem a maior casuísmo.

5.1. Agente absolutamente incapaz. A capacidade do declarante é requisito fundamental de validade do negócio jurídico. Sendo absolutamente incapaz (art. 3º), não pode a pessoa praticar nenhum ato da vida civil. Contrariando o princípio, o declarante emite vontade a que a ordem jurídica recusa validade, e o negócio jurídico não pode produzir efeitos, nem é suscetível de confirmação.

5.2. Objeto ilícito, impossível ou indeterminado. Segundo o disposto no art. 104, a validade do negócio jurídico requer, além da capacidade do agente, a liceidade, possibilidade e determinabilidade do objeto. O objeto ilícito traz em si um confronto com a ordem jurídica, que, por isso mesmo, não lhe reconhece efeitos. A impossibilidade absoluta encontra obstáculo na própria realidade física; a declaração de vontade, neste caso, é vazia de conteúdo, mas a impossibilidade relativa, quando superada, admite o aproveitamento do ato. Se o objeto é indeterminado, e não pode determinar-se até o momento da execução, a declaração de vontade não tem sobre o que atuar.

5.3. A motivação, via de regra, não atinge a declaração de vontade. *Falsa causa non nocet.* Quando, porém, ambas as partes são conduzidas por motivo ilícito, o ato não pode produzir efeitos, por contrariedade à ordem jurídica. Cabe ao juiz apreciar com cautela até onde a motivação ilícita determina a declaração de vontade.

5.4. Se a lei erige dada *forma* como da substância da declaração de vontade (*ad substantiam*), considera que a sua inobservância equivale à sua ausência. Portanto, o negócio jurídico é inválido.

5.5. Prescrevendo a lei dada forma ou exigindo a observância de *solenidade*, como da essência da declaração de vontade, a sua preterição equipara-se à recusa de forma.

5.6. Lei imperativa é aquela que determina obrigatoriamente dada prática. Se o agente *contraria* o imperativo da lei, não pode encontrar amparo para o ato praticado. O inciso usa o vocábulo "fraudar" em sentido genérico, de usar subterfúgio para contrariar a lei por via transversa.

5.7. Se a lei *expressamente* declara nulo um ato, e, contra o seu preceito, for ele praticado, não pode subsistir. Igualmente insubsistente será quando afrontar *lei proibitiva*, que se equipara, no caráter de ordem pública, à lei imperativa. O Código Civil de 1916 aludia, ainda, ao fato de a lei taxativamente negar efeito ao ato. A hipótese está compreendida neste inciso. O apêndice final do inciso VII ("sem cominar sanção") ficou sem sentido. Se a lei o declara nulo, impõe a nulidade como sanção. Se proíbe a prática do ato, ele já é nulo, por contrariedade à lei proibitiva, dispensando, obviamente, que a lei que o proíbe mencione a nulidade como sanção.

Texto do Código Civil de 2002:

Art. 167. É nulo o negócio jurídico simulado, mas subsistirá o que se dissimulou, se válido for na substância e na forma.

§ 1º Haverá simulação nos negócios jurídicos quando:

I – aparentarem conferir ou transmitir direitos a pessoas diversas daquelas às quais realmente se conferem, ou transmitem;

II – contiverem declaração, confissão, condição ou cláusula não verdadeira;

III – os instrumentos particulares forem antedatados, ou pós-datados.

§ 2º Ressalvam-se os direitos de terceiros de boa-fé em face dos contraentes do negócio jurídico simulado.

Texto comentado por Caio Mário:

Idêntico ao do Código Civil.

Fontes: Código Civil de 1916, arts. 102 a 105; Anteprojeto de Código de Obrigações, arts. 60 a 62; Projeto de 1975, art. 165.

COMENTÁRIO

1. Simulação é o defeito do negócio jurídico, positivado na desconformidade entre a manifestação de vontade e a ordem legal, com a celebração de ato, com aparência de normalidade, porém visando a efeito diverso do que deveria produzir. Não é um vício do consentimento, porque o agente efetivamente quer aquele resultado. Mas é um defeito social do negócio jurídico, porque a declaração de vontade, emitida conscientemente, procura um efeito enganoso.

2. Tradicionalmente, o Direito brasileiro colocava a simulação como defeito ligado ao interesse das partes, e, destarte, tratava-a como geradora da anulabilidade do ato. Assim se conceituava na Consolidação das Leis Civis de TEIXEIRA DE FREITAS (art. 358), e assim subsistiu no Código Civil de 1916, sob a autoridade de CLÓVIS BEVILÁQUA. O novo Código propendeu para o Direito alemão (BGB, art. 117), conciliando-a como causa de nulidade.

3. Tendo em vista o conteúdo da declaração volitiva, diz-se que a simulação é absoluta ou relativa. *Absoluta*, quando encerra uma declaração não verdadeira, destinada a não produzir efeito algum. *Relativa*, também chamada *dissimulação*, quando o negócio jurídico realizado tem por objeto encobrir outro, que é o resultado efetivamente querido pelo declarante, ou quando aparentar conferir ou transmitir direitos a pessoa diversa daquela a quem realmente se conferem ou transmitem.

4. Na dogmática do Código, somente é nulo o negócio jurídico em sendo *absoluta* a simulação. Se for *relativa*, subsiste o ato que se dissimulou, salvo se este padecer de outro defeito, na forma ou na própria substância.

5. São simulados os atos, segundo os descrevem os incisos do § 1º. Destacam-se, portanto, como *simulação relativa* ou *dissimulação*, os casos previstos no inciso I. Os demais constituem *simulação absoluta*, que conduzem à nulidade do negócio jurídico.

6. Cumpre, todavia, ponderar que, no plano teórico, a simulação se diz *inocente*, quando a declaração de vontade não traz prejuízo a terceiros: *aliis non nocet*. É maliciosa, ao revés, quando traz consigo a intenção de lesar alguém, ou violar disposição de lei.

7. Estruturada como defeito do negócio jurídico (Código Civil de 1916, arts. 102 e seguintes, meu Projeto de Código de Obrigações, arts. 60 e seguintes), somente era passível de anulação a simulação maliciosa, e, como tal, somente eram revestidos de *legitimatio* para promovê-la os terceiros por ela lesados, ou os representantes do Poder Público, a bem da Fazenda ou da lei (Código Civil de 1916, art. 105; Projeto de Código de Obrigações, art. 61). Os próprios agentes do ato simulado não poderiam alegá-la, porque procedendo ao arrepio da lei não se beneficiariam da própria torpeza: *nemo auditur propriam turpitudiniem allegans*.

8. Não obstante deslocar a simulação do campo da anulabilidade para o da nulidade do negócio jurídico, não podem vigorar conceitos diversos.

Se a ninguém causa dano, é descabida a invalidação do ato. Se fraudulento, falta aos partícipes da fraude condições morais para alegá-la.

9. Melhor seria que o novo Código mantivesse a doutrina consagrada no de 1916, e mantida no meu Projeto de 1965. Assim procedesse, e evitaria a incongruência de catalogar como nulo o ato simulado, ressalvando, entretanto, o ato dissimulado (*caput* do artigo), bem como os direitos dos terceiros de boa-fé (§ 2º). Aliás, o § 2º é bom subsídio para sustentar que os simuladores fraudulentos não têm a ação de anular o negócio jurídico simulado, tendo em vista que mesmo os terceiros somente terão ressalvados os seus direitos se estiverem de boa-fé, em face dos participantes do negócio jurídico simulado.

10. Se a simulação atingir tão somente cláusula ou condição não verdadeira, sem atingir a substância do ato, somente a parte viciada será passível de invalidação. A parte útil não se contamina do vício que macula a defeituosa: *utile per inutile non vitiatur.*

Texto do Código Civil de 2002:

Art. 168. As nulidades dos artigos antecedentes podem ser alegadas por qualquer interessado, ou pelo Ministério Público, quando lhe couber intervir.

Parágrafo único. As nulidades devem ser pronunciadas pelo juiz, quando conhecer do negócio jurídico ou dos seus efeitos e as encontrar provadas, não lhe sendo permitido supri-las, ainda que a requerimento das partes.

Texto comentado por Caio Mário:

Idêntico ao do Código Civil.

Fontes: Código Civil de 1916, art. 146; Projeto de Código de Obrigações, art. 69; Projeto de 1975, art. 166.

COMENTÁRIO

1. Nos seus efeitos, o ato nulo distingue-se do anulável, em que não os pode produzir. Daí a consequência, enunciada neste artigo: qualquer interessado é apto a requerer-lhe o pronunciamento, inclusive o órgão do

Ministério Público, quando lhe caiba oficiar na espécie. Também o juiz, encontrando-a provada, há que decretar a nulidade. A razão está em que, sendo a nulidade resultante de ofensa grave à ordem jurídica, não pode prevalecer. O interesse social, de preservação da ordem pública, sobrepõe-se ao das partes. Daí acrescentar o parágrafo único que a nulidade é insuprível, ainda que as partes requeiram o contrário.

2. O Código, incluindo a simulação como determinante da nulidade, rompeu com a teoria desta. Se inocente a simulação, por não ferir nenhum interesse social, está a coberto da declaração da nulidade *ex officio*, tanto mais que o próprio art. 167 ressalva o ato que se dissimulou, bem como os interesses de terceiros.

TEXTO DO CÓDIGO CIVIL DE 2002:

Art. 169. O negócio jurídico nulo não é suscetível de confirmação, nem convalesce pelo decurso do tempo.

TEXTO COMENTADO POR CAIO MÁRIO:

Idêntico ao do Código Civil.

Fonte: Projeto de 1975, art. 167.

COMENTÁRIO

1. Este artigo contém a consagração formal da doutrina. O ato nulo espelha uma afronta a preceito de ordem pública. O interesse social sobrepõe-se ao das partes. Em consequência, descabe a confirmação pelas partes.

2. Ao dizer que o negócio jurídico nulo não convalesce pelo decurso do tempo, o Código lançou um princípio que reza nos termos da velha parêmia: *quod nullum est nullo lapsu temporis convalescere potest.* Ele, porém, reza às testilhas com o art. 189. Dispõe este que, violado o direito, nasce para o titular a pretensão, mas esta extingue-se nos prazos previstos no Código (arts. 205 e 206). Vale dizer: o Direito pátrio, tal como vigorava no Código de 1916, não conhece direitos imprescritíveis. Sendo a prescrição instituída em benefício da paz social (ver meu comentário ao art. 189), não se compadece esta em que se ressuscite a pretensão, para fulminar o ato.

Estão, pois, um contra o outro, dois princípios de igual relevância social: o não convalescimento do ato nulo *tractu temporis*, e o perpétuo silêncio que se estende entre os efeitos do negócio jurídico, também *tractu temporis*. E, do confronto entre estas duas normas, igualmente apoiadas no interesse da ordem pública, continuo sustentando que não há direitos imprescritíveis, e, portanto, a declaração de nulidade prescreve em dez anos (cf. sobre a prescritibilidade do ato nulo, minhas *Instituições de Direito Civil*, vol. I, nº 109).

TEXTO DO CÓDIGO CIVIL DE 2002:

Art. 170. Se, porém, o negócio jurídico nulo contiver os requisitos de outro, subsistirá este quando o fim a que visavam as partes permitir supor que o teriam querido, se houvessem previsto a nulidade.

TEXTO COMENTADO POR CAIO MÁRIO:

Idêntico ao do Código Civil.

Fontes: Projeto de Código de Obrigações de 1965, art. 70; Projeto de 1975, art. 168.

COMENTÁRIO

Este artigo é desdobramento do anterior, e deve ser entendido no propósito de que não é absoluta a regra da invalidade total do ato nulo. Sua gênese está no art. 70 do meu Projeto de Código de Obrigações, segundo o qual "*a declaração nula por defeito de forma pode produzir outros efeitos pretendidos pela parte, desde que, para eles, concorram os requisitos legais*". O novo Código estendeu o princípio do aproveitamento da declaração de vontade, por amor à intenção do agente. Inquinado o ato de qualquer dos vícios que determinam a sua nulidade, deixa de ser pronunciada esta se for possível determinar que o objetivo que os interessados tinham em vista pode ser atingido por via de outro negócio jurídico, que não foi celebrado, mas é de se supor que o teria sido, se os interessados houvessem previsto a nulidade do que praticaram.

Em primeiro plano situa-se, obviamente, o defeito de forma, que permite o aproveitamento do ato, se para este concorrerem outros requisitos da lei. Igualmente, são suscetíveis de validade as declarações de vontade, quando não atentarem contra os princípios que as maculam de maneira absoluta ou total, uma vez que somente são suscetíveis de prevalecimento os negócios jurídicos que são nulos, mas que podem ter validade sem quebra dos requisitos do outro ato negocial que os substituiu.

Texto do Código Civil de 2002:

Art. 171. Além dos casos expressamente declarados na lei, é anulável o negócio jurídico:

I – por incapacidade relativa do agente;

II – por vício resultante de erro, dolo, coação, estado de perigo, lesão ou fraude contra credores.

Texto comentado por Caio Mário:

Idêntico ao do Código Civil.

Fontes: Código Civil de 1916, art. 147; Projeto de Código de Obrigações de 1965, art. 72; Projeto de 1975, art. 169.

COMENTÁRIO

1. A anulabilidade resulta de uma contrariedade menos grave a preceito legal. Implica a invalidação do negócio jurídico, mas sem as características da nulidade, porque na anulabilidade não se vislumbra um interesse público. A declaração de vontade é imperfeita, mas não o é tanto, que implique o seu desfazimento *pleno iure*.

2. O Código atende, em primeiro lugar, às hipóteses previstas expressamente em lei, declarando anuláveis os atos praticados ao arrepio de seu mandamento.

3. Especificamente, declara anuláveis aqueles praticados por agente relativamente incapaz. Os incapazes, relativamente a certos atos ou à maneira de os exercer, são os mencionados no art. 4º, a cujos comentários me reporto, por desnecessário reproduzi-los.

4. Os atos negociais decorrentes de declaração de vontade defeituosa (erro, dolo, coação, fraude contra credores, lesão e os praticados em estado de perigo) são igualmente anuláveis. O Código subordinou a sua invalidade à mesma epígrafe, sem distinguir quando se dá sua rescisão (lesão e estado de perigo) e sua resolução (fraude contra credores). Seguia, neste passo, a linha do Código Civil de 1916, desaprovando a orientação do Projeto de Código de Obrigações de 1965, que se revela, entretanto, mais técnica.

A doutrina desenvolve, em minúcia, os princípios relativos à anulabilidade e seus efeitos, os quais serão objeto de comentário aos artigos que se seguem.

Texto do Código Civil de 2002:

Art. 172. O negócio anulável pode ser confirmado pelas partes, salvo direito de terceiro.

Texto comentado por Caio Mário:
Idêntico ao do Código Civil.

COMENTÁRIO

Ver comentário ao art. 175.

Texto do Código Civil de 2002:

Art. 173. O ato de confirmação deve conter a substância do negócio celebrado e a vontade expressa de mantê-lo.

Texto comentado por Caio Mário:
Idêntico ao do Código Civil.

COMENTÁRIO

Ver comentário ao art. 175.

Texto do Código Civil de 2002:

Art. 174. É escusada a confirmação expressa, quando o negócio já foi cumprido em parte pelo devedor, ciente do vício que o inquinava.

TEXTO COMENTADO POR CAIO MÁRIO:
Idêntico ao do Código Civil.

COMENTÁRIO

Ver comentário ao art. 175.

TEXTO DO CÓDIGO CIVIL DE 2002:

Art. 175. A confirmação expressa, ou a execução voluntária de negócio anulável, nos termos dos arts. 172 a 174, importa a extinção de todas as ações, ou exceções, de que contra ele dispusesse o devedor.

TEXTO COMENTADO POR CAIO MÁRIO:
Idêntico ao do Código Civil.
Fontes: Código Civil de 1916, arts. 148 a 151; Projeto de Código de Obrigações de 1965, art. 174; Projeto de 1975, arts. 170 a 173.

COMENTÁRIO

1. Com o vocábulo "ratificação", o Código Civil de 1916 aludia e disciplinava o que mais tecnicamente se designa por "confirmação", conforme foi mencionado no Projeto de Código de Obrigações de 1965. É característica das declarações de vontade anuláveis, e incompatível com a nulidade, porque esta implica contrariedade grave à ordem legal, ao passo que a outra condiz apenas com o interesse das partes. Está, pois, na conveniência destas reportar-se ao ato defeituoso, para lhe restituírem a eficácia ameaçada. Confirmado o ato, produz todos os seus efeitos, como se desde o início houvesse sido validamente praticado. A confirmação do negócio jurídico equivale à celebração do mesmo ato. Por isto se diz, e o Código Civil de 1916 o estatuía expressamente, que a confirmação retrotrai à data do ato confirmado. Esta retroação não é, contudo, absoluta. Deve respeitar os direitos de terceiros, adquiridos ou constituídos *medio tempore*.

2. Para que o novo ato tenha o condão de confirmar o que era defeituoso, necessita conter a substância dele. Não é necessário que reproduza todo o seu teor, bastando que aluda ao que é da essência do negócio confirmado. Deve, ainda, conter a vontade expressa de confirmá-lo, com observância do que a lei estabelece para a sua validade, e omitindo o que constituía a desconformidade em relação ao que importa infração a seu preceito.

3. A confirmação pode ser *expressa*, como pode ser *tácita*. A primeira, tal como resulta do art. 175, emana de uma nova declaração de vontade, expurgada do defeito que a maculava, animada do propósito de validar o ato, viciado de origem. Confirmação *tácita* é a que decorre do comportamento do agente, no sentido de reputar escorreita a declaração de vontade. Ciente o declarante do vício que maculava o negócio jurídico, procede, no entanto, como se este fosse perfeito. O Código alude (art. 174) à execução parcial do ato, pelo devedor. É uma referência exemplificativa. Outras circunstâncias, ainda, podem traduzir-se em ratificação tácita, se delas emana nítida a intenção de agir, em contrário ao propósito de anular o ato. O que o dispositivo assinala é a ciência do defeito. Não vale como confirmação uma nova declaração volitiva, se o agente ignorava o vício que inquinava a anterior.

4. O efeito da confirmação é expurgar o ato de seus males, e, por conseguinte, traduzir a renúncia do interessado a toda alegação contrária à sua prevalência. Não importa que o interessado haja formulado sua pretensão anulatória diretamente, ou que a tenha articulado em defesa. A ação ou a exceção articulada contra a validade do negócio jurídico extingue-se, independentemente de se ter o declarante a uma ou outra referido, pois não se compadece com a vontade confirmatória o prosseguimento da postulação de invalidade.

TEXTO DO CÓDIGO CIVIL DE 2002:

Art. 176. Quando a anulabilidade do ato resultar da falta de autorização de terceiro, será validado se este a der posteriormente.

TEXTO COMENTADO POR CAIO MÁRIO:
Idêntico ao do Código Civil.
Fonte: Projeto de 1975, art. 174.

COMENTÁRIO

O princípio, posto não inserto no Código Civil de 1916, era admitido em doutrina. A anulabilidade é instituída em proveito dos interessados. Mormente em se tratando de pessoa relativamente incapaz, não se deve jamais compreender com o propósito de prejudicá-la. Tendo-o em vista, a lei estabelece três modalidades de convalescimento. A primeira decorre do decurso do tempo, estabelecendo o Código um prazo de decadência, dentro do qual pode ser alegada. A segunda é a confirmação, segundo o disposto nos arts. 172 a 175. A terceira é o suprimento da autorização, nos casos em que a sua ausência torna o ato anulável. Partindo de que a autorização prévia ou simultânea é suficiente para a perfeição jurídica do ato negocial, estatui que, vindo *a posteriori*, tem a força de afastar o motivo da anulabilidade.

Texto do Código Civil de 2002:

Art. 177. A anulabilidade não tem efeito antes de julgada por sentença, nem se pronuncia de ofício; só os interessados a podem alegar, e aproveita exclusivamente aos que a alegarem, salvo o caso de solidariedade ou indivisibilidade.

Texto comentado por Caio Mário:

Idêntico ao do Código Civil.

Fontes: Código Civil de 1916, art. 152; Projeto de Código de Obrigações, art. 73; Projeto de 1975, art. 175.

COMENTÁRIO

Diversamente do negócio jurídico nulo, que é despido de efeitos, o anulável os produz enquanto não for objeto de apreciação judicial, e não for anulado por sentença. Cabe aos interessados arguir a existência do defeito, e postular o decreto judicial anulatório. Se não o fizer, ou enquanto não o fizer, o ato prevalece como se não viesse inquinado de qualquer defeito. Havendo mais de um interessado, a anulabilidade somente aproveita a quem a tiver alegado, produzindo o negócio jurídico todas as suas consequências em relação aos demais. Ressalva-se, contudo, a solidariedade, em virtude da qual cada um dos participantes é sujeito ativo ou passivo da totalidade (art. 264). Ressalva-se igualmente a indivisibilidade, que é incompatível com o fracionamento da prestação (art. 258).

Ao contrário da nulidade, que o juiz pronuncia *ex officio*, quando conhecer do negócio ou de seus efeitos (art. 168, parágrafo único), a anulabilidade não pode ser declarada senão a pedido do interessado, que é senhor da conveniência de seu pronunciamento.

Texto do Código Civil de 2002:

Art. 178. É de quatro anos o prazo de decadência para pleitear-se a anulação do negócio jurídico, contado:

I – no caso de coação, do dia em que ela cessar;

II – no de erro, dolo, fraude contra credores, estado de perigo ou lesão, do dia em que se realizou o negócio jurídico;

III – no de atos de incapazes, do dia em que cessar a incapacidade.

Texto comentado por Caio Mário:

Idêntico ao do Código Civil.

Fontes: Código Civil de 1916, art. 178, § 9º, V; Projeto de Código de Obrigações de 1965, art. 287, § 2º; Projeto de 1975, art. 176.

COMENTÁRIO

1. O Código Civil de 1916 reunia, no art. 178, os prazos de decadência e os de prescrição, sob esta última epígrafe, deixando para a doutrina e para a jurisprudência especificar um e outros. Nem sempre isto se fazia com segurança. O novo Código reservou para o art. 206 a menção dos lapsos prescricionais, descendo à menção da decadência em cada caso. Assim procedendo quanto à ação anulatória do negócio jurídico, fixou em quatro anos o limite de tempo dentro do qual pode ser admitida. Ultrapassado, deixará de sê-lo:

I - enquanto a vítima permanece coacta, não tem, ou presume-se não tenha, liberdade para pleitear a invalidação.

II - celebrado o negócio jurídico, inquinado dos defeitos mencionados no inciso II, conta-se o prazo da data em que o negócio se realizou.

III - o incapaz não tem aptidão para postular, pessoalmente, a anulação do negócio jurídico, o que somente pode fazer após sua cessação.

2. O Código não distingue, para efeito da decadência também, a anulabilidade, a revogação e a rescisão. Agrupa-as todas como "anulação".

Texto do Código Civil de 2002:

Art. 179. Quando a lei dispuser que determinado ato é anulável, sem estabelecer prazo para pleitear-se a anulação, será este de dois anos, a contar da data da conclusão do ato.

Texto comentado por Caio Mário:
Idêntico ao do Código Civil.
Fonte: Projeto de 1975, art. 177.

COMENTÁRIO

O art. 171, ao arrolar os casos de anulabilidade do negócio jurídico, inicia-se com a menção genérica dos "casos expressamente declarados na lei". Quando esta dispuser sobre a anulabilidade, e não estabelecer prazo certo, este será de dois anos, contados do dia em que tiver sido realizado. Não se deve, entretanto, dissociar o princípio de que também será decadencial.

Texto do Código Civil de 2002:

Art. 180. O menor, entre dezesseis e dezoito anos, não pode, para eximir-se de uma obrigação, invocar a sua idade se dolosamente a ocultou quando inquirido pela outra parte, ou se, no ato de obrigar-se, declarou-se maior.

Texto comentado por Caio Mário:
"O menor, entre dezesseis e vinte e um anos, não pode, para se eximir de uma obrigação, invocar a sua idade, se dolosamente a ocultou, inquirido pela outra parte, ou se, no ato de se obrigar, espontaneamente se declarou maior."
Fontes: Código Civil de 1916, art. 155; Projeto de 1975, art. 178.

COMENTÁRIO

O Código dispensou-se de repetir a regra contida no art. 154 do de 1916, que expressamente declarava anuláveis os negócios jurídicos praticados sem autorização ou assistência. Reportando-se ao menor relativamente incapaz, o Código deixou implícito o princípio. Mas ressalvou, tal como fazia o art. 155 do de 1916, que não cabe a invocação de menoridade, se esta foi maliciosamente sonegada. A verdadeira razão está em que a ordem jurídica não pode conceder proteção a quem procedeu de má-fé no ato de se obrigar: *malitiis non est indulgendum.*

TEXTO DO CÓDIGO CIVIL DE 2002:

Art. 181. Ninguém pode reclamar o que, por uma obrigação anulada, pagou a um incapaz, se não provar que reverteu em proveito dele a importância paga.

TEXTO COMENTADO POR CAIO MÁRIO:
Idêntico ao do Código Civil.
Fontes: Código Civil de 1916, art. 157; Projeto de 1975, art. 179.

COMENTÁRIO

A disposição compreende toda espécie de incapacidade, seja absoluta, seja relativa. Anulada a obrigação, repõem-se as partes ao estado anterior (art. 182), e, em consequência, o que foi pago deve ser restituído a quem pagou. Ao incapaz, entretanto, não pode ser pedida sempre a restituição. Somente em provando o *solvens* que a importância paga reverteu em proveito dele (versão útil).

TEXTO DO CÓDIGO CIVIL DE 2002:

Art. 182. Anulado o negócio jurídico, restituir-se-ão as partes ao estado em que antes dele se achavam, e, não sendo possível restituí-las, serão indenizadas com o equivalente.

TEXTO COMENTADO POR CAIO MÁRIO:
Idêntico ao do Código Civil.
Fontes: Código Civil de 1916, art. 158; Projeto de Código de Obrigações de 1965, art. 76; Projeto de 1975, art. 180.

COMENTÁRIO

1. A sentença que anula um negócio jurídico insere-se na classe das constitutivas (constitutiva negativa, ou desconstitutiva). O Código, tal como fazia o art. 158 do de 1916, atribuiu-lhe dois efeitos: o *imediato*, que consiste na invalidação do negócio jurídico; e o *mediato*, que reside na reposição das partes ao *statu quo ante*. Não obstante certas discussões doutrinárias, com repercussão jurisprudencial que envolvia a regra do art. 158 do Código Civil de 1916, o que o art. 182 enuncia é que a restituição das partes ao estado anterior é uma consequência do decreto anulatório. Proferida sentença neste sentido, cabe ao interessado promover o retorno ao *statu quo* anterior, independentemente de novo procedimento. Caso contrário, a sentença anulatória desatenderá ao que enuncia o artigo.

2. O princípio comporta, entretanto, algumas exceções. A primeira, no caso do art. 181, que respeita o pagamento feito ao incapaz, se não for provada a versão útil. A segunda, no tocante aos frutos percebidos, que o possuidor de boa-fé faz seus (art. 1.214). Outra, ainda, em se tratando de contratos de execução sucessiva, quanto ao que um dos contraentes solveu como correspectivo de contraprestação recebida.

TEXTO DO CÓDIGO CIVIL DE 2002:

Art. 183. A invalidade do instrumento não induz a do negócio jurídico sempre que este puder provar-se por outro meio.

TEXTO COMENTADO POR CAIO MÁRIO:
Idêntico ao do Código Civil.

Fontes: Código Civil de 1916, art. 152, parágrafo único; Projeto de 1975, art. 181.

COMENTÁRIO

Quando a lei institui o requisito formal como da substância do ato, a declaração de vontade não vale, se revestir forma diferente: formalidade *ad substantiam*. Em tal caso, é a forma que dá existência ao negócio jurídico: *forma dat esse rei*. Quando, porém, a lei estabelece a exigência da forma como elemento de prova exclusivamente – *ad probationem tan-*

tum –, a declaração de vontade não é subordinada à validade do instrumento. Insubsistente este, prevalece, todavia, a declaração de vontade se se puder provar de outra maneira.

TEXTO DO CÓDIGO CIVIL DE 2002:

Art. 184. Respeitada a intenção das partes, a invalidade parcial de um negócio jurídico não o prejudicará na parte válida, se esta for separável; a invalidade da obrigação principal implica a das obrigações acessórias, mas a destas não induz a da obrigação principal.

TEXTO COMENTADO POR CAIO MÁRIO:
Idêntico ao do Código Civil.

Fontes: Código Civil de 1916, art. 153; Projeto de Código de Obrigações de 1965, art. 75; Projeto de 1975, art. 182.

COMENTÁRIO

1. A primeira parte do artigo repete a velha parêmia, segundo a qual *utile per inutile non vitiatur*. A parte útil do negócio jurídico não é contaminada pela parte inválida. A condição estabelecida para a invalidade está na inseparabilidade de uma em relação à outra.

2. A segunda parte aplica à teoria da nulidade a regra segundo a qual o acessório segue o principal: *acessorium sequitur principale*. Anulada a obrigação principal, não prevalecem seus acessórios. O mesmo dir-se-á da invalidade que não atingir a parte substancial da obrigação, caso em que se respeita a parte acidental.

3. O artigo faz uma invocação ociosa, ao iniciar-se com a declaração de respeito à intenção das partes, que condiz sempre com a interpretação do negócio jurídico, tal como vem expresso no art. 112.

Título II
DOS ATOS JURÍDICOS LÍCITOS

TEXTO DO CÓDIGO CIVIL DE 2002:

Art. 185. Aos atos jurídicos lícitos, que não sejam negócios jurídicos, aplicam-se, no que couber, as disposições do Título anterior.

TEXTO COMENTADO POR CAIO MÁRIO:
Idêntico ao do Código Civil.
Fonte: Projeto de 1975.

COMENTÁRIO

A disposição tem como inspiração o art. 295 do Código Civil Português de 1966, que assim dispõe: "*Aos atos jurídicos, que não sejam negócios jurídicos, são aplicáveis, na medida em que a analogia das situações o justifique, as disposições do capítulo precedente*". O que o artigo enuncia, tal como o seu modelo menciona, é que, havendo o Código perfilhado a noção do negócio jurídico, considerou desnecessário repetir os mesmos conceitos em relação aos atos jurídicos que não constituam negócios jurídicos. Vale dizer: por extensão analógica, os requisitos de validade, as modalidades, os defeitos e a teoria das nulidades, construídos em torno do negócio jurídico, aplicam-se aos atos jurídicos em geral.

Ao transpor para o nosso Direito o modelo português, o novo Código qualificou os atos jurídicos, com a menção da liceidade. Procedeu desnecessariamente. Ninguém ignora que, numa distribuição global, as ações humanas ou se submetem à ordem legal, ou contra ela se insurgem. No primeiro plano, estão os atos lícitos, geradores de direitos e de obrigações para o agente. Ao passo que, no segundo, está toda espécie de comportamento contrário ao Direito, que somente cria obrigações para o agente, jamais constituindo direitos para ele. No rigor dos princípios, todos os autores, sistematizando os dois tipos de ações humanas, distinguem com nitidez o lícito do ilícito. É da mais absoluta obviedade que não poderia a lei civil destinar ao comportamento ilícito os requisitos de validade, a representação, a condição, o termo, o encargo, o erro, o dolo, a coação, o estado de perigo, a lesão, a fraude contra credores, a invalidade dos atos negociais.

Quando, pois, o art. 185 manda que se apliquem analogicamente aos atos jurídicos as disposições relativas aos negócios jurídicos, não tem em vista, como jamais poderia ter, os atos ilícitos, cuja dogmática é desenvolvida no Título III, arts. 186 a 188.

O art. 185, na referência à liceidade dos atos a que se reporta, contém desnecessária superfetação. E pode ser simplesmente assim entendido. Distinguindo as ações humanas em duas classes – lícitas e ilícitas –, divide as primeiras em dois grupos: negócios jurídicos e atos jurídicos em geral. A estes, manda aplicar, no que couber, as disposições relativas aos negócios jurídicos. Aos atos ilícitos, reserva o disposto nos arts. 186 a 188.

TÍTULO III
DOS ATOS ILÍCITOS

Texto do Código Civil de 2002:

Art. 186. Aquele que, por ação ou omissão voluntária, negligência ou imprudência, violar direito e causar dano a outrem, ainda que exclusivamente moral, comete ato ilícito.

Texto comentado por Caio Mário:

Idêntico ao do Código Civil.

Fontes: Código Civil de 1916, art. 159; Projeto de 1975, art. 184.

Nota dos atualizadores:

No Direito brasileiro, a Constituição da República de 1988 pôs termo à discussão em torno da possiblidade de indenização por dano moral, ao reconhecê-la como direito fundamental, no art. 5º, V e X.

COMENTÁRIO

1. O novo Código adota na conceituação do ato ilícito a noção que o de 1916 adotava. E incidiu na mesma falha em que este incorrera, ao manter na Parte Geral o princípio da responsabilidade pelo comportamento ilícito, transpondo para a Parte Especial (arts. 927 e seguintes) a respectiva dogmática.

Genericamente considerado, o ato ilícito consiste na violação do direito alheio, ou no dano causado a outrem por ação ou omissão voluntária, negligência ou imprudência. Ao se transpor para o novo Código o disposto no art. 159 do de 1916, ocorreu um deslize que necessita esclarecimento, a fim de evitar dúvidas. Nos seus elementos, constitui ato ilícito a violação do direito ou o dano causado. Tal como está redigido, parece que o novo Código repudiou a alternativa, e exige como seus fatores etiológicos a conjugação de uma e de outro.

A iliceidade da conduta está no procedimento contrário a um dever preexistente, seja por ação, seja por omissão. Reside ainda na ausência de cuidados hábeis a evitar o dano (negligência) ou no abandono das cautelas normais a observar (imprudência). Na sua etiologia, hão de estar presentes: a) uma conduta, que se configura na realização intencional ou meramente previsível de um resultado (ENNECCERUS); b) violação de um dever preexistente, contido em norma de caráter geral (lei) ou de cunho privado (contrato); c) o dano, ou seja, a penetração da conduta na esfera jurídica alheia; d) relação de causalidade entre a violação do dever e o dano causado.

2. O comportamento antijurídico pode dar-se por *culpa* ou *dolo*. A *culpa* consiste na infração do dever a que o agente é adstrito, independentemente de ter consciência do resultado danoso. O *dolo* constitui a violação de uma norma de comportamento, com a consciência do resultado, porém independentemente de pretender o agente aquele resultado. Na caracterização do ato ilícito, não há distinguir uma e outro, pois que toda conduta antijurídica ou toda violação da norma preexistente é bastante para defini-lo.

3. O dano causado pode ser material ou simplesmente moral. *Dano material* é a lesão de um bem ou direito economicamente apreciável, por se achar incorporado ao patrimônio da vítima. *Dano moral* é a ofensa a um bem jurídico ou de um direito que não compõe o patrimônio, mas nem por isso é desmerecedor de proteção do Direito. Em nosso sistema jurídico, como de maneira geral, é matéria muito controvertida a reparação do dano moral.[5] Há os que simplesmente negam a ressarcibilidade (POTHIER, KELLER, CHIROM). Há os que somente a admitem quando ela atinge a integridade do patrimônio (DERNBURG, GIORGI). E há os que consideram que é indenizável o dano exclusivamente moral (MAZEAUD e MAZEAUD).

4. O novo Código propendeu para esta última corrente, que, aliás, vem conquistando adeptos na doutrina civilista moderna, e particularmente em nosso Direito. Com esta orientação, o novo Código afasta[6] um dos mais generalizados argumentos que são levantados contra a reparabilidade do dano exclusivamente moral, que é a inexistência de um princípio genérico. Em face do art. 186, todo ato ilícito, quer percuta no patrimônio da vítima, quer atinja um bem jurídico sem valor econômico, deve ser reparado.

5. A reparação do dano material ou patrimonial consiste em proporcionar à vítima um bem ou um valor que venha restabelecer a equação patrimo-

5 Cf. nota dos atualizadores, acima.

6 Cf. nota dos atualizadores, acima.

nial. Algo que substitui aquilo de que se privou o lesado. É bem definido como *indenização*. Na reparação do dano moral está presente a ideia de *compensação*: proporcionar à vítima meios ou recursos que lhe compensem o bem jurídico atingido, ainda que seja o sofrimento simplesmente.

TEXTO DO CÓDIGO CIVIL DE 2002:

Art. 187. Também comete ato ilícito o titular de um direito que, ao exercê-lo, excede manifestamente os limites impostos pelo seu fim econômico ou social, pela boa-fé ou pelos bons costumes.

TEXTO COMENTADO POR CAIO MÁRIO:
Idêntico ao do Código Civil.
Fontes: Projeto de Código de Obrigações de 1965, art. 857; Projeto de 1975, art. 185.

COMENTÁRIO

1. Com este dispositivo, o Código, na linha de orientação do Projeto de Código de Obrigações de 1965, consagra a teoria do *abuso de direito*, qualificado na conceituação genérica do ato ilícito. A matéria, que é controvertida em doutrina, encontra ainda resistências legislativas. O Direito moderno, entretanto, vê nesta doutrina uma necessária amenização do individualismo jurídico.

Com efeito, se se pudesse levar às últimas consequências a ideia segundo a qual o titular de um direito subjetivo pode exercê-lo sem limitações, repetir-se-ia o princípio consagrado no Digesto, a dizer que nenhum dolo comete aquele que usa seu direito: *Nullus videtur dolo facere, qui suo iure utitur.* Cumpre, todavia, assinalar que a harmonia social deve subordinar o desfrute ou a utilização das faculdades oriundas do direito individual ao princípio da convivência, e conciliar o seu exercício com o respeito à esfera jurídica alheia. Destarte, estabelece-se que o uso do direito sofre limitações, condicionadas à circunstância de se não converter em prejuízo para outrem.

2. O fundamento teórico da doutrina do abuso de direito ora repousa na relatividade dos direitos, em contraposição ao caráter absoluto deles (JOSSERAND), ora no fato de que não pode ser exercido em ofensa à regra moral (Ripert), ora simplesmente em que o sujeito não pode usá-lo levando um malefício a outrem.

3. Consagrando a doutrina do abuso do direito, coloca-se o Código na situação contrária à tese de Planiol, para quem a noção mesma de abuso é incompatível com a de direito, por conter uma contradição nos próprios termos (*contradictio in adjecto*). O art. 187 oferece os extremos da caracterização do abuso do direito, assentando que o exercício dele há de ser limitado.

Não basta que o queixoso alegue, argua que o titular se excedeu. É mister convença haver ele cometido excesso ostensivo ou manifesto.

O parâmetro instituído no Código está em que o sujeito de um direito subjetivo não o pode exercer em afronta à sua finalidade econômica ou social, ou contrariando o princípio da boa-fé ou os bons costumes. Não importa, na caracterização do uso ilícito do direito, a deliberação de malfazer – *animus nocendi*. É suficiente determinar que, sem esta indagação extremamente subjetivista, abusa de seu direito aquele que leva o seu exercício ao extremo de convertê-lo em prejuízo para outrem sem vantagem para si mesmo. O propósito de causar dano não requer apuração da intenção íntima do titular. Induz-se da circunstância de se servir dele o titular, excedendo manifestamente o seu fim econômico ou social, ou atentando contra a boa-fé ou os bons costumes.

Texto do Código Civil de 2002:

Art. 188. Não constituem atos ilícitos:

I – os praticados em legítima defesa ou no exercício regular de um direito reconhecido;

II – a deterioração ou destruição da coisa alheia, ou a lesão a pessoa, a fim de remover perigo iminente.

Parágrafo único. No caso do inciso II, o ato será legítimo somente quando as circunstâncias o tornarem absolutamente necessário, não excedendo os limites do indispensável para a remoção do perigo.

Texto comentado por Caio Mário:

Idêntico ao do Código Civil.

Fontes: Código Civil de 1916, art. 160; Projeto de Código de Obrigações de 1965, art. 860; Projeto de 1975, art. 186.

COMENTÁRIO

1. Pelo disposto no art. 186, em conformidade com a doutrina, no conceito de ato ilícito está ínsita a ideia de procedimento contra direito. Em alguns casos, entretanto, a conduta do agente, pela sua exteriorização, parece reunir todos os elementos de um comportamento ilegítimo, e, no entanto, a ordem jurídica justifica-o, escoimando-o de iliceidade: legítima defesa, estado de necessidade e uso regular de um direito.

2. Legítima defesa. É uma excusativa que tanto vige no Direito Criminal, eximindo de imputabilidade o agente, quanto no Direito Civil, desclassificando o ato da categoria de ilícito para o campo da liceidade. Seus contornos gerais são estes:

2.1. Repulsa de uma agressão injusta. Se o ato contra o qual se insurge o agente não é ilegítimo, a defesa deixa de ser justa.

2.2. O agente repele uma agressão atual. Se o fato contra o qual se dirige é já passado ou consumado, caberá recurso às vias judiciais e não às de fato. Do mesmo modo, não se compadece com a legitimidade da defesa uma reação presuntiva.

2.3. Regra é que a ordem legal não tolera que alguém faça justiça com as próprias mãos. Sendo possível *evitar* a agressão mediante apelo às autoridades, a defesa não é legítima.

2.4. O agente deve guardar proporcionalidade entre a agressão e a repulsa. Excedendo-a, descaracteriza a legítima defesa: *moderamen inculpatae tutelae.*

Somente reunindo estes elementos será lícito a alguém repelir a violência pela violência: *vim vi repellere licet.*

3. Estado de necessidade.

3.1. É óbvio que a destruição ou deterioração de coisa alheia é comportamento ilícito. Legitima-se, entretanto, se tiver por objeto a remoção de perigo iminente. Dois direitos estão em confronto: o próprio e o de outrem. Na preservação do seu, o agente outra via não encontra senão sacrificar o alheio. Segundo o disposto no Código, dois são os requisitos da legitimidade da deterioração ou destruição de coisa alheia: ser *iminente* o perigo a que esteja exposta sua pessoa ou coisa; e ser *inevitável* o atentado contra a alheia.

3.2. O mesmo raciocínio, com mais extremado rigor, aplica-se ao sacrifício à pessoa de outrem, que somente deixa de ser ilícito se o agente se encontrar em estado real de necessidade de o fazer.

3.3. O parágrafo único define o estado de necessidade somente quando as circunstâncias tornarem absolutamente necessário atingir a pessoa ou coisa alheia, e o agente proceder nos limites do indispensável para a remoção do perigo.

4. Lícito é o procedimento quando no exercício regular de um direito. O agente justificar-se-á proclamando: *"Fiz, mas fiz amparado pelo direito"* – *feci, sed iure feci*. O ilícito é um procedimento contrário ao Direito. Se o agente procede no exercício regular do direito reconhecido, age licitamente. Esta excusativa há de conciliar-se com o disposto no art. 187, que considera ilícito o abuso de direito. Tal conciliação exige cautela e sensibilidade. O exercício do direito deixa de ser ilícito, quando *regular*, isto é, não abusivo, ou não inspirado no propósito malfazejo. É regular o exercício do direito quando não exceder os limites de sua finalidade econômica ou social.

5. A equação jurídica exige, entretanto, que ao dono da coisa deteriorada ou destruída caiba o direito de se ressarcir do dano causado, se não for ele culpado do perigo. Se o agente o tiver indenizado, tem ação regressiva contra aquela terceira pessoa, cuja culpa gerou a situação.

Título IV
DA PRESCRIÇÃO E DA DECADÊNCIA

Capítulo I
DA PRESCRIÇÃO

Seção I
Disposições Gerais

TEXTO DO CÓDIGO CIVIL DE 2002:

Art. 189. Violado o direito, nasce para o titular a pretensão, a qual se extingue, pela prescrição, nos prazos a que aludem os arts. 205 e 206.

TEXTO COMENTADO POR CAIO MÁRIO:
Idêntico ao do Código Civil.
Fontes: Anteprojeto de Código de Obrigações de 1965, art. 263; Projeto de 1975, art. 187.

COMENTÁRIO

1. Prescrição e decadência. O Código Civil de 1916, sob a epígrafe genérica "Da Prescrição", reunia todas as hipóteses de extinção do direito por ação do tempo, relegando à doutrina a sua extremação da "decadência". Esta distinção não é fácil, e tem desafiado os melhores juristas.

Pode-se dizer que o tempo exerce função de relevo nas relações jurídicas; seja como requisito de seu nascimento; seja como condição de seu exercício, seja quando é causa de sua extinção. É sob este aspecto que se cogita da prescrição e da decadência.

A prescrição pode ser considerada como elemento para a aquisição do direito real. Recebe o qualificativo de *prescrição aquisitiva* (usucapião), aliada a outros fatores, e é objeto do que se dispõe nos arts. 1.238 e seguintes. Aqui, neste Capítulo, somente se cogita da *prescrição extintiva ou liberatória*, que conduz à perda do direito pelo decurso do tempo, aliado a outros fatores também.

De dois modos a relação de direito se extingue *tractu temporis:* pela *prescrição* e pela *decadência*. Ambos os fenômenos têm como pressuposto o decurso do tempo. E de tal modo é ele comum a ambos, que não faltou quem confundisse os dois institutos, negando-lhes extremação. A doutrina moderna os dicotomiza, contudo, embora na prática ocorra dificuldades sensíveis na sua diferenciação. A ciência pandectista alemã, com Dernburg e Windscheid, coloca a diversificação de uma e de outra em que, para a prescrição concorre o não exercício do direito, enquanto que na decadência prevalece o decurso do próprio tempo. Os mais modernos estabelecem que a *prescrição* decorre da inércia do titular, ao permitir que contra o seu direito se estabeleça e consolide uma nova situação jurídica. Na *decadência* ou *caducidade*, basta que o titular deixe de exercitar o seu direito no tempo previsto (Enneccerus, Kipp e Wolff, Andreas Von Tuhr, Heinrich Lenmann, Karl Larenz, Ruggiero e Maroi, Alberto Trabucchi, Ludovico Barassi, Gianturco). Pode ser *legal*, quando é a lei que estabelece o prazo decadencial; e *voluntária* ou *convencional*, quando instituída pelas partes no negócio jurídico.

O Código Civil, ao contrário do de 1916, destacou a prescrição e a decadência, não apenas sob o aspecto de sua colocação, dedicando à primeira os arts. 189 a 206, enquanto aludiu à segunda nos arts. 207 a 211. O que sobretudo o caracteriza, neste particular, é referir-se à prescrição englobadamente em um Capítulo, ao passo que menciona os casos de decadência, destacadamente, sempre que condicionar o exercício de um direito potestativo a um prazo preclusivo.

2. Para conceituar a prescrição, o Código partiu da ideia de pretensão. Foi a dogmática alemã que lhe deu origem. O titular de um direito subjetivo recebe da ordem jurídica o poder de exercê-lo, e normalmente o exerce, sem obstáculo ou oposição de quem quer que seja. Se, entretanto, num dado momento, ocorre a sua *violação* por outrem, nasce para o titular uma *pretensão* exigível juridicamente - *Anspruch*. O sujeito não conserva indefinidamente a faculdade de intentar um procedimento judicial defensivo de seu direito. A lei, ao mesmo tempo que a reconhece, estabelece que a *pretensão* deve ser exigida em determinado prazo, sob pena de perecer. Pela prescrição extingue-se a pretensão (*Anspruch*), no prazo que a lei estabelece.

3. Fundamento. No plano puramente positivista, não há o que discutir ou discretear. A lei estatui em que condição e em que prazos ocorre a prescrição. No campo doutrinário, há que estabelecer por que motivo um direito deixa de ser exigido, ou uma relação jurídica extingue-se, por haver perdido o titular a pretensão judicialmente exigível. Para o nosso direito pré-codificado, implicava ela uma pena, com que punia o credor negligente. Outros entendem que simplesmente induz a presunção de pagamento (Pothier). Modernamente, prevalece a convicção que ela se inspira no desejo de instituir a paz social e tranquilidade da ordem jurídica. Se é certo que o titular de um direito tem a faculdade de mobilizar as forças cogentes do Estado para reprimir qualquer violação, certo é também que há um interesse de *ordem pública* em que cessem as incertezas em torno da existência e da eficácia dos direitos (Carpenter). Não se justifica, destarte, que o sujeito de uma relação jurídica deixe que contra ele se estabeleça e se convalide uma situação adversa, e volvido lapso prolongado movimente a Justiça para combatê-la. Tendo em vista a inatividade prolongada do titular, a lei lhe nega a faculdade de defesa, em troca do sossego público. A prescrição importa uma espécie de *renúncia tácita e presumida* à faculdade de fazer valer o direito, e neste sentido é proclamada *patrona generis humani*, geradora do efeito sedativo das incertezas sociais.

4. Extensão. Não importa quem seja o sujeito. Tanto as pessoas físicas quanto as pessoas jurídicas se sujeitam aos seus efeitos, ativa e passivamente, isto é: dela se beneficiam, ou sofrem-lhe as consequências. E não cabe indagar se o devedor prescribente está ou não de boa-fé. Ao contrário do nosso direito pré-codificado, que não a reconhecia ao devedor de má-fé, o direito moderno não entra nesta pesquisa subjetiva.

5. Elementos. Segundo os conceitos doutrinários, incorporados no artigo, para operar, a prescrição requer o concurso de dois elementos essenciais: o tempo e a inércia do titular. Não basta o decurso do *lapsus temporis*. Pode ele ser mais ou menos prolongado, sem que provoque a extinção do direito. Ocorre, muitas vezes, que a não utilização deste é mesmo a forma de o exercer. Para que se consume a prescrição é mister que o decurso do prazo esteja aliado à inatividade do sujeito, em face de uma violação. E esta, conjugada com a inércia do titular, implica a cessação da relação jurídica e extinção da pretensão.

6. Natureza dos direitos. A prescritibilidade alcança todos os direitos patrimoniais de caráter privado. Escapam-lhe aos efeitos os direitos de família puros, os que se prendem imediatamente à personalidade ou ao estado das pessoas, bem como os que são peculiares ao indivíduo. Não prescrevem, igualmente, as faculdades legais, e se distinguem das faculdades convencionais, estas, sim, prescritíveis. Não se estende, contudo, a imprescritibilidade aos *efeitos patrimoniais* dos direitos imprescritíveis.

7. Acessórios. Como consequência da regra *acessorium sequitur principale*, com o principal prescrevem os direitos acessórios. O Código Civil de 1916 (art. 167) enunciava-o. Embora o novo Código o tenha omitido, prevalece o princípio, pois que não se pode admitir que a prescrição extinga a relação jurídica, e subsista a pretensão tendo como objeto os seus efeitos.

Texto do Código Civil de 2002:

Art. 190. A exceção prescreve no mesmo prazo em que a pretensão.

Texto comentado por Caio Mário:
Idêntico ao do Código Civil.

Fontes: Projeto de Código de Obrigações de 1965, art. 270; Projeto de 1975, art. 188.

COMENTÁRIO

O Direito Romano enunciava a imprescritibilidade das exceções – *quae temporalia sunt ad agendum perpetua sunt ad excipiendum*, e com ele o Projeto de Código de Obrigações de 1965 (art. 270). Assim procedendo, admitia-se que a faculdade de opor uma defesa subsiste enquanto permanece a pretensão de contendor. Redigida em forma negativa, não tem outro alcance a norma do art. 190. Não se extingue a oponibilidade da exceção, que é técnica de defesa, antes de formulada a pretensão, que é instrumento de exigibilidade. Prescrita, entretanto, a pretensão, *ipso facto* cessa com ela a faculdade de defesa.

Texto do Código Civil de 2002:

Art. 191. A renúncia da prescrição pode ser expressa ou tácita, e só valerá, sendo feita, sem prejuízo de terceiro, depois que a prescrição se consumar; tácita é a renúncia quando se presume de fatos do interessado, incompatíveis com a prescrição.

Texto comentado por Caio Mário:
Idêntico ao do Código Civil.

Fontes: Código Civil de 1916, art. 161; Projeto de Código de Obrigações de 1965, art. 264; Projeto de 1975, art. 189.

COMENTÁRIO

1. O art. 114 alude à *renúncia* como declaração de vontade abdicativa de um direito. A prescrição pode ser renunciada. Expressamente, quando o interessado declara abrir mão dela, mantendo o direito em pleno vigor. Tacitamente, quando o seu comportamento implica o reconhecimento da pretensão, não obstante o decurso do prazo prescricional. A primeira emana do próprio instrumento, enquanto a segunda resulta das circunstâncias, por exemplo, se o devedor executa a obrigação depois de escoado o prazo prescricional.

2. A renúncia da prescrição somente tem cabimento após a sua consumação. Não vale se previamente feita, em razão do caráter de ordem pública de que é revestida. Ainda a já consumada, está subordinada a dois pressupostos: o primeiro é a capacidade jurídica do renunciante, pois nesse momento já é um direito, e para dispor dele é requerida aptidão legal (cf. art. 265 do Projeto de Código de Obrigações de 1965); e o segundo reside no respeito aos direitos de terceiros, que não podem ser sacrificados pelo renunciante, como ocorre no caso de a renúncia da prescrição reduzir o patrimônio e, por via de consequência, a garantia genérica que este representa para os credores.

3. Na forma do que dispõe o art. 114, a respectiva declaração de vontade interpreta-se restritivamente.

Texto do Código Civil de 2002:

Art. 192. Os prazos de prescrição não podem ser alterados por acordo das partes.

Texto comentado por Caio Mário:
Idêntico ao do Código Civil.
Fonte: Projeto de 1975, art. 190.

COMENTÁRIO

1. Sendo de ordem pública, os prazos prescricionais não podem ser alterados por pactos privados: *privatorium pactis mutari non possunt*. Sua redução importa condenar a pretensão a uma vida mais curta, e, em consequência, a respectiva relação jurídica cessa em detrimento do credor. Sua extensão equivale a uma renúncia parcial, na proporção em que é alongado, e, desta sorte, de alongamento em alongamento, chega-se à renúncia à própria prescrição, o que é defeso (art. 191).

2. Se na prescrição não podem ser alterados os prazos, isto é admissível na decadência. Quando o vendedor estende o prazo de sua responsabilidade pela coisa vendida, está alongando o prazo que a lei concede ao adquirente, para invocá-la por vício redibitório (art. 441). Cláusula neste sentido é válida, e deve ser qualificada como "decadência convencional", que merece do Código tratamento próprio (art. 211).

Texto do Código Civil de 2002:

Art. 193. A prescrição pode ser alegada em qualquer grau de jurisdição, pela parte a quem aproveita.

Texto comentado por Caio Mário:
"A prescrição pode ser alegada, em qualquer instância, pela parte a quem aproveita."
Fontes: Código Civil de 1916, art. 162; Projeto de Código de Obrigações, art. 267; Projeto de 1975, art. 191.

Nota dos atualizadores:
O Código de Processo Civil de 2015 disciplina a prescrição intercorrente nos arts. 921, § 4º, e 924, V.

COMENTÁRIO

1. Não previne o direito de invocar a prescrição o fato de não ter sido alegada na resposta do réu. Nem resta preclusa pelo saneamento do processo ou pela sentença de primeiro grau. Em qualquer tempo o prescribente pode invocá-la em primeira e segunda instância, devendo ser apreciada no julgamento que se seguir. A omissão do interessado, por si só, não pode ser considerada como renúncia tácita. É um direito do devedor discutir o mérito da causa, sem alegá-la, e, mesmo que lhe venha sentença de primeiro grau desfavorável, postular a extinção do processo, com a arguição de se ter extinta a pretensão do credor.

2. Tem-se discutido a prescrição do direito do vencedor à execução do julgado. E, na solução da pendência, três teses se levantam: a da imprescritibilidade; a da prescrição *longi temporis* (dez anos, pelo art. 205); e a do mesmo prazo do direito. A imprescritibilidade não pode ser acolhida, pela regra geral de não haver em nosso sistema direitos imprescritíveis. A do prazo geral, embora encontrando amparo em Teixeira de Freitas, Corrêa Telles e Clóvis Beviláqua, encontra contradita em que é ilógico sustentar que o credor tem prazo curto para ser reconhecido seu direito, mas o tem longo para fazê-lo valer. Resta estabelecer que a execução do julgado prescreve no prazo da pretensão originária.

3. Questão que tem sido discutida é a da prescrição intercorrente. Instaurada a instância, com despacho do juiz e citação do devedor, interrompe-se a prescrição (art. 202, I). Mas, se o autor deixar o feito sem andamento, por desídia sua, por tempo correspondente ao lapso da prescrição, opera-se esta. A matéria é polêmica, e, no tocante à ação rescisória, o Supremo Tribunal Federal proclama a prescrição intercorrente (*Súmula da Jurisprudência Predominante*, Verbete 264).

TEXTO DO CÓDIGO CIVIL DE 2002:

~~**Art. 194.** O juiz não pode suprir, de ofício, a alegação de prescrição, salvo se favorecer a absolutamente incapaz.~~ (Artigo revogado pela Lei nº 11.280/2006)

TEXTO COMENTADO POR CAIO MÁRIO:

"O juiz não pode suprir, de ofício, a alegação de prescrição, salvo se favorecer a absolutamente incapaz."

NOTA DOS ATUALIZADORES:

De acordo com o art. 487, II, do Código de Processo Civil de 2015, a prescrição pode ser conhecida de ofício. Nesse particular, a supressão do dispositivo originalmente constante do Código Civil de 2002, por força da Lei nº 11.280, de 16 de fevereiro de 2006, rompeu com tradição do Direito brasileiro, que condicionava o reconhecimento da prescrição à iniciativa do interessado.

Fontes: Código Civil de 1916, art. 166; Projeto de Código de Obrigações de 1965, art. 267; Projeto de 1975, art. 192.

COMENTÁRIO

1. A redação não é feliz. Não está em jogo problema de suprimento de vontade. O que fica assentado é que a arguição da prescrição é posta a critério do interessado, que pode invocá-la. No entanto, pode deixar de alegá-la, ou porque confia nos outros meios de defesa, ou porque não quer ver trancada a lide, sem apreciação do mérito. Pode até, por convicção filosófica, entender que moralmente não deve aproveitar-se da prescrição. Ao juiz não cabe apreciar a atitude do demandado. Somente lhe cabe decretar a prescrição, em face de alegação dela, como exceção peremptória.

2. Na linha de orientação do Projeto de Código de Obrigações de 1965, o novo Código abriu exceção ao princípio, e admitiu que, em favor de pessoa absolutamente incapaz, pode-se pronunciar a prescrição. Ao representante dele, cumpria fazê-lo. No seu silêncio, cabe o suprimento judicial (e somente neste caso é lícito falar em suprimento), não permitindo o julgador que se prevaleça o litigante de um direito prescrito, na falta do representante.

3. Quanto à decadência, tem cabimento sua decretação independentemente de alegação da parte. Este é um dos motivos diferenciais em relação à prescrição.[7] Se a lei subordina um direito ao seu exercício em prazo determinado, extingue-se ele, automaticamente, pela inércia do titular.

Sendo, porém, convencional a decadência, não opera de pleno direito, fazendo-se mister a alegação do interessado.

TEXTO DO CÓDIGO CIVIL DE 2002:

Art. 195. Os relativamente incapazes e as pessoas jurídicas têm ação contra os seus assistentes ou representantes legais, que derem causa à prescrição, ou não a alegarem oportunamente.

TEXTO COMENTADO POR CAIO MÁRIO:

Idêntico ao do Código Civil.

Fontes: Código Civil de 1916, art. 164; Projeto de Código de Obrigações de 1965, art. 268; Projeto de 1975, art. 193.

NOTA DOS ATUALIZADORES:

De acordo com o art. 487, II, do Código de Processo Civil de 2015, a prescrição pode ser conhecida de ofício. Nesse particular, a supressão do dispositivo originalmente constante do Código Civil rompeu com tradição do Direito brasileiro, que condicionava o reconhecimento da prescrição à iniciativa do interessado (ver comentário ao art. 194).

COMENTÁRIO

Genericamente, quem quer que, por ação ou omissão, cause dano a outrem, está sujeito a reparar o dano. O art. 195, reproduzindo regra análoga à do Código Civil de 1916 e do art. 268 do Projeto de Código de Obrigações de 1965, tem em vista, especificamente, o assistente de pessoa relativamente incapaz, ou órgão de atuação de pessoa jurídica que, por omissão, deixa prescrever um direito, ou de alegar oportunamente a respectiva extinção.

O Código não alude ao absolutamente incapaz, naturalmente, porque o art. 194 permite ao juiz suprir, de ofício, a alegação de prescrição. Tal não ocorrendo, a responsabilidade estende-se ao seu representante

7 Cf. nota dos atualizadores, acima.

legal, e pode ser promovida por quem venha representar o incapaz, ou por este em cessando a incapacidade.

Texto do Código Civil de 2002:

Art. 196. A prescrição iniciada contra uma pessoa continua a correr contra o seu sucessor.

Texto comentado por Caio Mário:
Idêntico ao do Código Civil.
Fontes: Código Civil de 1916, art. 165; Projeto de Código de Obrigações de 1965, art. 269; Projeto de 1975, art. 194.

COMENTÁRIO

Por causa de morte, os direitos passam aos herdeiros. Iniciada a prescrição contra o *de cujus*, continua, e pode ser alegada para extinguir pretensão do herdeiro. O artigo encerrou uma dúvida que se levantava no regime do Código de 1916. Aludindo ele a "herdeiro", polemizava-se se compreendia também o sucessor a título singular. Neste sentido militava a melhor doutrina, com Clóvis Beviláqua, Carpenter, Numa do Valle, Ary Franco. O novo Código, usando o vocábulo genérico "sucessores", encerrou a questão. A *acessio temporis*, reconhecido quanto à usucapião, no art. 1.243, aplica-se na prescrição extintiva. Iniciada contra uma pessoa, continua contra quem lhe sucede na relação jurídica, qualquer que seja o título por via do qual ocorre a transmissão do direito.

Seção II
Das causas que impedem ou suspendem a prescrição

Texto do Código Civil de 2002:

Art. 197. Não corre a prescrição:
I – entre os cônjuges, na constância da sociedade conjugal;
II – entre ascendentes e descendentes, durante o poder familiar;
III – entre tutelados ou curatelados e seus tutores ou curadores, durante a tutela ou curatela.

Texto comentado por Caio Mário:

"Não corre a prescrição:

I – entre os cônjuges, na constância da sociedade conjugal;

II – entre ascendentes e descendentes, durante o pátrio poder;

III – entre tutelados ou curatelados e seus tutores ou curadores, durante a tutela ou curatela."

Fontes: Código Civil de 1916, art. 168; Projeto de Código de Obrigações de 1965, art. 273; Projeto de 1975, art. 195.

Nota dos atualizadores

Conforme evidencia a leitura dos arts. 1.630 e seguintes, o Código Civil preferiu a designação "poder familiar" à expressão "pátrio poder", adotada pelo Código Civil de 1916 e no comentário de Caio Mário, abaixo.

COMENTÁRIO

1. A ocorrência da pretensão (*Anspruch*) dá início ao curso da prescrição, por prazo que não pode ser alterado pelas partes, por ser de ordem pública. Razões especiais há, todavia, que o legislador erige em obstáculo a que a prescrição tenha começo (causas impeditivas), ou fique suspensa (causas suspensivas). O art. 197 arrola motivos de ordem moral. Entre pessoas que são ou devem ser ligadas por laços afetivos, não deve correr a prescrição: cônjuges na constância do casamento; ascendentes e descendentes durante o pátrio poder; tutelados e curatelados e seus tutores ou curadores, durante a tutela ou curatela. Nas respectivas situações jurídicas, a prescrição não tem começo; e se iniciada fica suspensa, enquanto a mesma subsistir.

2. O Código trata aqui das causas impeditivas e suspensivas da prescrição extintiva. *Mutatis mutandis*, as mesmas razões morais militam no sentido de se aplicarem à aquisitiva.

3. Desde já, cumpre ressaltar que, ocorrendo causa suspensiva da prescrição já iniciada, recomeça a correr desde o momento em que venha a cessar. Por este motivo, à parte do prazo decorrido até a ocorrência da causa suspensiva, adiciona-se a que fluir dela.

Texto do Código Civil de 2002:

Art. 198. Também não corre a prescrição:

I – contra os incapazes de que trata o art. 3°;

II – contra os ausentes do País em serviço público da União, dos Estados ou dos Municípios;

III – contra os que se acharem servindo nas Forças Armadas, em tempo de guerra.

Texto comentado por Caio Mário:

Idêntico ao do Código Civil.

Fontes: Código Civil de 1916, art. 169; Projeto de Código de Obrigações de 1965, art. 272; Projeto de 1975, art. 196.

COMENTÁRIO

Não podendo os absolutamente incapazes, em qualquer hipótese, defender seus interesses, estão a cavaleiro da prescrição, que fica suspensa, ou não se inicia, durante a incapacidade, mas recomeça a correr em vindo esta a cessar.

Os que se acham no exterior em serviço público, e os que estiverem servindo sob as bandeiras em tempo de guerra, não podem ser prejudicados pela fluência de prazo prescricional.

Em todos esses casos, vigora princípio de proteção.

Texto do Código Civil de 2002:

Art. 199. Não corre igualmente a prescrição:

I – pendendo condição suspensiva;

II – não estando vencido o prazo;

III – pendendo ação de evicção.

Texto comentado por Caio Mário:

Idêntico ao do Código Civil.

Fontes: Código Civil de 1916, art. 170; Projeto de 1975.

COMENTÁRIO

1. O novo Código reitera a norma contida no art. 170 do Código Civil de 1916 apenas por amor à tradição. A regra é, na verdade, ociosa. Se a prescrição somente tem início a partir de quando nasce a pretensão (art. 189), não pode ter início na pendência de condição suspensiva, ou estando em curso o prazo, porque numa e noutra hipótese inexiste ainda pretensão judicialmente exigível.

2. Proposta por terceiro ação de evicção (art. 447), não pode o adquirente da coisa sujeita ao risco desta invocar a prescrição, enquanto não for encerrada por sentença final.

3. A essas causas impeditivas ou suspensivas enunciadas neste e nos artigos antecedentes, acrescente-se qualquer acontecimento que impossibilite o credor de promover a defesa de seus direitos (Colin et Capitant). Contra quem não pode agir não corre a prescrição: *contra non valentem agere non currit praescriptio.*

Texto do Código Civil de 2002:

Art. 200. Quando a ação se originar de fato que deva ser apurado no juízo criminal, não correrá a prescrição antes da respectiva sentença definitiva.

Texto comentado por Caio Mário:
Idêntico ao do Código Civil.

Fontes: Projeto de Código de Obrigações de 1965, art. 285; Projeto de 1975, art. 198.

Nota dos atualizadores:
No texto comentado, Caio Mário refere-se ao Código de Processo Civil de 1973. No Código de Processo Civil de 2015, os dispositivos citados correspondem aos arts. 515, VI, e 516. De acordo com o art. 515, VI, do Código de Processo Civil e com o art. 63 do Código de Processo Penal, a sentença penal condenatória transitada em julgado é título executivo judicial perante o juízo cível. O Código de Processo Penal, nos arts. 63 a 68, disciplina a interação entre os juízos cível e criminal.

COMENTÁRIO

Filosoficamente, predomina o princípio da unidade da justiça. Embora a responsabilidade civil seja independente da criminal (art. 935), a pendência de processo criminal suspende o curso da ação fundada em fato que deva ser apurado no juízo criminal, porque seria ela dependente de seu desfecho.

Várias situações previstas como delito criminal têm por efeito ressarcimento no juízo cível. A própria sentença penal condenatória constitui título hábil para que se promova execução por título judicial (Código de Processo Civil de 1973, arts. 584, II, e 575, IV).[8] Somente depois de encerrada a ação penal, por sentença definitiva, nasce para o interessado a ação de execução. Conseguintemente, não corre a prescrição até esse momento. O princípio veio consagrado no meu Projeto de Código de Obrigações de 1965, de onde passou ao novo Código Civil.

Texto do Código Civil de 2002:

Art. 201. Suspensa a prescrição em favor de um dos credores solidários, só aproveitam os outros se a obrigação for indivisível.

Texto comentado por Caio Mário:

Idêntico ao do Código Civil.

Fontes: Código Civil de 1916, art. 171; Projeto de Código de Obrigações de 1965, art. 274; Projeto de 1975, art. 199.

COMENTÁRIO

Ocorrendo a suspensão da prescrição, ou o motivo impeditivo de seu começo, em favor de um dos credores solidários, os outros não se beneficiarão dela. Tal não se dará, todavia, se a obrigação tiver por objeto coisa indivisível, em razão da impossibilidade jurídica ou material de ser ela fracionada.

8 Cf. nota dos atualizadores, acima.

Seção III
Das causas que interrompem a prescrição

Texto do Código Civil de 2002:

Art. 202. A interrupção da prescrição, que somente poderá ocorrer uma vez, dar-se-á:

I – por despacho do juiz, mesmo incompetente, que ordenar a citação, se o interessado a promover no prazo e na forma da lei processual;

II – por protesto, nas condições do inciso antecedente;

III – por protesto cambial;

IV – pela apresentação do título de crédito em juízo de inventário ou em concurso de credores;

V – por qualquer ato judicial que constitua em mora o devedor;

VI – por qualquer ato inequívoco, ainda que extrajudicial, que importe reconhecimento do direito pelo devedor.

Parágrafo único. A prescrição interrompida recomeça a correr da data do ato que a interrompeu, ou do último ato do processo para a interromper.

Texto comentado por Caio Mário:

Idêntico ao do Código Civil.

Fontes: Código Civil de 1916, art. 172; Projeto de Código de Obrigações de 1965, art. 275; Projeto de 1975, art. 200.

Nota dos atualizadores:

No texto comentado, Caio Mário refere-se ao Código de Processo Civil de 1973. O Código de Processo Civil de 2015, por sua vez, disciplina a interrupção da prescrição pela citação no art. 240, e a prescrição intercorrente nos arts. 921, § 4º, e 924, V. Especificamente no que concerne à interrupção da prescrição pela citação, o texto legal prevê sua retroação à data do ajuizamento da ação, desde que o autor tenha tomado as providências necessárias à sua realização no prazo de dez dias. Nesse particular, o Código de Processo Civil de 2015 ainda dispõe que a demora imputável ao Poder Judiciário não prejudica o efeito interruptivo da prescrição promovido pela citação.

COMENTÁRIO

1. Tendo em vista que a prescrição se funda na negligência do credor pelo tempo determinado, toda manifestação no propósito de revelar a intenção de revitalizar o direito interrompe-a. Considera-se, assim, *interrompida* a prescrição na ocorrência de um fato que destrói o efeito do tempo já decorrido, e em consequência anula a prescrição iniciada. Pode ser de natureza judicial ou extrajudicial. Mas somente tem efeito interruptivo, quando se realiza antes de se consumar a prescrição.

Distingue-se da suspensão, em que, nesta, a prescrição continua a correr, computando-se o tempo anteriormente decorrido, ao passo que a interrupção destrói o efeito do prazo pretérito, recontando-se este, por inteiro, a partir da causa interruptiva (Código de 1916, art. 173, e Projeto de Código de Obrigações, art. 277).

Se se deu por força de um processo judicial, somente retorna seu início a contar do último ato nele praticado. Por esta razão, o Projeto de Código de Obrigações de 1965 aludia à sentença passada em julgado, e repetia a regra do art. 173 do Código de 1916.

2. Inovação na sistemática de 1916 foi introduzida pelo novo Código, ao estabelecer que a interrupção da prescrição somente pode ocorrer uma vez. No regime anterior, interrompia-se quantas vezes ocorresse o fato hábil a produzir este efeito. Somente nos créditos contra a Fazenda Pública, e no interesse desta, ficava estatuído em lei especial que somente uma vez poderia ser a prescrição interrompida, passando a correr pela metade (Decreto nº 20.910, de 6 de janeiro de 1932, arts. 8º e 9º). Com o Código novo, toda interrupção opera uma vez somente, subsistindo, entretanto, a fluência do prazo pela metade nos créditos contra a União, os Estados ou Municípios.

3. Iniciado procedimento judicial, revela-se a atuação positiva do credor. A prescrição considera-se interrompida na data do despacho que ordenar a citação, uma vez que o interessado a promova nos dez dias seguintes à sua prolação, ou em prazo até o máximo de noventa dias, se a parte o requerer nos cinco dias seguintes ao término daquele prazo (Código de Processo Civil de 1973, art. 219 e seus parágrafos).[9] Se o interessado se limitar a requerer protesto judicial, com efeito interruptivo, a interrupção se verifica com o despacho que a deferir, sujeita às mesmas exigências.

9 Cf. nota dos atualizadores, acima.

4. Nos termos da legislação anterior, o protesto cambial não tinha força de interromper a prescrição. Foi o Código novo que lhe conferiu este efeito. Associado, porém, à cláusula restritiva que acompanha a interrupção em geral (somente podendo ocorrer uma vez), a medida, que visava a proteger o credor, pode importar em prejuízo dele, ao mesmo passo que agrava a condição do devedor, impondo ao credor o ingresso em juízo, para não deixar que seu direito prescreva.

5. É preciso, contudo, entender que nos dois casos de protesto (judicial e cambial) a citação para o procedimento definitivo não perde o efeito interruptivo. Caso contrário, chegar-se-ia a uma consequência absurda de não revalidar a exigibilidade do direito a citação para a ação, pelo fato de ter sido interrompida antes a prescrição. E nenhuma lei pode receber interpretação que conduza ao absurdo: *interpretatio illa summenda qua absurdum evitetur.*

6. Apresentado o título de crédito no juízo do inventário, no de falência, ou no de insolvência do devedor (Código de Processo Civil de 1973, arts. 748 e seguintes),[10] a prescrição está interrompida em toda a pendência dele. O mesmo ocorre com qualquer ato judicial que constitua o devedor em mora.

7. Se o devedor, inequivocamente, reconhece o direito do credor, interrompe a prescrição. Pode consistir em reconhecimento judicial ou extrajudicial. Pode ter a finalidade explícita de interrompê-la, ou induzir-se de seu comportamento, como uma carta, um pedido de tolerância ou favor, como ainda um pagamento parcial ou de juros.

8. Para que a citação produza efeito interruptivo, há que ser válida. Mas a que é ordenada por juiz incompetente gera o efeito interruptivo, em razão de assim dispor o Código. Se, porém, for nula por vício de forma, pela nulidade do processo, pela perempção da instância em razão da inatividade do autor pelo lapso prescrito na lei processual, ou por qualquer causa de efeito análogo, perde o efeito interruptivo.

---

10 Na forma do art. 1.052 do CPC 2015, permanece em vigor, até a edição de lei específica, a disciplina da insolvência civil estabelecida no Livro II, Título IV, do CPC 1973.

Texto do Código Civil de 2002:

Art. 203. A prescrição pode ser interrompida por qualquer interessado.

Texto comentado por Caio Mário:

Idêntico ao do Código Civil.

Fontes: Código Civil de 1916, art. 174; Projeto de Código de Obrigações de 1965, art. 278; Projeto de 1975, art. 201

COMENTÁRIO:

Devem ser observadas as condições subjetivas da interrupção da prescrição. Para ter validade, requer a legitimidade de quem a promover, bem como a da pessoa contra quem é tirada. Obviamente, o principal interessado é o titular do direito em via de prescrever, ou quem o represente legalmente (pai, tutor, curador), ou convencionalmente (mandatário). Vale a interrupção da prescrição efetuada por quem tenha legítimo interesse, como o credor daquele que é sujeito do direito ameaçado pela prescrição. Igualmente, legítima a interrupção promovida pelo titular de um direito eventual, ou por aquele em cujo patrimônio possa vir a percutir a prescrição do direito, direta ou indiretamente.

Texto do Código Civil de 2002:

Art. 204. A interrupção da prescrição por um credor não aproveita aos outros; semelhantemente, a interrupção operada contra o codevedor, ou seu herdeiro, não prejudica aos demais coobrigados.

§ 1° A interrupção por um dos credores solidários aproveita aos outros; assim como a interrupção efetuada contra o devedor solidário envolve os demais e seus herdeiros.

§ 2° A interrupção operada contra um dos herdeiros do devedor solidário não prejudica os outros herdeiros ou devedores, senão quando se trate de obrigações e direitos indivisíveis.

§ 3° A interrupção produzida contra o principal devedor prejudica o fiador.

Texto comentado por Caio Mário:

Idêntico ao do Código Civil.

Fontes: Código Civil de 1916, art. 176; Projeto de Código de Obrigações de 1965, arts. 280 a 292; Projeto de 1975, art. 202

COMENTÁRIO

1. Em regra, a interrupção não desborda das pessoas entre as quais ocorra a causa da prescrição. Se um dos credores toma a iniciativa, só a ele aproveita. E, tirada contra um dos codevedores, não prejudica os demais. Por exceção, considera-se interrompida a favor ou contra, se a obrigação for solidária, em razão de que, nesta, a dívida é toda e por inteiro – *totum et totaliter* – em favor dos credores e contra os devedores solidários. No entanto, interrompida a prescrição contra um dos herdeiros do devedor solidário, não prejudica os demais herdeiros ou devedores, porque a solidariedade é uma relação entre os devedores, e não se estende aos herdeiros deste (art. 276). Exceção é se o objeto do direito ou da obrigação for indivisível, em razão da impossibilidade ou impraticabilidade do fracionamento.

2. A interrupção contra o devedor opera contra o fiador, independentemente de ser explicitamente tirada contra ele, em razão do caráter acessório da garantia. Reversamente, se for efetuada contra o fiador, não prejudica o devedor principal.

Seção IV
Dos prazos da prescrição

TEXTO DO CÓDIGO CIVIL DE 2002:

Art. 205. A prescrição ocorre em dez anos, quando a lei não lhe haja fixado prazo menor.

TEXTO COMENTADO POR CAIO MÁRIO:
Idêntico ao do Código Civil.

Fontes: Código Civil de 1916, art. 177; Projeto de Código de Obrigações de 1965, art. 286; Projeto de 1975, art. 203.

COMENTÁRIO

1. O Código Civil de 1916 estabelecia regra abrangente das "ações pessoais" (aquelas que se originavam de uma relação jurídica de cunho obrigacional) e das "ações reais" (as que se fundam em direito real). Fixava o lapso prescricional das primeiras em trinta anos (mais tarde reduzido a vinte anos, *ex vi* da Lei nº 2.437/1955), e em dez e vinte anos (este último reduzido a quinze por força do mesmo diploma) das ações reais. Foi com o Projeto de Código de Obrigações de 1965 que desapareceu a distinção, sob fundamento de que a prescrição extintiva dos direitos reais é correlata à prescrição aquisitiva por parte de outrem. O titular de um direito real não o perde por desuso, porém somente no caso de se criar em favor de um terceiro uma situação jurídica incompatível com ele. E, como nesta parte somente se cogita da prescrição extintiva, não tem lugar aí a referência aos direitos reais.

2. A lei conhece dois tipos de prazos prescricionais: o *geral* e o *especial*. Geral ou comum é o da prescrição de longo tempo – *praescriptio longi temporis* –, abrangente de qualquer direito para cuja extinção a lei não estabelecer prazo mais curto. Ao estabelecer para a *prescrição geral* ou *ordinária* o prazo de dez anos, levou o Código em consideração que as facilidades de transporte e dos meios de comunicação não mais se compadecem com a extensão dos prazos anteriormente consagrados. Sendo a prescrição o instrumento de paz social, estatui que nenhum direito sobrevive ao decurso de dez anos (ver art. 169 e o meu comentário respectivo). *Prescrição especial* é a que se conta por prazos curtos, expressamente mencionados (art. 206).

3. Na contagem dos prazos de prescrição, a regra aplicável é a do art. 132. Objeto de indagação, entretanto, é o que diz respeito ao momento em que tem começo – *dies a quo*. O Projeto de Código de Obrigações foi explícito (art. 284), estabelecendo que começa a correr "*da data em que pretensão pode ser utilmente manifestada em juízo*". Posto não a tenha reeditado, o novo Código mantém o princípio, que requer seja esclarecido: com a violação do direito, nasce para o titular a pretensão, que se extingue com a prescrição (art. 189). Essa norma, todavia, há que ser conjugada com a existência de causa impeditiva (arts. 197 e seguintes). A rigor, portanto, a prescrição inicia-se na data em que o interessado pode, sem embaraço, manifestar a pretensão em juízo.

Se a violação do direito é continuada, de tal modo que se sucedam os atos encadeadamente, a prescrição somente se inicia a partir do último. Ocorrendo, entretanto, violações diversas, sem interligação, corre o prazo prescricional de cada uma delas, como é o caso de obrigação que se cumpre em prestações periódicas, porém autônomas, em que a prescrição das mais remotas não prejudica as mais recentes.

TEXTO DO CÓDIGO CIVIL DE 2002:

Art. 206. Prescreve:

§ 1º Em um ano:

I – a pretensão dos hospedeiros ou fornecedores de víveres destinados a consumo no próprio estabelecimento, para o pagamento da hospedagem ou dos alimentos;

II – a pretensão do segurado contra o segurador, ou a deste contra aquele, contado o prazo:

a) para o segurado, no caso de seguro de responsabilidade civil, da data em que é citado para responder à ação de indenização proposta pelo terceiro prejudicado, ou da data que a este indeniza, com a anuência do segurador;

b) quanto aos demais seguros, da ciência do fato gerador da pretensão;

III – a pretensão dos tabeliães, auxiliares da justiça, serventuários judiciais, árbitros e peritos, pela percepção de emolumentos, custas e honorários;

IV – a pretensão contra os peritos, pela avaliação dos bens que entraram para a formação do capital de sociedade anônima, contado da publicação da ata da assembleia que aprovar o laudo;

V – a pretensão dos credores não pagos contra os sócios ou acionistas e os liquidantes, contado o prazo da publicação da ata de encerramento da liquidação da sociedade.

§ 2º Em dois anos, a pretensão para haver prestações alimentares, a partir da data em que se vencerem.

§ 3º Em três anos:

I – a pretensão relativa a aluguéis de prédios urbanos ou rústicos;

II – a pretensão para receber prestações vencidas de rendas temporárias ou vitalícias;

III – a pretensão para haver juros, dividendos ou quaisquer prestações acessórias, pagáveis, em períodos não maiores de um ano, com capitalização ou sem ela;

IV – a pretensão de ressarcimento de enriquecimento sem causa;

V – a pretensão de reparação civil;

VI – a pretensão de restituição dos lucros ou dividendos recebidos de má-fé, correndo o prazo da data em que foi deliberada a distribuição;

VII – a pretensão contra as pessoas em seguida indicadas por violação da lei ou do estatuto, contado o prazo:
a) para os fundadores, da publicação dos atos constitutivos da sociedade anônima;
b) para os administradores, ou fiscais, da apresentação, aos sócios, do balanço referente ao exercício em que a violação tenha sido praticada, ou da reunião ou assembleia geral que dela deva tomar conhecimento;
c) para os liquidantes, da primeira assembleia semestral posterior à violação;
VIII – a pretensão para haver o pagamento de título de crédito, a contar do vencimento, ressalvadas as disposições de lei especial;
IX – a pretensão do beneficiário contra o segurador, e a do terceiro prejudicado, no caso de seguro de responsabilidade civil obrigatório.
§ 4° Em quatro anos, a pretensão relativa à tutela, a contar da data da aprovação das contas.
§ 5° Em cinco anos:
I – a pretensão de cobrança de dívidas líquidas constantes de instrumento público ou particular;
II – a pretensão dos profissionais liberais em geral, procuradores judiciais, curadores e professores pelos seus honorários, contado o prazo da conclusão dos serviços, da cessação dos respectivos contratos ou mandato;
III – a pretensão do vencedor para haver do vencido o que despendeu em juízo.

Texto comentado por Caio Mário:
Idêntico ao do Código Civil, com exceção parcial do § 5º, assim redigido:
"§ 5º Em cinco anos:
I – a pretensão de cobrança de dívidas líquidas constante de instrumento público ou particular;
II – a pretensão dos médicos, odontólogos e farmacêuticos, por suas visitas, operações, assistência ou medicamentos, contado o prazo da data do último serviço prestado, em relação ao mesmo tratamento;
III – a pretensão dos advogados, curadores e procuradores judiciais, para o pagamento de seus honorários, contado o prazo do

vencimento do contrato, da decisão final do processo, da ciência da cessação do mandato, ou da conclusão do negócio;
IV – a pretensão dos engenheiros, arquitetos e agrimensores, pelos seus honorários;
V – a pretensão dos professores e mestres pelo pagamento das lições que derem;
VI – a pretensão do vencedor para haver do vencido o que despendeu em juízo."

Fontes: Código Civil de 1916, art. 178; Projeto de Código de Obrigações de 1965, art. 287; Projeto de 1975, art. 204.

NOTA DOS ATUALIZADORES:
Diversamente do texto analisado por Caio Mário, o Código Civil, no § 5º, tratou, conjuntamente, da prescrição das pretensões dos profissionais liberais.

COMENTÁRIO

1. A tendência é simplificar os prazos de prescrição especial, que o Código de 1916 multiplicava em excesso. O novo menciona cinco: um ano, dois, três, quatro e cinco anos. A maioria deles, pela extrema simplicidade do enunciado, dispensa esclarecimentos, o que é tanto mais de assinalar, que não inscreve os prazos de decadência, referidos em cada caso, e em seguida ao enunciado do direito.

2. § 1º, II, *a* e *b*. No mesmo prazo ânuo prescreve a ação do segurado contra o segurador e vice-versa. O início do prazo é que merece atenção, contando-se da data em que o interessado tem ciência do fato gerador da pretensão. No caso de seguro de responsabilidade, se o segurado indeniza a vítima, com anuência do segurador, contra ele começa desde logo a correr a prescrição; do contrário, de quando o terceiro ingresse em juízo com a ação de indenização. Esse inciso aplica-se ao seguro voluntário. O obrigatório é objeto do § 3º, IX.

3. § 1º, III. O Código reuniu, num só inciso, as pretensões dos serventuários judiciais e dos auxiliares da justiça, permanentes e eventuais. Os prazos se contam a partir do levantamento da conta em juízo, ou do ato praticado, conforme o caso.

4. § 1º, IV. No caso de avaliação de bens como *apport* para a formação de capital de sociedade anônima, o prazo começa a correr da publicação da ata da assembleia que aprovar o laudo. E, se mais de uma publicação se fizer, da primeira.

5. § 2º. Sendo as prestações alimentares obrigações autônomas, o prazo prescricional corre em relação a cada uma delas, de tal modo que a prescrição das de mais de dois anos não prejudica as que contem menos tempo.

6. § 3º, I e II. Trata-se de prestações periódicas, autônomas. O prazo de prescrição corre em relação a cada uma delas, e não da última, por não serem encadeadamente interligadas.

7. § 3º, III. O inciso compreende a prescrição dos frutos civis, que se vencem por prazo de até um ano.

8. § 3º, IV. Ocorrendo enriquecimento sem causa, o empobrecido pode pleitear a restituição do em que consistir o auferimento indevido (art. 884), somente no caso de não dispor de outro instrumento legal de ressarcimento do prejuízo (art. 886). A ação prescreve em três anos.

9. § 3º, V. Toda ação de indenização por ato ilícito prescreve em três anos. O Código pretendeu evitar que se estenda por longo tempo a pretensão ressarcitória, seja por dano à pessoa, seja à coisa.

10. § 3º, VIII. Se se tratar de título a prazo, a contar do respectivo termo. Se à vista, a partir da data da emissão.

11. § 3º, IX. O Código destacou, do seguro de responsabilidade civil, o chamado "seguro obrigatório", que se dá quando determinado risco é sujeito a seguro imposto em lei.

12. § 5º, I. Destacou a lei a cobrança de dívidas líquidas, constantes de instrumento público ou particular, das obrigações por títulos de crédito. É de observar que a prescrição quinquenal prevista nesse inciso não se aplica no caso de haver lei especial estatuindo outro prazo. Fica também esclarecida a dúvida ocorrente no regime do Código Civil de 1916, se tais obrigações estariam sujeitas à prescrição geral ou ordinária.

13. § 5º, II. O direito de profissionais liberais prescreve em cinco anos. Dos médicos e odontólogos, a partir do último serviço prestado. Dos farmacêuticos, a contar do fornecimento.

14. § 5º, III. Advogados, curadores e procuradores judiciais, pelos honorários, estão sujeitos à prescrição quinquenal, que já era prevista na Lei nº 4.215, de 27 de abril de 1963.

15. § 5º, VI. No mesmo prazo de cinco anos prescreve o direito de obter reembolso do que o vencedor tiver despendido em juízo, como sejam custas, emolumentos, honorários de perito.

Capítulo II
DA DECADÊNCIA

TEXTO DO CÓDIGO CIVIL DE 2002:

Art. 207. Salvo disposição legal em contrário, não se aplicam à decadência as normas que impedem, suspendem ou interrompem a prescrição.

TEXTO COMENTADO POR CAIO MÁRIO:
Idêntico ao do Código Civil.
Fonte: Projeto de 1975, art. 205.

NOTA DOS ATUALIZADORES:
No texto comentado, Caio Mário refere-se ao Código de Processo Civil de 1973. O Código de Processo Civil de 2015, por sua vez, disciplina o afastamento da decadência pela citação no art. 240, § 4º, que prevê sua retroação à data do ajuizamento da ação, desde que o autor tenha tomado as providências necessárias à sua realização no prazo de dez dias. Em adição, o § 3º desse dispositivo da lei processual dispõe que a demora imputável ao Poder Judiciário não prejudicará a parte.

COMENTÁRIO

1. Se conceitualmente a diferenciação entre prescrição e decadência oferece ainda certos tons polêmicos (ver comentários ao art. 189), nos seus efeitos ela é mais nítida. Subordinado o direito a um prazo de decadência, o titular tem de ajuizar a pretensão dentro dele, sob pena de caducidade. Vale dizer: ou ingressa em juízo com o procedimento cabível, ou vê perecer o seu direito. Daí a consequência expressa nesse artigo: o prazo de caducidade não pode ser interrompido nem se suspende depois de iniciado, nem deixa de começar, qualquer que seja a causa impeditiva.

2. A ação pode ser intentada até o último dia do prazo. Mas, para se considerar que o sujeito exerceu o seu direito *oportuno tempore*, é mister promover a citação do réu em tempo hábil. Deve efetivar-se nos dez dias seguintes à prolação do despacho que a ordenar. Não sendo isso possível, o interessado deverá requerer prorrogação nos cinco dias seguintes ao término desse prazo. Concedida a dilação por até noventa dias, cumpre ao interessado promovê-la. Efetuada com observância das disposições processuais (Código de Processo Civil de 1973, art. 219),[11] considera-se exercido o direito de ingresso em juízo. Caso contrário, o titular dele decai.

Texto do Código Civil de 2002:

Art. 208. Aplica-se à decadência o disposto nos arts. 195 e 198, inciso I.

Texto comentado por Caio Mário:
Idêntico ao do Código Civil.
Fonte: Projeto de 1975, art. 206.

Nota dos atualizadores:
De acordo com o art. 487 do Código de Processo Civil de 2015, tanto a prescrição quanto a decadência podem ser conhecidas de ofício. Por sua vez, o art. 210 do Código Civil determina ao juiz que, de ofício, conheça da decadência, quando estabelecida por lei (ver comentário de Caio Mário ao art. 210, abaixo).

11 Cf. nota dos atualizadores, acima.

COMENTÁRIO

1. Se o representante ou assistente de pessoa relativamente incapaz, ou de pessoa jurídica, deixar de exercer em tempo oportuno o direito, e por essa razão dela decaia o respectivo titular, responde civilmente pelo dano causado, tal como para a prescrição estabelece o art. 195. Quanto à segunda parte, consistente em não alegar a decadência oportunamente, a consequência jurídica é a mesma. Apenas deve ressaltar-se que, contrariamente à prescrição,[12] o juiz pode, de ofício, proclamar a caducidade.

2. Sendo absolutamente incapaz o sujeito da relação jurídica sujeita a prazo decadencial, contra ele não corre (art. 198, I). Tratando-se de menor, a norma do art. 208 o beneficia até ele completar dezesseis anos. A partir de então, recai na aplicação do art. 195, isto é, sofre os efeitos da caducidade, com direito a se ressarcir dos prejuízos contra seu assistente.

TEXTO DO CÓDIGO CIVIL DE 2002:

Art. 209. É nula a renúncia à decadência fixada em lei.

TEXTO COMENTADO POR CAIO MÁRIO:
Idêntico ao do Código Civil.

COMENTÁRIO

Ver comentário ao art. 210.

TEXTO DO CÓDIGO CIVIL DE 2002:

Art. 210. Deve o juiz, de ofício, conhecer da decadência, quando estabelecida por lei.

TEXTO COMENTADO POR CAIO MÁRIO:
Idêntico ao do Código Civil.
Fonte: Projeto de 1975, arts. 207.

12 Cf. nota dos atualizadores ao art. 194, acima.

Nota dos atualizadores:
De acordo com o art. 487 do Código de Processo Civil de 2015, tanto a prescrição quanto a decadência podem ser conhecidas de ofício.

COMENTÁRIO

1. Considerando a natureza jurídica da prescrição e da decadência, a lei trata diferentemente a renúncia de uma e de outra. O credor pode renunciar à prescrição depois de consumada (art. 191). A decadência não é passível de renúncia, quando fixada em lei (art. 209). Ingressando em juízo o titular de um direito caduco, o juiz conhecerá da decadência e a pronunciará, independentemente de arguição do réu. Com mais forte razão, se este não a alegar na sua defesa, poderá fazê-lo a qualquer tempo, em qualquer juízo ou instância. Demais disso, tal faculdade encontra amparo, por extensão, no art. 211.

2. A disposição contida no art. 209 não tem, contudo, a rigidez que aparentemente revela. Se é certo que o titular do direito decai dele, não formalizando judicialmente a pretensão, nada impede que revigore a relação jurídica, em composição com a outra parte, tratando-se de direitos patrimoniais de caráter privado.

Texto do Código Civil de 2002:

Art. 211. Se a decadência for convencional, a parte a quem aproveita pode alegá-la em qualquer grau de jurisdição, mas o juiz não pode suprir a alegação.

Texto comentado por Caio Mário:
Idêntico ao do Código Civil.
Fonte: Projeto de 1975, art. 209.

Nota dos atualizadores:
De acordo com o art. 487 do Código de Processo Civil de 2015, tanto a prescrição quanto a decadência podem ser conhecidas de ofício. A norma processual não deixa claro, entretanto, se ela trata de ambas as hipóteses de decadência legal e convencional.

COMENTÁRIO

O Código faz uma distinção entre decadência legal e decadência voluntária ou convencional. A primeira é estabelecida em lei, que já define o direito subordinado a ser exercido em prazo certo, pena de caducidade. A segunda resulta da vontade das partes, que podem, na celebração do negócio jurídico, fixar um lapso de tempo, ao fim do qual se extingue o direito para o titular. A primeira é de ordem pública. Não é, em princípio, passível de renúncia e pode ser pronunciada pelo juiz quando dela conhecer.

A decadência convencional é de cunho privado. Instituída pelos interessados, a benefício de um deles, pode ser alegada em qualquer fase do processo, tal qual a prescrição (art. 193), e do mesmo modo que a decadência legal.

Instituída no interesse das partes, pode o beneficiário entender de sua conveniência não seja ela pronunciada. E, não estando em jogo um motivo de ordem pública, descabe o suprimento judicial da alegação, ou a declaração dela *ex officio*.

Título V
DA PROVA

Texto do Código Civil de 2002:

Art. 212. Salvo o negócio a que se impõe forma especial, o fato jurídico pode ser provado mediante:

I – confissão;

II – documento;

III – testemunha;

IV – presunção;

V – perícia.

Texto comentado por Caio Mário:

Praticamente idêntico ao do Código Civil, com a diferença de que a disciplina original previa, no inciso V, que o fato jurídico poderia ser provado por "exames e vistorias", termo substituído, no Código Civil, por "perícia".

Fontes: Código Civil de 1916, arts. 129 e 136; Anteprojeto de Código de Obrigações de 1965, art. 8º; Projeto de 1975, art. 210.

COMENTÁRIO

1. Liberdade de formas. A *forma* do negócio jurídico é o meio técnico para a externação da vontade. Confunde-se às vezes com a eficácia do ato, outras não. O vocábulo "forma" pode significar a própria manifestação da vontade, como ainda os requisitos extrínsecos de que o negócio jurídico é revestido. Por essa razão, os atos se classificam em: a) *formais ou solenes*, quando têm de revestir determinada forma obrigatoriamente; b) *não solenes* ou *consensuais*, quando para a sua validade é indiferente o veículo de que o agente se utiliza para declarar a vontade.

Os sistemas jurídicos antigos, entre os quais inscreve-se o Direito Romano, eram essencialmente formalistas, revestindo sempre os atos de elementos materiais externos, a que se ligava a vida de relação. As exigências formais foram arrefecendo, à medida que se veio atribuindo valor crescente à própria vontade declarada. Os sistemas jurídicos modernos tendem cada vez mais ao consensualismo, embora não dispensem de todo as exteriorizações formais.

O Direito brasileiro prima pela afirmação da liberdade de forma. A regra, tal como se exprime o Código no art. 212, é a dispensa de solenidades. A declaração de vontade tem em si mesma o poder genético das relações jurídicas. Cria direitos e obrigações. Nem sempre, entretanto, tal pode ocorrer em termos puramente consensuais. Às vezes, a segurança da ordem jurídica exige que a declaração de vontade revista *forma especial*. Regra é, então, que esta é exigida *ad substantiam* do negócio jurídico quando a lei impõe. Fora daí, vigora o princípio da liberdade de forma. No primeiro caso, é a validade da declaração que se submete ao requisito formal, e não valerá o negócio jurídico que não revista os requisitos exigidos. Na sua generalidade, todavia, desloca-se o problema para o campo da *prova*.

2. Prova. Todo fato jurídico, e dentro na generalidade da expressão inclui-se a declaração de vontade, deve ser provado por quem tenha interesse na demonstração de sua existência. A *prova* do negócio jurídico envolve os meios de que alguém se vale para evidenciá-lo. A matéria é comum ao Direito Civil e ao Direito Processual Civil. O Código Civil define os "meios de prova", traçando os lineamentos do regime de comprovação dos fatos jurídicos. O Código de Processo Civil enuncia os preceitos que presidem a apreciação deles em juízo e a técnica de trazê-los à consciência do julgador. O Código Civil estabelece os meios de prova. O Código de Processo Civil desenvolve a técnica de sua apuração pelo juiz, que, na decisão das controvérsias, julga segundo o que é alegado e provado no processo: *secundum allegatum et probatum iudex iudicare debet.*

3. O Código, na linha de orientação do de 1916, estabelece as regras relativas à prova dos fatos jurídicos. Um direito é útil na medida em que se possa demonstrar o fato de que se origina. A teoria da prova, genericamente considerada, abrange toda a matéria relacionada com o negócio jurídico e o ato jurídico *lato sensu*, como ainda há de compreender toda situação ou relação de direito.

Em termos globais, a prova diz respeito ao fato. Deste nasce o direito: *ex facto ius oritur*. Quando alguém se refere à prova do direito, está no campo da metonímia. O que pretende provar é o fato e, por via de consequência, o direito.

Menciona o Código, como meios de prova, a confissão, a prova documental, a prova testemunhal, a prova pericial, as presunções.

No campo judicial, predomina a regra segundo a qual a prova deve ser dada por quem alega, e não por quem contesta: *onus probandi ei incumbit qui dicit non ei qui negat.*

Texto do Código Civil de 2002:

Art. 213. Não tem eficácia a confissão se provém de quem não é capaz de dispor do direito a que se referem os fatos confessados.

Parágrafo único. Se feita a confissão por um representante, somente é eficaz nos limites em que este pode vincular o representado.

Texto comentado por Caio Mário:
Idêntico ao do Código Civil.

Nota dos atualizadores:
No texto comentado, Caio Mário se refere ao Código de Processo Civil de 1973. No Código de Processo Civil de 2015, o dispositivo citado corresponde ao art. 105.

Fonte: Projeto de 1975, art. 211.

COMENTÁRIO

1. Em termos gerais, chama-se *confissão* a declaração que uma pessoa faz, reconhecendo a existência de um determinado fato. Como habitualmente ocorre em juízo, é frequente vinculá-la ao reconhecimento judicial do fato alegado pelo outro litigante (Paula Baptista, João Monteiro, Clóvis Beviláqua, Carvalho Santos). A concepção restritivista não procede, entretanto. Tanto pode ocorrer em juízo quanto fora dele. A lado da confissão judicial, coloca-se com o mesmo valor probante a extrajudicial (Bonnier).

A *confissão judicial* constitui prova plena das alegações do contendor, bem como de todos os atos para cuja validade não imponha a lei prova especial. Isso significa que a confissão tem força de suprir a prova nos casos em que o requisito formal não é estabelecido como essencial à declaração de vontade.

A *confissão extrajudicial*, reduzida a escrito, tem o mesmo valor probante da que se processa em juízo, mas é atacável com os mesmos fundamentos que conduzem à invalidade dos negócios jurídicos. Se não reduzida a escrito, estará na dependência da força probante da prova testemunhal, por via da qual se reconstitua.

O elemento formal da confissão depende de como se efetua. Se em juízo, com observância das normas procedimentais. Se extrajudicial, em obediência aos requisitos dos atos jurídicos.

A confissão é *indivisível*, no sentido de que aquele que invoca a da outra parte tem de aceitá-la por inteiro.

Normalmente, a confissão é contida em uma declaração de reconhecimento da existência de dado fato. Quanto à judicial, tem a denominação de *confissão ficta* a que decorre da ausência de contestação às alegações do outro litigante, desde que o contrário não resulte do conjunto das demais provas e seja admissível quanto ao fato a ser comprovado.

2. Além do requisito formal, a eficácia da confissão depende da capacidade do confitente. Não apenas a capacidade genérica para os atos da vida civil, porém a aptidão específica para o que constitui o seu objeto. Ao confessar, a pessoa está, a rigor, procedendo em termos equivalentes à disposição de um direito. Somente tem força probante quando emanada de quem tem essa disponibilidade.

Pode a confissão ser efetuada pelo próprio disponente, ou por um representante. Neste último caso, como aliás é da essência da teoria da representação, sua validade é subordinada a conter-se nos limites dos poderes outorgados. A validade da confissão judicial, por procurador, está sujeita a receber esses poderes expressos (Código de Processo Civil, art. 38).[13]

3. Não obstante ter a confissão valor probante da maior relevância – *probatio probantissima* –, fatos há que não a admitem, em razão de estar envolvido interesse público. Nesses casos, o juiz não pode decidir com base na confissão, real ou ficta, sendo mister a produção da prova cabível.

Texto do Código Civil de 2002:

Art. 214. A confissão é irrevogável, mas pode ser anulada se decorreu de erro de fato ou de coação.

13 Cf. nota dos atualizadores, acima.

Texto comentado por Caio Mário:

Idêntico ao do Código Civil.

Fonte: Projeto de 1975, art. 212.

COMENTÁRIO

Erigida em primeira das provas, porque contém o reconhecimento da existência do fato que é, ou pode vir a ser controvertido, a confissão é irretratável. Uma vez pronunciada a declaração de vontade que a exprime, adquire eficácia plena. Não pode o confitente desfazê-la, ou recusar-lhe efeito mediante a emissão de vontade contrária.

Como declaração de vontade que é, pode padecer dos defeitos que a maculam. O Código menciona apenas o erro de fato e a coação. Apurada a existência de outro vício que possa inquiná-la, por tal fundamento é atacável.

A disposição compreende tanto a confissão judicial como a extrajudicial.

Além da anulabilidade por defeito da vontade, pode a confissão ser anulada por vício formal, por falta de capacidade de disposição do direito, ou por ausência de poderes do representante.

Texto do Código Civil de 2002:

Art. 215. A escritura pública, lavrada em notas de tabelião, é documento dotado de fé pública, fazendo prova plena.

§ 1º Salvo quando exigidos por lei outros requisitos, a escritura pública deve conter:

I – data e local de sua realização;

II – reconhecimento da identidade e capacidade das partes e de quantos hajam comparecido ao ato, por si, como representantes, intervenientes ou testemunhas;

III – nome, nacionalidade, estado civil, profissão, domicílio e residência das partes e demais comparecentes, com a indicação, quando necessário, do regime de bens do casamento, nome do outro cônjuge e filiação;

IV – manifestação clara da vontade das partes e dos intervenientes;

V – referência ao cumprimento das exigências legais e fiscais inerentes à legitimidade do ato;

VI – declaração de ter sido lida na presença das partes e demais comparecentes, ou de que todos a leram;
VII – assinatura das partes e dos demais comparecentes, bem como a do tabelião ou seu substituto legal, encerrando o ato.
§ 2º Se algum comparecente não puder ou não souber escrever, outra pessoa capaz assinará por ele, a seu rogo.
§ 3º A escritura será redigida na língua nacional.
§ 4º Se qualquer dos comparecentes não souber a língua nacional e o tabelião não entender o idioma em que se expressa, deverá comparecer tradutor público para servir de intérprete, ou, não o havendo na localidade, outra pessoa capaz que, a juízo do tabelião, tenha idoneidade e conhecimento bastantes.
§ 5º Se algum dos comparecentes não for conhecido do tabelião, nem puder identificar-se por documento, deverão participar do ato pelo menos duas testemunhas que o conheçam e atestem sua identidade.

Texto comentado por Caio Mário:
Idêntico ao do Código Civil.

Fontes: Código Civil de 1916, art. 134, na redação que lhe deu a Lei 6.952, de 02.11.1981; Projeto de Código de Obrigações de 1965, art. 11; Projeto de 1975, art. 213.

COMENTÁRIO

1. A mais nobre das provas é a que se faz por documentos. A vontade é declarada e reduzida a escrito, não dependendo de reconstituição pela via testemunhal. As declarações presumem-se verdadeiras em relação aos signatários (art. 219).

Os documentos, também chamados de instrumentos, podem ser públicos ou particulares. Públicos são os que constam de livros e notas oficiais. Particulares, os que vêm assinados pelos interessados ou seus representantes autorizados, independentemente de serem redigidos de próprio punho, ou escritos por outrem, ou grafados de forma mecânica.

2. Nesse artigo, o Código alude ao instrumento público lavrado em notas de tabelião. Em todo o seu desenvolvimento, a referência é ao fato de ser lavrada a escritura pessoalmente pelo tabelião. Não está o artigo exigindo que sempre isto ocorra. Pode sê-lo pelo titular do ofício de notas, ou por quem faça as suas vezes, nos termos da organização judiciária local. A presença do tabelião é exigida nos atos expressamente mencionados. No exterior, as funções notariais são exercidas pelos cônsules.

3. O Código Civil de 1916 aludia à escritura pública, sem descer às minúcias condizentes com seus requisitos formais. Ao elaborar o Anteprojeto de Código de Obrigações, e salientando a deficiência do diploma vigente, mencionei os requisitos que vieram a constar do art. 11 do Projeto.

A Lei nº 6.952, de 06 de novembro 1981, preencheu a lacuna, dando nova redação ao art. 134 do Código de 1916. Revelou-se esta mais avançada do que o Projeto de Código Civil em tramitação então no Congresso Nacional, simplificando a lavratura do instrumento público. Parte da maior relevância é a dispensa de ser o ato notarial subscrito por duas testemunhas. O que lhe dá autenticidade é a fé pública do serventuário. A presença das testemunhas é reminiscência tabelioa sem conteúdo no mundo moderno. Ao Código cabia absorver a inovação, que ótimos resultados colhe, sem que a segurança instrumental fosse sacrificada.

4. O casuísmo dos parágrafos, em termos regulamentares, dispensa comentários detidos.

5. A força probante do documento resulta da conjugação dos requisitos extrínsecos, contidos no artigo, com os elementos intrínsecos do ato: legitimidade das partes, capacidade do declarante, poderes do representante e conteúdo da própria declaração. Não significa, entretanto, que o interessado esteja proibido de alegar a falsidade ideológica da declaração.

6. Diz-se *especial* a prova, quando a lei a estabelece especificamente para determinado ato. Recebe a designação de *prova pré-constituída* todas as vezes que se estabelece de antemão para produzir efeito probatório futuro, premunindo o interessado dos meios de evitar o fato, e perpetuando a declaração em um escrito.

TEXTO DO CÓDIGO CIVIL DE 2002:

Art. 216. Farão a mesma prova que os originais as certidões textuais de qualquer peça judicial, do protocolo das audiências, ou de outro qualquer livro a cargo do escrivão, sendo extraídas por ele, ou sob a sua vigilância, e por ele subscritas, assim como os traslados de autos, quando por outro escrivão consertados.

Texto comentado por Caio Mário:
Idêntico ao do Código Civil.

Fontes: Código Civil de 1916, art. 137; Projeto de Código de Obrigações de 1965, art. 12; Projeto de 1975, art. 214.

COMENTÁRIO

1. As certidões integrais de peças de autos, livro de audiência ou outro a cargo do escrivão valem como se fosse a própria peça trasladada. Pode sê-lo pelo próprio serventuário ou por auxiliar seu. Deve, contudo, ser subscrita pelo escrivão, ou por quem lhe faça as vezes, na conformidade da lei de organização judiciária local.

Igual força probante tem a cópia dos autos.

2. O concerto ou conferência, realizada por outro escrivão, é praxe tabelioa que o Código Civil de 1916 ainda consagrava, e que o Projeto de 1975 deveria ter eliminado. A autenticidade do documento decorre da fé pública do serventuário que a subscreve. Não aumenta com a assinatura de um colega, e não desmerece pela ausência dela. O Código novo não devia ter reproduzido a exigência.

Texto do Código Civil de 2002:

Art. 217. Terão a mesma força probante os traslados e as certidões, extraídos por tabelião ou oficial de registro, de instrumentos ou documentos lançados em suas notas.

Texto comentado por Caio Mário:
Idêntico ao do Código Civil.

Fontes: Código Civil de 1916, art. 138; Projeto de Código de Obrigações de 1965, art. 12; Projeto de 1975, art. 215.

COMENTÁRIO

1. Não havia mister que esse artigo viesse destacado do anterior. Trasladado ou certificado o ato por escrivão judicial ou por tabelião, a fé pública do serventuário lhe dá autenticidade, e lhe atribui o mesmo valor probante do instrumento ou documento lançado nas notas de um, como em autos confiados ao outro.

2. Os tabeliães extraem das escrituras uma primeira cópia, com a denominação de traslado, e tantas outras quantas do interesse das partes, com o título de certidões. O valor probante é idêntico.

3. Embora se distinga o tabelião dos oficiais de registro civil ou de imóveis, ou de títulos e documentos, a disposição estende-se a estes, quanto ao que trasladem de seus livros, ou certifiquem de seus documentos. Com a prática da microfilmagem, equivale em valor probante a certidão passada pelo serventuário, quanto a documento cuja perpetuação microfilmada conste de seu cartório. Embora o novo Código o tenha omitido, a disposição é abrangente dessa moderna técnica.

Texto do Código Civil de 2002:

Art. 218. Os traslados e as certidões considerar-se-ão instrumentos públicos, se os originais se houverem produzido em juízo como prova de algum ato.

Texto comentado por Caio Mário:

Idêntico ao do Código Civil.

Fontes: Código Civil de 1916, art. 139; Projeto de Código de Obrigações de 1965, art. 12; Projeto de 1975, art. 216.

COMENTÁRIO

Esse artigo é reprodução do art. 139 do Código Civil de 1916, que Clóvis Beviláqua já considerava ocioso em face do art. 138 (a que corresponde o atual art. 217). A matéria é a mesma. Nada acrescenta, especialmente em face de haver suprimido a cláusula "ainda que não concertados", do que lhe foi modelo.

Texto do Código Civil de 2002:

Art. 219. As declarações constantes de documentos assinados presumem-se verdadeiras em relação aos signatários.

Parágrafo único. Não tendo relação direta, porém, com as disposições principais ou com a legitimidade das partes, as declarações enunciativas não eximem os interessados em sua veracidade do ônus de prová-las.

Texto comentado por Caio Mário:

Idêntico ao do Código Civil.

Fontes: Código Civil de 1916, art. 131; Projeto de 1975, art. 217.

COMENTÁRIO

1. Posto que mal situado, o artigo enuncia princípio relevante na teoria das provas. Documento assinado não faz prova plena da declaração. Milita, contudo, em seu prol a presunção de veracidade das declarações nele constantes. Podem não ser verídicas, mas devem ser consideradas verdadeiras até que se prove o contrário. E, como o *onus probandi* incumbe a quem alega, cabe ao signatário o encargo de provar em contrário ao conteúdo do documento, se arguir a sua desconformidade com o real. Ao que sustenta a veracidade nada se exige, nos limites do declarado.

O mesmo não ocorre com declarações incidentais, ou desconformes com a legitimidade das partes. Ao que pretende aproveitar-se do instrumento, que não se relacione diretamente com as disposições principais ou com as partes, incumbe o ônus de provar a veracidade do documento.

2. Quando a lei exige que o documento seja assinado pela parte, alude a que deve estar subscrito diretamente. Não tem a validade ou o efeito da assinatura a aposição de carimbo, ainda que reproduza um *fac simile* o espécime original, nem a reprodução mecânica ou policopiada do documento assinado, salvo naqueles casos especiais em que é admitida a forma impressa.

Atendendo a que certos títulos são veiculados em quantidade muito grande, a autenticação mecânica e a assinatura impressa produzem o mesmo efeito que o título individualmente subscrito, desde que observadas as exigências legais.

TEXTO DO CÓDIGO CIVIL DE 2002:

Art. 220. A anuência ou a autorização de outrem, necessária à validade de um ato, provar-se-á do mesmo modo que este, e constará, sempre que se possa, do próprio instrumento.

TEXTO COMENTADO POR CAIO MÁRIO:

Idêntico ao do Código Civil.

Fontes: Código Civil de 1916, art. 132; Projeto de Código de Obrigações de 1965, art. 21; Projeto de 1975, art. 218.

COMENTÁRIO

1. Atende o Código nesse artigo aos casos em que a validade da declaração de vontade depende de ser o agente autorizado por outrem, ou trazer o acordo de terceiro. Ocorre então a atração da forma. Se o ato a ser praticado puder revestir a forma particular, vale a anuência ou autorização por instrumento particular. Se, porém, a escritura pública for da essência do ato, a eficácia da aprovação ou consentimento há de revestir a forma pública. E, para a segurança das relações jurídicas, recomenda o Código (recomenda, mas não exige) venha consignada no próprio instrumento.

2. A fim de esclarecer dúvidas que assaltavam, posto que injustificadamente, a hermenêutica do art. 132 do Código Civil de 1916, cumpre esclarecer que a alusão à anuência ou autorização de outrem nada tem a ver com a constituição de procurador. A representação difere da autorização ou anuência, e não reclama a atração da forma.

TEXTO DO CÓDIGO CIVIL DE 2002:

Art. 221. O instrumento particular, feito e assinado, ou somente assinado por quem esteja na livre disposição e administração de seus bens, prova as obrigações convencionais de qualquer valor; mas os seus efeitos, bem como os da cessão, não se operam, a respeito de terceiros, antes de registrado no registro público.

Parágrafo único. A prova do instrumento particular pode suprir-se pelas outras de caráter legal.

TEXTO COMENTADO POR CAIO MÁRIO:
Idêntico ao do Código Civil.

Fontes: Código Civil de 1916, art. 135; Projeto de Código de Obrigações de 1965, art. 13; Projeto de 1975, art. 219.

COMENTÁRIO

1. Este artigo consagra o princípio da liberdade de forma, e complementa o disposto no art. 212. O documento particular prova as obrigações convencionais, desde que subscrito por pessoa que seja capaz, de direito e de fato. O Código, ao reproduzir o modelo de 1916 (art. 135), omitiu a necessidade de duas testemunhas. Andou bem, porque a praxe na vigência do Código de 1916 era exigir apenas a aposição formal de assinaturas de testemunhas, consideradas meramente instrumentárias, não se exigindo que conhecessem o conteúdo do documento. Vale observar a diversidade de orientação: enquanto para o instrumento particular dispensa as testemunhas instrumentárias, exige-as para a escritura pública, não obstante a presença notarial (art. 215, § 1º, II).

2. A força probante do documento particular é restrita às partes nele figurantes. Para que seja oponível a terceiro, é mister conste de registro público. A espécie de registro depende da natureza do ato. Não havendo razão para que se determine, vigora a regra geral de sua inscrição no de títulos e documentos. A matéria é objeto do que vem disposto na Lei ou Regulamento dos Registros Públicos (Lei nº 6.015, de 31 de dezembro de 1973).

3. O artigo alude em especial à cessão de direitos, que não opera em relação a terceiros na falta de inscrição no registro, ou celebração por instrumento público (art. 288).

4. Num e noutro caso, o que está em jogo é a eficácia, e não a validade do ato (ver o que escrevi no comentário ao art. 166). A declaração é válida e prova a obrigação. Não obstante sua validade, é o registro que lhe imprime eficácia em relação a terceiros, aos quais é inoponível na falta dele.

5. O instrumento particular, devidamente assinado, é prova da declaração, quando não for exigido o instrumento público *ad substantiam*.

Poderá, entretanto, a prova do instrumento particular ser suprida por outros meios, desde que se trate de prova admitida legalmente.

Assim é que, não obstante a falta de assinatura, que formaliza o instrumento, se o interessado confirma a declaração, considera-se suprida a assinatura.

6. O pressuposto do valor probatório do documento é a sua autenticidade. Pelo fato de constar o instrumento em registro público, esta não fica suprida, sendo lícito a quem for (a própria parte ou terceiro) alegar-lhe a falsidade, tanto instrumental quanto ideológica.

7. Autenticação do instrumento é o reconhecimento de firma ou de letra e firma por notário público. A providência, aconselhável, não é necessária, salvo nos casos em que a lei exija. Embora não faça prova plena da data do documento, é elemento adminicular dela.

8. Para os atos passados no estrangeiro, vale o que prescreve a lei local – *locus regit actum.*

TEXTO DO CÓDIGO CIVIL DE 2002:

Art. 222. O telegrama, quando lhe for contestada a autenticidade, faz prova mediante conferência com o original assinado.

TEXTO COMENTADO POR CAIO MÁRIO:
Idêntico ao do Código Civil.

Fontes: Projeto de Código de Obrigações de 1965, art. 14; Projeto de 1975, art. 220.

COMENTÁRIO

1. A redação do artigo não é feliz. O que quer significar é que a mensagem telegráfica tem o mesmo valor probatório do instrumento particular, e como tal deve ser tratado. Não supre o instrumento público quando a lei exige *ad substantiam*. E prova as obrigações convencionais de qualquer valor, sujeita, entretanto, aos requisitos de validade do documento particular. Se for contestada a sua autenticidade, deverá ser exibido o original. Em tal caso, a prova não está suprida com essa apresentação. Desloca-se apenas a questão para o documento original.

2. A menção ao telegrama é genérica, e deve ser entendida como aplicável a toda espécie de transmissão de mensagem equiparável àquele.

Texto do Código Civil de 2002:

Art. 223. A cópia fotográfica de documento, conferida por tabelião de notas, valerá como prova de declaração da vontade, mas, impugnada sua autenticidade, deverá ser exibido o original.

Parágrafo único. A prova não supre a ausência do título de crédito, ou do original, nos casos em que a lei ou as circunstâncias condicionarem o exercício do direito à sua exibição.

Texto comentado por Caio Mário:

Idêntico ao do Código Civil.

Fontes: Projeto de Código de Obrigações de 1965, arts. 15 e 16; Projeto de 1975, art. 221.

COMENTÁRIO

O Código refere-se, aqui, à reprodução mecânica de documento, por qualquer processo, e não apenas pelo fotográfico. A conferência por oficial público não supre a autenticidade do original, limitando-se a assegurar, sumariamente, a fidelidade da cópia. Se a parte, a quem é oposta, não a impugna, prevalece como prova da declaração de vontade. Contestada, deverá ser exibido o original, assim, para se verificar se é exata a reprodução, como também para que seja ele próprio objeto de discussão ou perícia.

Os títulos abstratos, pelo fato de serem prova pré-constituída da obrigação e representarem-na em função de seu estrito conteúdo, não podem ser substituídos pela cópia, ainda quando autenticada, salvo nos casos em que, por lei especial e disposição expressa, for permitido.

Texto do Código Civil de 2002:

Art. 224. Os documentos redigidos em língua estrangeira serão traduzidos para o português para ter efeitos legais no País.

Texto comentado por Caio Mário:
Idêntico ao do Código Civil.
Fontes: Código Civil de 1916, art. 140; Projeto de 1975, art. 222.

COMENTÁRIO

1. O Código Civil de 1916 mencionava os escritos de obrigação. O novo Código generalizou a regra, estendendo-a a qualquer documento em língua estrangeira. No mesmo sentido, o Código de Processo Civil condiciona sua juntada aos autos a vir acompanhado de versão em vernáculo, firmada por tradutor juramentado.

Não se trata do conhecimento do idioma, que poderá ser familiar às partes ou ao juiz, porém de exigibilidade formal para valoração da prova.

A tradução para o vernáculo será feita por tradutor público onde houver, ou por quem preste, em juízo, o compromisso respectivo.

2. Os documentos públicos devem ser redigidos na língua nacional, ainda que nela não se possa expressar o declarante (art. 215, § 3º). Entretanto, o testamento cerrado (art. 1.871) e o particular (art. 1.880) podem ser escritos no idioma do testador.

Texto do Código Civil de 2002:

Art. 225. As reproduções fotográficas, cinematográficas, os registros fonográficos e, em geral, quaisquer outras reproduções mecânicas ou eletrônicas de fatos ou de coisas fazem prova plena destes, se a parte, contra quem forem exibidos, não lhes impugnar a exatidão.

Texto comentado por Caio Mário:
Idêntico ao do Código Civil.

Nota dos atualizadores:
No texto comentado, o autor se refere ao Código de Processo Civil de 1973. No Código de Processo Civil de 2015, o dispositivo citado corresponde ao art. 422.
Fontes: Projeto de Código de Obrigações de 1965, art. 20; Projeto de 1975, art. 223.

COMENTÁRIO

O Código recolheu o princípio no meu Projeto de Código de Obrigações de 1965, preferindo redação casuística. Na sua essência, o artigo alude à reprodução mecânica ou eletrônica da imagem e do som, cujo campo de ação é dia a dia ampliado pelos progressos científicos e técnicos. Embora aparentemente dê a impressão perfeita dos fatos e das coisas, está sujeita a processos de montagem que põem em risco a sua autenticidade como prova. Se a sua exibição for aceita sem restrições pela parte à qual é oposta, a reprodução vale como prova. A ausência de contestação equivale à confissão ficta, e o reconhecimento explícito corresponde à confissão real. Impugnada que seja a sua exatidão, destaca-se a questão para o campo da teoria das provas. Contudo, seu valor probatório não é desprezado, se se mostrar acorde com o conjunto dos demais elementos, ou se exame pericial concluir pela sua exatidão. Em face de impugnação, caberá a realização de exame pericial (Código de Processo Civil, art. 383).[14]

TEXTO DO CÓDIGO CIVIL DE 2002:

Art. 226. Os livros e fichas dos empresários e sociedades provam contra as pessoas a que pertencem, e, em seu favor, quando, escriturados sem vício extrínseco ou intrínseco, forem confirmados por outros subsídios.

Parágrafo único. A prova resultante dos livros e fichas não é bastante nos casos em que a lei exige escritura pública, ou escrito particular revestido de requisitos especiais, e pode ser ilidida pela comprovação da falsidade ou inexatidão dos lançamentos.

TEXTO COMENTADO POR CAIO MÁRIO:

Idêntico ao do Código Civil.

Fontes: Projeto de Código de Obrigações de 1965, art. 19; Projeto de 1975, art. 224.

NOTA DOS ATUALIZADORES:

No texto comentado, o autor se refere ao Código de Processo Civil

14 Cf. nota dos atualizadores, acima.

de 1973. No Código de Processo Civil de 2015, os dispositivos citados correspondem aos arts. 417, 418 e 420, respectivamente.

COMENTÁRIO

1. A disposição repete a regra contida no Projeto de Código de Obrigações de 1965, e vem pôr termo à velha dúvida que se levantava em torno do valor probante das provas resultantes de lançamentos nos livros comerciais. Desde que a escrituração seja regular e a sua conservação obedeça a critérios de segurança, têm a ficha e o livro de folhas soltas o mesmo valor dos que se utilizavam antes de se adotarem as técnicas modernas da contabilidade mecânica e eletrônica.

2. O princípio capital é que o livro comercial (e obviamente a ficha) prova contra o comerciante, seja este empresa individual ou coletiva. As pessoas a que pertencem não podem recusar a sua validade, nem repelir os efeitos probatórios do respectivo conteúdo, salvo demonstração de que os lançamentos não correspondem à verdade dos fatos (Código de Processo Civil, art. 378).[15]

Não fazem os lançamentos prova plena em favor do proprietário. Mas, se revestirem os requisitos intrínsecos e extrínsecos impostos por lei, e não contiverem vícios ou defeitos, podem ser invocados como evidência, e seu valor probante será admitido na conformidade de sua harmonia com o conjunto das demais provas (Código de Processo Civil, art. 379).[16]

3. A prova decorrente dos livros comerciais vale como comprovação das operações, dos fatos, das obrigações, e demais circunstâncias ligadas à atividade empresarial. Não supre, entretanto, qualquer prova especial, tal como a escritura pública ou o escrito particular revestido das formalidades legais. Não supre, por maioria de razão, as obrigações resultantes de títulos abstratos.

4. O meio probatório regular de apuração de provas resultantes da escrita mercantil é a sua exibição em juízo, no correr do litígio ou como medida cautelar. O juiz pode, a requerimento da parte ou de ofício, de-

15 Cf. nota dos atualizadores, acima.

16 Cf. nota dos atualizadores, acima.

terminar a exibição limitada às operações entre os litigantes (exibição parcial). Não pode ser determinada a exibição integral, a não ser em casos de liquidação de sociedade, sucessão por morte de sócio, ou nas demais hipóteses e situações que a lei determinar (Código de Processo Civil, art. 381).[17]

No particular da contabilidade bancária, a exibição é restrita às partes em litígio, e não pode ser ordenada com quebra do sigilo estatuído na legislação especial.

Texto do Código Civil de 2002:
(*Caput* revogado pela Lei nº 13.105, de 16 de março de 2015 – CPC-2015)

~~**Art. 227.** Salvo os casos expressos, a prova exclusivamente testemunhal só se admite nos negócios jurídicos cujo valor não ultrapasse o décuplo do maior salário mínimo vigente no País ao tempo em que foram celebrados.~~

Parágrafo único. Qualquer que seja o valor do negócio jurídico, a prova testemunhal é admissível como subsidiária ou complementar da prova por escrito.

Texto comentado por Caio Mário:
Idêntico ao do Código Civil.

Fontes: Código Civil de 1916, art. 141; Projeto de Código de Obrigações de 1965, art. 17; Projeto de 1975, art. 225.

COMENTÁRIO

1. Os fatos perceptíveis pelos sentidos podem ser provados por testemunhas; as que dependem de apuração técnica, por perícia. Rezava a tradição de nosso Direito que uma só testemunha era insuficiente, exigindo-se para evidência de um fato o depoimento conteste de duas pelo menos – *testis unus testis nullus*. Não mais se cultiva esse pré-juízo. O valor da prova testemunhal, por si mesma rodeado das reservas resultantes da reprodução mnemônica do depoente, assenta na credibilidade e na honorabilidade da pessoa.

17 Cf. nota dos atualizadores, acima.

2. Quando a lei exige prova especial, como é o caso do instrumento público ou escrito particular revestido de determinadas formalidades, a prova testemunhal não a pode suprir.

3. Fatos que não se objetizam em negócio jurídico podem ser provados por testemunhas. É o caso dos atos ilícitos, do reconhecimento de paternidade.

4. Se a prova exclusivamente testemunhal não pode ser admitida fora desse permissivo legal, ela é sempre aceita como subsidiária, adminicular ou complementar. Noutros termos, a ouvida de testemunhas é aceita, desde que haja um começo de prova por escrito, ainda que desvestido de formalidades ou autenticação.

Texto do Código Civil de 2002:

Art. 228. Não podem ser admitidos como testemunhas:

I – os menores de dezesseis anos;

~~II – aqueles que, por enfermidade ou retardamento mental, não tiverem discernimento para a prática dos atos da vida civil;~~ (Inciso revogado pela Lei nº 13.146/2015)

~~III – os cegos e surdos, quando a ciência do fato que se quer provar dependa dos sentidos que lhes faltam;~~ (Inciso revogado pela Lei nº 13.146/2015)

IV – o interessado no litígio, o amigo íntimo ou o inimigo capital das partes;

V – os cônjuges, os ascendentes, os descendentes e os colaterais, até o terceiro grau de alguma das partes, por consanguinidade, ou afinidade.

§ 1º Para a prova de fatos que só elas conheçam, pode o juiz admitir o depoimento das pessoas a que se refere este artigo.

§ 2º A pessoa com deficiência poderá testemunhar em igualdade de condições com as demais pessoas, sendo-lhe assegurados todos os recursos de tecnologia assistiva. (§ 2º incluído pela Lei nº 13.146/2015)

Texto comentado por Caio Mário:

Praticamente idêntico ao do Código Civil, salvo as seguintes alterações procedidas pela Lei nº 13.146/2015, denominada Estatuto da Pessoa com Deficiência: (a) foram suprimidos os incs. I e II; (b) o parágrafo único foi transformado em § 1º e (c) foi incluído o § 2º.

NOTA DOS ATUALIZADORES:
O Código Civil, nos incs. II e III, impedia que as pessoas nele indicadas, portadoras de deficiência mental ou física, atuassem como testemunhas. O Estatuto da Pessoa com Deficiência Física, instituído pela Lei nº 13.146/2015, além de revogar esses dois incisos, incluiu o § 2º, para enunciar a igualdade de condições entre não deficientes e deficientes no ato de testemunhar, assegurando a estes o acesso a todos os recursos de tecnologia assistiva.

Fontes: Código Civil de 1916, art. 142; Projeto de Código e Obrigações de 1965, art. 18; Projeto de 1975, art. 226.

COMENTÁRIO

1. Quem é interessado no objeto do litígio já é portador de suspeição que tira o valor de suas declarações. O interesse, aqui referido, há de ser efetivo e não meramente hipotético ou abstrato. Entretanto, pode ser indireto, quando o desfecho do litígio percuta ou possa percutir nele.

2. O amigo íntimo e o inimigo capital de qualquer das partes (e não das partes, como diz o artigo) presumem-se interessados ou suspeitos, e devem ser rejeitados como testemunhas.

3. O cônjuge e os parentes próximos igualmente presumem-se interessados no desfecho da causa, em favor daquele a que é ligado por laços de consanguinidade, afinidade ou ligação matrimonial.

4. Não obstante os impedimentos arrolados no artigo, essas pessoas poderão ser admitidas a depor, quando o fato seja delas só conhecido. Desse modo, os pais são chamados a depor sobre a data de nascimento e óbito dos filhos (Código Civil de 1916, art. 143). Parentes próximos aceitam-se como testemunhas nas ações de separação contenciosa ou divórcio, em razão de que o decoro e os cuidados naturais não permitem muitas vezes que estranhos conheçam as intimidades do casal. Até menores são chamados a informar em casos excepcionais.

5. Em princípio, a testemunha deve ser isenta e desinteressada. Quando admitida a depor qualquer das pessoas cujo impedimento é mencionado no artigo, o juiz receberá seu depoimento com cautela maior do que na apreciação de qualquer outro, levando especialmente em conta as circunstâncias de ser verossímil e estar em harmonia com as demais provas, tal como recomendava o art. 18, nº V, do Projeto de Código de Obrigações de 1965.

Texto do Código Civil de 2002:
(*Caput* e incisos revogado pela Lei n º 13.105, de 16 de março de 2015 - CPC-2015)

Art. 229. ~~Ninguém pode ser obrigado a depor sobre fato:~~
~~I – a cujo respeito, por estado ou profissão, deva guardar segredo;~~
~~II – a que não possa responder sem desonra própria, de seu cônjuge, parente em grau sucessível, ou amigo íntimo;~~
~~III – que o exponha, ou às pessoas referidas no inciso antecedente, a perigo de vida, de demanda, ou de dano patrimonial imediato.~~

Texto do Código Civil de 2002:
(Artigo revogado pela Lei nº 13.105, de 16 de março de 2015 – CPC-2015)

Art. 230. ~~As presunções, que não as legais, não se admitem nos casos em que a lei exclui a prova testemunhal.~~

Texto do Código Civil de 2002:

Art. 231. Aquele que se nega a submeter-se a exame médico necessário não poderá aproveitar-se de sua recusa.

Texto comentado por Caio Mário:
Idêntico ao do Código Civil.
Fonte: Projeto de 1975, art. 229.

COMENTÁRIO

1. Dentre os direitos da personalidade está o que diz respeito à integridade física do indivíduo. Segundo o disposto no art. 15, ninguém pode ser constrangido a submeter-se, com risco de vida, a tratamento médico ou a intervenção cirúrgica. A disposição completa-se com o que se estatui nos arts. 231 e 232.

2. Deslocado o problema relativo a tratamento para o campo probatório, poderá ocorrer que o juiz determine a realização de um exame médico. Senhor de seu próprio corpo, o indivíduo tem o direito de recusar a se submeter. Não pode, nesse caso, aproveitar-se da sua oposição. São duas situações que se contrapõem: de um lado, a preservação do direito individual; de outro, o interesse social. A primeira é digna de acatamento e respeito. Se não der o seu consentimento, é de se respeitar a recusa. Nesse caso, cabe ao juiz apreciá-la não para extrair uma condenação peremptória, mas para considerar se a oposição não aproveita ao recusante. Não lhe cabe tirar partido da oposição. O julgador a interpretará no conjunto das provas ou em face das circunstâncias.

Texto do Código Civil de 2002:

Art. 232. A recusa à perícia médica ordenada pelo juiz poderá suprir a prova que se pretendia obter com o exame.

Texto comentado por Caio Mário:
Idêntico ao do Código Civil
Fonte: Projeto de 1975, art. 230.

COMENTÁRIO

1. É uma tendência moderna, especialmente inspirada nos progressos científicos, a utilização da técnica como elemento probatório. E, nesse campo, sobressai a realização de perícia médica. O litigante sob amparo do direito à sua personalidade poderá se recusar a se submeter à que o juiz ordenar. O fato de se reconhecer grande préstimo às provas científicas não permite, todavia, olvidar que o ser humano não constitui uma realidade exclusivamente biológica ou mecanicista (Antonio Palazzo). Ele deve ser tratado também no seu aspecto espiritual e na sua configuração moral. A realização da perícia médica é um elemento que pode conduzir à afirmação da verdade judicial. Mas não pode ser levada ao abuso.

2. Todo o problema está na dosagem do comportamento do litigante que se lhe opõe. Nem a recusa vale como se inexistisse a decisão judicial determinante, nem pode induzir a presunção de que o fato alegado pelo contendor é de se reputar provado pela simples oposição do recusante. A prova recusada poderá suprir o resultado de sua realização. Não se interpreta com efeito maior do que poderia ser a conclusão pericial. Tão somente considera o juiz o que seria o alcance de seu resultado, para considerar que o fato a ser provado encontra confirmação na ausência do exame pericial, como se este houvesse sido efetuado, e dentro do que seria de esperar de sua realização.

Este livro foi impresso nas oficinas gráficas da Editora Vozes Ltda.,
Rua Frei Luís, 100 – Petrópolis, RJ.